스포츠 엔터테인먼트 마케팅

SPORTS AND ENTERTAINMENT MARKETING

4th Edition

Sports and Entertainment Marketing

4th Edition

Ken Kaser
Dotty B. Oelkers

ISBN-13: 978-89-98338-94-7

Cengage Learning Korea Ltd.
14F, YTN Newsquare, 76 Sangamsan-ro,
Mapo-gu, Seoul, 121-904, Korea
Tel: (82) 2 330 7000
Fax: (82) 2 330 7001

Cengage Learning is a leading provider of customized learning solutions with office locations around the globe, including Singapore, the United Kingdom, Australia, Mexico, Brazil, and Japan. Locate your local office at: **www.cengage.com/global**

Cengage Learning products are represented in Canada by Nelson Education, Ltd. For

product information, visit **www.cengageasia.com**

Printed in Korea
1 2 3 4 19 18 17 16

SPORTS AND ENTERTAINMENT MARKETING

4th Edition

스포츠 엔터테인먼트 마케팅

KEN KASER | DOTTY BOEN OELKERS 지음

오세이 | 전태준 옮김

CENGAGE Learning

카오스북 CHAOS BOOK

Andover • Melbourne • Mexico City • Stamford, CT • Toronto • Hong Kong • New Delhi • Seoul • Singapore • Tokyo

옮긴이

오세이

West Virginia University 박사(Ph.D)
숭실대학교 스포츠학부 교수
숭실대학교 스포츠학부 학부장
한국스포츠산업경영학회 이사

전태준

연세대학교 사회체육학박사
숭실대학교 스포츠학부 부교수
숭실대학교 국민생활체육연구소 소장
한국스포츠산업경영학회 이사

스포츠 엔터테인먼트 마케팅

SPORTS AND **ENTERTAINMENT MARKETING** 4th Edition

발행일 2016년 03월 10일
지은이 Ken Kaser, Dotty Boen Oelkers
옮긴이 오세이, 전태준
발행인 오성준
발행처 카오스북
주 소 서울 서대문구 연희로 77-12, 505호(연희동, 영화빌딩)
전 화 02-3144-3871~2
팩 스 02-3144-3870

등록번호 제25100-2015-000038호

디자인 Moon & Park
인 쇄 이산문화사
지 류 성진페이퍼

웹사이트 www.chaosbook.co.kr
이메일 info@chaosbook.co.kr
ISBN 978-89-98338-94-7 93320

정가 23,000원

역자 서문

스포츠와 엔터테인먼트는 현대인의 높은 관심을 넘어 생활의 일부로 자리 잡고 있다. 스포츠와 엔터테인먼트는 산업적 측면에서도 급속도로 성장하고 있어, 이 분야의 마케팅 역시 큰 주목을 받고 있다. 이 책은 2001년 미국에서 처음 출간되어 2014년 4판 개정된 〈*Sports and Entertainment Marketing*〉을 번역한 것이다. 따라서 미국 및 해외의 스포츠와 엔터테인먼트의 실제적 부분이 책 전반에 걸쳐 반영되어 있어 우리에게는 다소 생소할 수 있다. 그러나 이 원서는 스포츠와 엔터테인먼트 마케팅의 핵심적인 이론, 개념뿐만 아니라 최신 데이터 및 다양한 사례를 폭넓게 소개하고 있다는 장점을 갖고 있어, 이 책을 통해 독자들은 스포츠와 엔터테인먼트란 매력적인 분야를 마케팅 측면에서 함께 살펴볼 수 있는 유익한 기회를 갖게 될 것으로 믿는다. 끝으로 이 책이 출판되기까지 도움을 주신 카오스북 오성준 대표와 모든 직원들께 감사의 말씀을 전하며, 여러 모로 격려해 주신 숭실대학교 스포츠학부 교수님들과 선생님들께도 다시 한 번 감사를 드린다. 스포츠 및 엔터테인먼트 관련학과 학생들이나 실무자들에게 이 책이 조금이나마 보탬이 되기를 바란다.

2016년 2월
조만식기념관에서 오세이, 전태준

책의 구성

마케팅 기준을 포괄한다

이제 여러분의 마케팅 계획 및 학습이 보다 쉬워졌다. 여러분은 학습과 연관된 업계에서 적용되는 마케팅 기준을 포괄하여 학습한다. MBA 리서치 앤드 커리큘럼 센터에서 서술한 마케팅 부문은 다음과 같으며, 이 핵심 기준은 계속 개발되고 있다.

Channel Management 판매 경로를 식별하고 선택하여 모니터링하고 평가하는 개념과 과정을 이해한다.

Marketing-Information Management 비즈니스 의사결정에 적용하기 위한 정보의 수집과 접근, 합성, 평가 및 보급하는 데 필요한 개념, 시스템 및 도구를 이해한다.

Marketing Planning 선택된 청중들에 대한 마케팅 전략을 결정하고 목표를 설정하는 데 유용한 개념과 전략을 이해한다.

Pricing 가치에 대한 소비자 인식을 극대화하는 가격의 결정과 조정에 유용한 개념과 전략을 이해한다.

Product/Service Management 시장 기회에 대한 응답으로 제품과 서비스 믹스의 획득, 개발, 유지 및 개선에 요구되는 개념과 과정을 이해한다.

Promotion 원하는 결과의 달성을 위한 제품, 서비스, 이미지 및 아이디어에 관한 정보의 전달에 요구되는 개념과 전략을 이해한다.

Selling 고객 욕구와 필요를 결정하고, 구매 결정에 영향을 미치며 비즈니스 기회를 향상시키는 계획된 대인 커뮤니케이션 반응에 요구되는 개념과 행동을 이해한다.

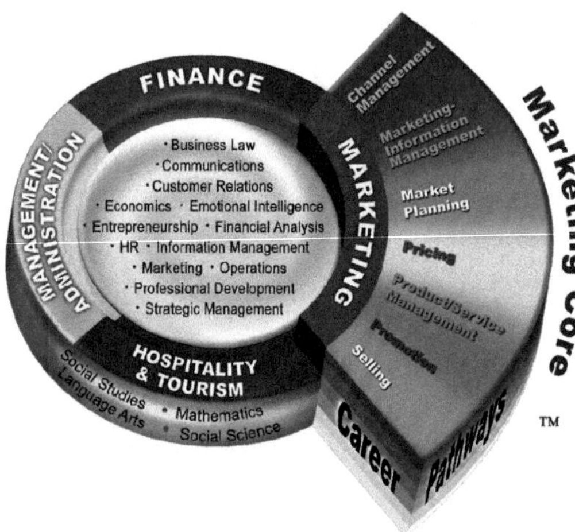

학생들에게

스포츠와 엔터테인먼트 마케팅의 세계로 온 걸 환영한다

스포츠 및 엔터테인먼트 마케팅 분야는 빠르게 성장하고 있다. 많은 대학과 고등학교는 스포츠와 엔터테인먼트 마케팅에 대한 전문성을 제공하고 있다. 이 책은 마케팅의 관점에서 스포츠와 엔터테인먼트의 흥미로운 세계를 탐험할 수 있게 한다.

마케팅의 핵심 기준은 이 책 전반에 걸쳐 아이콘으로 시각화되어 식별된다. 이 책에서는 일곱 가지의 핵심 기준에 더해서 재무에 관한 중요한 주제 또한 포함한다.

마케팅 핵심 기준

Winning Strategies 스포츠 및 엔터테인먼트에서 성공한 사람들이 사용한 실제 전략을 소개한다.

Social Media Marketing 마케터가 보다 효율적으로 일할 수 있도록 하는 소셜 미디어의 출현과 사용에 대해 논의한다.

Opening Act 각 장을 시작하면서 공부하게 될 수업 내용과 관련된 자료를 탐구해 볼 것을 권장한다. 또한 여러분에게 수업에서 다른 학생들과 협력할 수 있는 기회를 제공한다.

Time Out 스포츠 및 엔터테인먼트 비즈니스에 대한 흥미로운 사실과 통계를 소개한다.

Take a Bow 스포츠 및 엔터테인먼트에서 성공을 거머쥔 사람들을 소개한다.

차례

CHAPTER 3

CHAPTER 4

CHAPTER 5

CHAPTER 6

CHAPTER 7

CHAPTER 8

CHAPTER 9

CHAPTER 10

스포츠 엔터테인먼트 마케팅

CHAPTER 1

스포츠 및 엔터테인먼트 마케팅이란 무엇인가?

© iStockphoto.com/jodijacobson

수잔 보일의 이야기

수잔 보일(Susan Boyle)은 1961년 스코틀랜드의 음악을 하는 집안에서 태어났다. 부모님은 모두 가수였으며, 어머니는 피아노도 연주했다. 학습 장애를 겪고 있음에도 불구하고 어린 수잔은 음악을 사랑하였으며, 12살에 학교에서 뮤지컬 연기를 시작하였다. 그녀의 선생님들은 수잔에게 계속 학교에서 연기를 하도록 독려하였지만, 수잔은 고등학교 이후 학교를 다니지 않았다.

1995년 수잔은 〈*My Kind of People*〉이라는 영국의 한 TV 쇼에서 오디션을 봤으나 탈락하였다. 그러나 그녀는 포기하지 않았다. 계속하여 교회 성가대에서 노래를 부르고, 지역 호텔의 무대 등에서도 노래를 불렀다.

1999년 수잔은 저축해 놓았던 돈을 모두 투자해 데모 테이프를 제작하여 라디오 탤런트 경연대회, 음반 회사, 지역 및 전국 TV 방송국으로 보냈다. 자신의 성공 가능성을 높이기 위해서 2002년 노래 레슨을 받기 시작하였다. 그리고 2009년 수잔은 마침내 결정적인 기회를 갖게 되었다. 직업이 없는 48세의 수줍은 여성인 수잔은 영국의 한 경연 쇼인 〈*Britain's Got Talent*〉의 관객들 앞에 서게 되었다. 그녀가 경연에서 부른 노래인 〈뮤지컬 레미제라블(*Les Miserables*)〉의 'I Dreamed a Dream'이 끝나자 관객들은 기립박수를 쳤으며, YouTube에서 그녀의 동영상은 3억 회가 넘는 조회수를 기록하였다.

소셜미디어는 수잔 보일의 성공에서 결정적인 역할을 하였다. 〈*Britain's Got Talent*〉에 출연한 그녀의 영상은 입소문을 탔다. 그녀의 흐뭇한 성공 스토리는 수백만 명의 사람들의 공감을 샀다. 수잔은 이제 자신의 공식 웹사이트를 운영하며 자신의 음악, 콘서트, 특별 이벤트에 대한 최신 소식들을 전하고 있다. 수잔 보일은 특출난 것 없는 평범한 사람이 엔터테인먼트 산업에서 성공할 수 있음을 보여주었다.

© iStockphoto.com/EdStock

Think Critically

1. 수잔 보일의 성공 이야기에서 지속성이 어떤 역할을 했는가?
2. 사업가는 새로운 사업을 시작하는 것에 위험을 감수한다. 수잔 보일은 어떤 사업가인가?
3. 마케팅이 수잔 보일의 성공에 어떤 역할을 했는가?

1.1 마케팅의 기본

핵심 문제 대중적인 스포츠 혹은 엔터테인먼트 이벤트의 마케팅에서 핵심적인 기준은 무엇인가?

학습 목표

1.1.1 마케팅의 기본적인 개념을 설명한다.

1.1.2 마케팅 믹스(marketing mix)를 설명한다.

1.1.3 마케팅과 파이낸싱의 7가지 핵심 기준을 정의한다.

핵심 용어

- 마케팅(marketing)
- 마케팅 믹스(marketing mix)
- 상품(product)
- 유통(distribution)
- 가격(price)
- 프로모션(promotion)
- 재량 소득(discretionary income)

Opening Act

운동 선수와 연예인은 상품과 서비스의 프로모션을 통해 마케팅에서 중요한 역할을 수행한다. 전설적인 농구 선수 샤킬 오닐(Shaquille O'Neal)이 NBA(전미농구협회)에서 은퇴한 후, 그는 그가 가진 다른 재능을 이용하여 TV 광고에 출연하였다. 그의 뷰익 라크로스(Buick LaCrosse) 광고는 이 차가 샤크(Shaq)와 같이 덩치 큰 사람도 다리를 뻗을 수 있는 공간이 충분하다는 것을 보여줬다. 뷰익은 주말 NCAA(전미대학경기협회) TV 중계를 통해 젊은층에게 다가가고 농구 팬들의 관심을 불러 모으기를 원했다. '*Oh Effect*'라는 제목의 광고에서 갤런당 36마일의 연비, 고급스러운 실내와 넓은 공간 등의 매력적인 특징들을 포함하여 기존 대중이 거의 모르고 있는 것들을 선보였다. 이 광고에서는 7피트의 키에 300파운드가 넘는 샤크도 편안하게 운전할 수 있다는 것을 보여주었다.

협력 학습 그룹별로 모여서 연예인이나 운동선수가 등장하는 4개의 광고를 제시하라. 이러한 광고가 상품에 대한 당신의 생각에 어떻게 영향을 주었는가? 당신은 연예인이 프로모션하는 브랜드를 구매하겠는가? 그러한 이유 또는 그렇지 않은 이유는 무엇인가?

1.1.1 마케팅이란 무엇인가?

북미마케팅협회(American Marketing Association)에 따르면 마케팅은 '소비자, 고객, 파트너, 더 크게는 사회에서 가치가 있는 것의 창조, 소통, 배달, 교환을 위한 활동, 일련의 제도, 과정'[1]이다. 마케팅은 매우 가시성이 높은 사업 활동이다. 많은 이들은 마케팅을 광고로 생각한다. 그러나 생산, 유통, 가격 책정, 프로모션 또한 필수적인 마케팅의 요소들이다.

더 단순한 **마케팅**(marketing)의 정의는 만족스러운 교환 관계의 생성과 유지이다. 이러한 정의는 전체 마케팅 개념의 부분들을 설명한다. 생성(creation)은 마케팅이 상품 개발을 포함하고 있음을 나타낸다. 유지(maintenance)는 사업이 전개되는 동안 마케팅이 지속되어야 한다는 것을 나타낸다. 만족(satisfaction)은 제품 혹은 서비스를 교환할 때 마케팅이 기업과 소비자의 필요 모두를 충족시켜야 함을 의미한다. 마지막으로 교환 관계(exchange relationship)는 양 당사자(기업 및 소비자)가 가치 있는 무엇인가를 주고받을 때 발생한다.

엔터테인먼트 공간에 의해서 어떠한 소비자 요구가 충족될 것인가?
© iStockphoto.com/PaoloScarlata

소비자 욕구 충족

소비자 욕구는 마케팅의 1차적인 초점이 되어야 한다. 이 개념은 말처럼 쉬운 개념은 아니다. 소비자의 욕구를 충족시키기 위해서는 세 가지 활동을 수행해야 한다. 첫째, 당신의 소비자와 그 소비자의 필요를 식별해야 한다. 둘째, 소비자가 다른 선택보다 더 낫다고 생각하는 상품을 개발해야 한다. 마지막으로 이윤을 낼 수 있도록(매출이 사업 비용을 초과해야 함) 당신의 기업을 운영해야 한다. 이 세 가지 활동을 성공적으로 수행할 수 있다면, 당신은 당신의 상품 혹은 서비스를 성공적으로 마케팅할 수 있게 될 것이다.

스포츠 및 엔터테인먼트 마케팅

스포츠 및 엔터테인먼트 마케팅은 매우 큰 규모의 산업으로 많은 수의 상품 및 서비스를 제공한다. 바쁜 개인들과 가족들은 제한된 시간 및 금전 내에서 어떠한 스포츠 및 엔터테인먼트 활동과 이벤트에 참여할 것인지 신중하게 선택한다. 스포츠 및 엔터테인먼트 상품 및 서비스의 마케팅 담당자들은 소비자 수요, 경쟁, 자신들이 제시하는 상품 및 서비스의 금전적 가치를 평가해야 한다. 스포츠 및 엔터테인먼트 상품에 대한 마케팅 계획을 수립할 때, 마케팅 담당자들은 마케팅 믹스와 마케팅의 핵심 기준을 반드시 고려해야 한다.

1.1.2 마케팅 믹스

time-out

최근에 4인 가족의 New York Yankees 야구 관람 가격은 324.30달러였다. 이는 성인 티켓 4장, 성인 음료 2잔, 작은 소프트 드링크 4잔, 핫도그 4개, 게임 프로그램 2개, 성인 야구모자 2개, 차 1대 주차료를 포함한 금액이다.[2]

마케팅과 연관된 업무를 수행하기 위해서 마케팅 담당자들은 마케팅 믹스에 의존한다. **마케팅 믹스(marketing mix)**는 어떻게 기업이 4가지 마케팅 요소, 즉 상품, 유통, 가격, 프로모션을 조합할 것인지를 설명한다.

상품(product)은 기업이 소비자의 욕구를 충족시키기 위해 소비자에게 제공하는 것이다. 생산은 판매를 위한 제품 생산에 수반되는 모든 활동들이다. 상품은 운동화와 같은 상품과 영화 티켓과 같은 서비스를 포함한다. 엔터테인먼트의 제공은 서비스의 제공으로도 간주될 수 있다. **유통(distribution)**은 상품을 소비자들에게 이용 가능하도록 하는 데 이용되는 장소 및 방법을 의미한다. **가격(price)**은 소비자가 상품에 대해 지불하는 돈의 액수를 의미한다. **프로모션(promotion)**은 소비자들이 상품에 대해서 알 수 있도록 하고 그 상품을 구매하도록 독려하는 여러 가지 방법들이다.

마케팅 믹스 고려사항

마케팅 담당자들은 마케팅 믹스 요소들에 영향을 주는 많은 요인들을 반드시 신중하게 고려해야 한다. 스포츠 및 엔터테인먼트 상품 제공은 지속적으로 평가 및 갱신되어야 한다. 소비자들은 자신의 제한된 재량 소득 내에서 많은 엔터테인먼트 선택권을 가진다. **재량 소득(discretionary income)**은 생활 필수품 가격, 주택 및 자동차 할부금 등 기타 고정 지출을 지불하고 난 후 개인이 이용 가능한 금액이다. 오늘 인기 있는 엔터테인먼트 선택사항이 그 다음 해에는 인기가 떨어질 수 있다. 시장의 필요 및 수요를 충족시키기에 알맞은 상품을 선택하는 것은 마케팅 믹스에 있어서 필수적이다. 더불어 마케팅 담당자들은 생산하는 상품의 수량도 고려해야 한다. 상품 수량이 너무 많을 경우 가격 인하로 이어질 수 있다. 상품 수량이 너무 적을 경우 매출 손실이 발생할 수 있다.

가격은 소비자들이 내리는 구매 결정에 영향을 준다. 기업은 소비자가 지불할 용의가 있는, 동시에 기업이윤 창출을 위한 사업 비용을 충당하는 가격대에서 필요로 하고 원하는 상품과 서비스를 제공해야 한다. 스포츠 및 엔터테인먼트 이벤트에 부과되는 가격은 반드시 소비자 수요와 경제 상황에 민감하게 반응해야 한다. 챔피언십 팀은 소비자 수요가 증가하고, 그에 따라 티켓 가격도 상승할 것이다. 한편, 경제 상황이 악화될 때 소비자는 스포츠 및 엔터테인먼트 이벤트에 돈을 덜 쓰는 경향을 보인다.

유통은 상품을 최종소비자에게 운송 및 인도하는 것을 수반한다. UPS를 통해 배달되는 운동복 유니폼과 트럭에 의해 운송되는 축구장 잔디는 모두 마케팅의 유통 기능의 예시들이다. 이벤트의 유통은 이벤트가 있을 장소의 계획을 포함한다. 대중적인 3일간의 컨트리 혹은 락 뮤직 야외 콘서트 이벤트는 소비자 기반에 근접하고, 호텔이나 레스토랑 같은 시설들이 팬들의 요구를 수용할 수 있는 장소에서 개최되어야 한다.

프로모션은 잠재적인 소비자들에게 스포츠 및 엔터테인먼트 이벤트와 상품에 대한 정보를 제공하는 데 있어서 필수적이다. 프로모션의 형태는 TV 광고 및 신문 광고에서부터 티켓 뒷면이나 혹은 대형 비디오 스크린의 특가 판매를 통한 스타디움 광고에 이르기까지 다양하다. 프로모션은 잠재적 소비자의 관심을 불러 모으기 위해서 창의성을 필요로 한다. 프로모션 비용은 높은 편이며, 그렇기 때문에 가장 비용 효율적인 가격에 가장 많은 수의 소비자들에게 접근할 수 있는 효과적인 프로모션 계획을 수립하는 것이 중요하다.

스포츠 산업분야에서의 마케팅 믹스 사례

스포츠 산업 전반에 걸쳐서 실제 적용되는 마케팅 믹스의 예시들이 다수 있다. 당신이 좋아하는 스포츠 이벤트만 봐도 상품, 유통, 가격, 프로모션 등의 모든 마케팅 믹스를 볼 수 있다.

슈퍼볼. 슈퍼볼(the Super Bowl)은 연중 가장 중요한 스포츠 이벤트다. 이 수십억 달러 규모의 이벤트는 스폰서십과 티켓 판매로 많은 액수의 돈을 벌어들인다. 슈퍼볼에서 제시되는 상품은 AFC(아메리칸 컨퍼런스,

이러한 이벤트의 경우 마케팅 믹스는 무엇인가?
© aceshot1/ Shutterstock.com

American Football Conference)와 NFC(내셔널 컨퍼런스, National Football Conference) 최고 팀 간의 대결이다. 슈퍼볼은 일반적으로 정규 풋볼 시즌이 시작하기도 전에 매진된다. 실제 티켓 가격은 500달러에서 2,600달러에 이르지만, 팬들은 게임을 보기 위한 여행 및 숙박 비용까지 합해서 수천 달러의 돈을 쓰기도 한다. 주요 도시들은 팬들이 호텔과 식당, 쇼핑몰, 주유소, 스타디움의 활용에 따르는 지역 경제에 가져올 경제적 이득을 감안하여 슈퍼볼 게임의 개최를 위한 경쟁을 벌인다.

유통은 팬들이 쉽게 접근할 수 있는 개최 도시의 선택을 포함한다. 슈퍼볼을 개최하는 도시는 공항과 주요 고속도로에 인접해야 하며, 게임을 보기 위해서 도시를 찾을 수만 명의 팬들의 요구를 충족시키기에 충분한 인접 숙박 시설을 갖춰야 한다. 슈퍼볼의 다른 유통 수단은 TV와 라디오이다. 다수의 슈퍼볼 파티가 미국 전역에서 가정과 스포츠 바 등에서 열린다. 슈퍼볼에 대한 유통은 또한 티켓 판매를 포함한다. 티켓의 유통 방식은 NFL(미국프로미식축구리그) 매표소에서의 직접 판매, Ticketmaster와 같은 소매 판매점, 그리고 온라인 티켓 유통 사이트 등이 있다.

슈퍼볼의 프로모션은 TV 광고, 신문, 스포츠 매거진, 관련 상품 콘테스트 등이 포함된다. 예를 들어, Coca-Cola와 Doritos 같은 기업들은 특별한 슈퍼볼 프로모션 경품 이벤트를 열 수 있다. 슈퍼볼 스폰서는 게임이 진행되는 동안 광고를 내보내기 위해서 엄청난 액수의 돈을 지불한다. 슈퍼볼 게임이 진행되는 동안 30초 광고의 비용은 거의 400만 달러에 달할 수 있다.

모터 스포츠. NASCAR(미국개조자동차경기연맹)는 7,500만 명의 충성도 높은 팬들을 보유하고 있다. Daytona 500은 NASCAR의 슈퍼볼이다. 이 중요한 스포츠 이벤트는 매년 2월 레이싱 시즌이 시작할 때 열리며, 20만 명의 팬들이 관람한다. 500마일, 200바퀴의 레이스는 1,250만 가구에서 시청한다. Daytona Speedway의 경제적 효과는 매우 크다. 플로리다 주는 매년 16억 달러를 벌어들이며, 1만8,000개의 영구적인 일자리가 이 스포츠 이벤트로 인해서 생성되었다.[3]

소비자에게 제공되는 상품은 레이스 그 자체이다. 다른 상품들로는 드라이버, 자동차, 기타 관련 상품 등이 있다. NASCAR 레이스를 관람하기 위한 평균 비용은 88달러이며, Daytona 이벤트에는 600달러 이상의 비용이 들 수 있다. 유통은 Daytona나 다른 NASCAR 트랙과 같은 레이스 장소, TV와 라디오와 같은 미디어, 다양한 판매 경로를 통한 티켓 판매 등이 있다.

프로모션은 NASCAR에서 큰 역할을 수행한다. NASCAR 레이스의 프로모션은 TV와 광고판, 스폰서 기업, 자동차 엑스포와 같은 특별 이벤트 등에서 볼 수 있다. 팬들은 자신이 선호하는 드라이버와 특별한 유대 관계를 형성하며, 드라이버들은 종종 광고 대변인(advertising spokespeople)으로 모습을 드러낸다. 예를 들어, 대니카 패트릭(Danica Patrick)은 Indianapolis 500에서 여성 드라이버로서 가장 좋은 피니시 기록 등 많은 기록을 보유하고 있는 인기 있는 NASCAR 드라이버인데, 그녀의 커리어는 자동차 레이싱을 넘어서 광고 대변인까지 확장된다. 드라이버들은 종종 자신의 팬 기반과 동일한 목표 시장에서 매력도가 높은 상품뿐만 아니라 자신만의 NASCAR 의류 라인을 프로모션한다. 패트릭의 프로모션 브랜드 중에는 Coca-Cola와 GoDaddy.com이 포함된다. 패트릭의 차 자체가 프로모션이며, 차의 외장에 많은 스폰서들의 마크가 붙어 있다. 스폰서가 한 레이싱 팀에 투자하는 연평균 금액은 1,500만 달러로, 이는 잘 투자한 돈이라고 할 수 있는데, NASCAR 팬들은 다른 스포츠 팬들에 비해서 스폰서의 상품을 구매할 확률이 3배나 높기 때문이다. NASCAR에서 실시한 최근 조사에 따르면 팬들의 40%는 여성이며, 이들은 NASCAR 라이선스 상품에 연간 2억 5,000만 달러를 지불하는 것으로 나타났다.[4]

엔터테인먼트 산업분야에서의 마케팅 믹스 예시

다수의 이벤트들이 엔터테인먼트 산업에서 열린다. 이러한 이벤트 모두는 좋은 마케팅 믹스로부터 이득을 보게 된다. 좋은 장소에서 좋은 가격에 제시되는 엔터테인먼트 구성은 성공적인 이벤트 개최로 이어진다. 바람직한 프로모션은 그 이벤트를 더 성공적으로 만들 것이다.

박람회. 주 박람회(State fairs)는 갈수록 다른 스포츠 및 엔터테인먼트 이벤트와의 경쟁이 어려워지고 있다. 주 박람회에서 제시되는 상품은 시골 및 도시 인구 모두에 매력적으로 다가와야 한다. 주 박람회는 가축 쇼, 가정 및 상업적 전시, 놀이기구, 그리고 다양한 종류의 음악 및 기타 여흥을 제공한다. 주 박람회 기획자들은 최대한 많은 수의 관람객을 끌어모아 수익을 극대화하는 상품의 제공을 원한다.

주 박람회가 가족 엔터테인먼트 이벤트이기 때문에 입장료 가격은 중요한 고려 요인이다. 주 박람회는 재정 건전성 확보를 위해서 충분한 입장료를 부과함과 동시에, 많은 수의 관람객을 끌어모아야 한다. 입장료는 소비자의 수요에 민감해야 한다. 다수의 주 박람회는 주말에 더 많은 관람객을 끌어모으기 위해서 특별 입장 가격을 제시한다. 사전 구매에 대해서는 빈번하게 가격 인하가 제시된다. 노인들과 재향 군인들 또한 할인된 입장료가 제시될 수 있다.

엔터테인먼트 이벤트의 성공 여부는 프로모션 혹은 잠재적 소비자와의 소통에 달려 있다. 주 전역에서 라디오 방송국과 신문상의 광고는 주 박람회 관람객 수 증가에 목표를 둔다. TV 광고는 프로모션의 또 다른 선택사항이지만, 매출 증가분 대비 비용을 고려한다면 효과적이지 않다.

유통은 박람회 장소와 개인이 입장 티켓을 구매할 수 있는 판매점을 포함한다. 티켓은 주 박람회 기간 중에 입장 게이트에서 구매하거나 주 박람회 영업소 혹은 기타 티켓 판매점에서 사전 구매할 수 있다.

주 박람회 기획자의 목표는 최대한 많은 관람객을 끌어모으기 위해서 좋은 가격에 매력적인 엔터테인먼트를 제공하는 것이다. 주 박람회 위원회는 반드시 이러한 목표를 충족할 마케팅 믹스를 개발해야 한다.

축제. 마디그라(Mardi Gras) 축제는 매년 성회일(Ash Wednesday) 직전 화요일 개최된다. 전국에서 축제가 열리긴 하지만, 마디그라는 특히 뉴올리언스, 루이지애나에서 중요한 이벤트다. 루이지애나 사람들과 이들의 손님들은 하루 종일 거리를 장악하고 즐거움과 축제를 만끽한다. 이 두 장소에서는 마디그라 축제를 다른 방식으로 진행한다. 뉴올리언스에서는 사순절 전날 화요일 이전에 2주 동안 60개가 넘는 퍼레이드를 펼친다. 뉴올리언스에서는 화려한 보트 퍼레이드와 다양한 가족 활동들로 인해 마디그라는 인기 있는 이벤트다.

폭넓은 엔터테인먼트 상품 및 서비스를 마디그라 축제 기간 중에 볼 수 있는데, 퍼레이드, 코스튬, 춤, 음식, 그리고 음악 등이 있다. 뉴올리언스는 가족 전체가 마디그라 활동들을 즐기기에 완벽한 장소(유통)이다. 마디그라의 프로모션은 도시들이 자신들의 이벤트 일정을 광고하는 퍼레이드나 관광 웹사이트 등에서 이뤄진다. 다양한 축제 이벤트의 가격은 각기 다르지만, 마디그라는 가족 전체가 즐기기에 부담 없는 이벤트일 수 있다.

© MBA Research. Additional information regarding National Business Administration Standards: www.mbaresearch.org

1.1.3 마케팅의 핵심 기준

마케팅의 핵심 기준은 모든 마케팅 활동의 기반이 된다. 마케팅과 연관이 있는 7가지 핵심 기준이 있다. 이 핵심 기준은 경로 관리, 가격 책성, 마케팅 정보 관리, 상품/서비스 관리, 프로모션, 판매, 시장 계획이다. 추가적으로 파이낸싱(financing)은 마케팅 활동에 있어서 중요한 역할을 수행하며, 핵심 기준과 밀접한 관련이 있다. 모든 마케팅 활동은 최소한 하나 이상의 핵심 기준을 수반한다.

경로 관리. 기업의 상품 혹은 서비스를 소비자에게 전달하는 최선의 방식을 판단하는 것은 경

로 관리 기능의 일환이다. 삼성과 같은 TV 제조사는 Best Buy와 같은 전자제품 소매점을 통해서 자사 상품을 판매한다. 삼성은 소비자들이 전자제품 및 기기를 구매하기 위해 Best Buy를 방문하는 것을 인지하고 있다. 스포츠 및 엔터테인먼트의 경우 경로 관리는 해당 이벤트를 위한 바람직한 장소를 선정하고 티켓 판매점을 통한 티켓의 판매를 수반한다. 스포츠 관련 상품의 경우, 경로 관리는 소비자가 구매할 수 있도록 해당 상품을 판매점에 가져다 놓는 것을 수반한다.

가격 책정. 상품과 서비스의 가치를 수립하고 소비자에게 소통하는 과정을 가격 책정이라 한다. 스포츠 및 엔터테인먼트 이벤트 및 상품에 책정된 가격은 소비자 수요와 직접적인 관련이 있다. 만약 판매자가 사람들이 높은 가격을 지불하고라도 구매할 용의가 있다는 것을 안다면 가격이 높게 설정될 것이다. 슈퍼볼 티켓의 경우 가격이 천정부지로 치솟아 오르는데, 그 이유는 티켓의 수는 한정되어 있는데 그 수요는 엄청나게 크기 때문이다. 가격 책정 정책은 또한 상품 및 스포츠 및 엔터테인먼트 이벤트의 제작 비용을 바탕으로 한다. 제작 비용을 충당할 수 없다면 그 사업은 성공하지 못할 것이다.

마케팅 정보 관리. 기업의 의사결정을 개선하기 위해서 소비자에 대한 정보를 수집 및 이용하는 것은 마케팅 정보 관리를 수반한다. 매월 Apple은 전 세계에 있는 iPhone 구매자를 대상으로 조사를 실시하여서 이들이 경쟁사 안드로이드(Android) 제품이 아닌 자사의 iPhone을 왜 구매하는지 판단한다. 이 조사는 어떤 iPhone 기능이 가장 많이 이용되는지, iPhone 구매자들의 구성은 어떻게 되는지, 또한 소비자 만족도 수준은 얼마나 높은지 판단하기 위해서 실시된다. 성공적인 마케팅이 되기 위해서는 마케팅 정보를 이용하여 소비자 수요를 예측하고, 신제품을 개발하고, 바람직한 상품 생산량을 추산할 수 있어야 한다.

상품/서비스 관리. 소비자의 필요와 욕구를 충족시키기 위한 상품 혹은 서비스의 디자인, 개발, 유지, 개선, 획득은 모두 상품/서비스 관리의 일환이다. 이러한 활동들 중 다수는 생산 과정 중에 진행되며,

Social Media Marketing

Digital Insights가 실시한 연구에 따르면 11억5천 명이 넘는 Facebook 이용자들이 있으며, 5억 명이 넘는 Twitter 이용자들이 있고, 5억 명이 넘는 Google+ 이용자들이 있다. 또한 1천만 개가 넘는 Facebook 애플리케이션이 있으며, 이 숫자는 계속하여 늘어나고 있다. 가장 빠르게 증가하고 있는 Twitter 이용 연령대는 55~64세이다. 4억 개가 넘는 트윗이 매일 전송되고 있다. Google+ 플랫폼은 67%가 남성으로 구성된 소비자 기반을 갖고 있다.[5]

이러한 모든 소셜미디어 통계는 마케팅 담당자들에게 가치 있는 정보를 제공한다. 마케팅 담당자들은 현 소비자들과 소통하고 신규 소비자들을 생성하기 위해서 최신 소셜미디어 경향을 따라가야 할 필요를 이해한다. 거의 75%의 마케팅 담당자들은 Facebook이 새로운 경향을 생성하는 데 있어서 중요하다고 보고 있다. Google+는 마케팅 담당자들의 40%가 이용하고 있으며, 70%는 자신의 Google+ 활동을 증가시킬 계획을 가지고 있다.

Think Critically

왜 마케팅 담당자들은 남성, 여성, 10대 청소년, 성인층 등 여러 소비자 집단들이 소셜 미디어를 이용하는 방식을 이해할 필요가 있는가? 3개의 목표 시장에 도달할 수 있는 3가지 소셜 미디어 전략을 예시하라.

종종 신제품 혹은 개선 제품에 대한 발상으로부터 시작된다. 풋볼 선수들이 겪었던 뇌진탕과 외상성 뇌손상은 NFL과 NCAA, 미 의회의 중요한 관심 사항이다. NOCSAE(운동 장비 표준에 대한 국가운영위원회)는 2000년 이후 300만 달러가 넘는 돈을 투자하여 스포츠 관련 뇌진탕에 대한 더 나은 이해도를 얻을 수 있었다. 이러한 연구는 더 안전한 풋볼 헬멧을 위한 자재 개발로 이어졌다. Riddell(주요 풋볼 장비 제조사–옮긴이)은 더 안전한 풋볼 헬멧을 생산하기 위해서 이 연구에 큰 관심을 보이고 있다. 마케팅 담당자들은 상품이 얼마나 소비자의 필요를 잘 충족시키는지 판단하기 위해서 지속적으로 상품을 평가해야 한다.

프로모션. 원하는 결과를 달성하기 위해서 광고 및 기타 형태의 소통 수단을 이용하여 상품 및 서비스에 대한 정보를 전달하는 것이 프로모션이다. 예를 들어, 스포츠 팬들은 경기 관람 후 종종 티켓 뒷면의 쿠폰을 이용한다. 이 쿠폰은 상품 혹은 서비스를 프로모션하거나, 팬들이 할인된 가격에 쿠폰에 제시된 상품 혹은 서비스를 구매할 수 있도록 유도하는 데 이용된다.

판매. 소비자의 필요를 평가 및 충족시키기 위한 소비자와의 어떠한 직접적이고 대인적 소통이 판매이다. 판매는 소비자를 충족시킬 뿐 아니라 소비자의 미래 요구를 예상하는 것도 포함한다. 현대 사회에서 판매는 면대면 소통 없는 인터넷을 통한 구매를 포함한다.

시장 계획. 기업이 진출하기를 원하는 시장을 분석하고 그 시장에서 어떻게 경쟁할 것인지 판단하는 것이 시장 계획의 목표이다. 기업의 시장 계획 과정은 보통 그 기업의 매출을 신장시키는 데 이용될 수 있는 마케팅 전략을 낳게 된다. 어떤 경우에 프로 스포츠 팀은 다른 도시로 연고지 이전 결정을 내리기도 한다. 타 도시 이전 결정은 재정적 이득에 의해 상당히 영향을 받는다. 이러한 경우 시장 계획의 목표는 목표 시장이 견고하게 해당 팀을 지원할 수 있는 재정적 자원을 갖고 있는 최적의 장소를 찾는 것이다. 시장 계획은 목표 시장을 끌어모으기 위한 모든 최신 기술과 필요한 물류 계획을 갖춘 신규 시설을 건설하려는 의지가 있는 도시 혹은 장소에 의해서도 영향을 받을 것이다.

파이낸싱. 파이낸싱 없이 마케팅의 다른 핵심 기준들은 효율적이지 않을 것이다. 파이낸싱을 통해 기업은 자사의 마케팅 활동 예산을 지원하고 소비자들에게 자사의 상품 혹은 서비스 가격을 지불하는 데 보조를 한다. 기업 혹은 조직은 투자자나 스폰서로부터 파이낸싱을 받는다. 스폰서는 스포츠 및 엔터테인먼트 이벤트 중에 자신의 상품을 프로모션하기 위해서 많은 금액의 돈을 지불한다. 스폰서십은 지역 내에서 열리는 어린이 야구 팀의 스폰서를 위해 수백 달러를 투자하는 데에서 대학 미식축구 경기를 위해 수백만 달러를 투자하는 데까지 이르기도 한다. 소비자는 현금, 신용 거래, 할부 등 여러 지불 선택사항의 형태로 파이낸싱을 받는다. 소비자는 여러 지불 선택사항이 있는 경우 구매를 할 가능성이 더 높아진다.

1.2 스포츠 마케팅

핵심 문제 스포츠 마케팅은 경제에 어떻게 영향을 미치는가?

학습 목표 **1.2.1** 스포츠 마케팅을 정의한다.

1.2.2 스포츠 마케팅이 경제에 대해 가지는 가치를 설명한다.

핵심 용어 인구 통계(demographics) 총 노출 횟수(gross impression)
스포츠 마케팅(sports marketing)

Opening Act

성공적인 대학 운동 프로그램, 특히 농구 프로그램은 학교별로 수백만 달러의 돈을 벌어들인다. 최근에 전국 챔피언인 루이스빌대학(U of Louisville) 농구 프로그램은 매출 4,000만 달러를 기록하였으며, 순이익은 2,690만 달러에 달했다. 최고의 농구 프로그램은 감독들에게 높은 연봉을 주는데, 그 이유는 최고의 감독들이 최고의 재능을 끌어모으기 때문이다. 게임을 이기고 챔피언이 되는 것은 더 높은 TV 매출과 티켓 매출 증가, 졸업생 기부 증가로 이어진다. 다수의 대학 농구 감독들은 프로 농구 감독들보다 더 높은 연봉을 받는다. 최근에 일부 최고 대학 농구 감독들의 연봉은 다음과 같다.[6]

존 칼리파리(John Calipari)	켄터키대학교	540만 달러
릭 피티노(Rick Pitino)	루이스빌대학교	480만 달러
마이크 슈셉스키(Mike Krzyzewski)	듀크대학교	470만 달러
빌리 도노반(Billy Donovan)	플로리다대학교	360만 달러
탐 이조(Tom Izzo)	미시간주립대학교	360만 달러

협력 학습 파트너와 함께 성공적인 대학 농구 감독들이 그렇게 높은 연봉을 받아야 하는지 논의하라. 감독들에게 높은 연봉을 주는 것의 장점과 단점은 무엇인가?

1.2.1 왜 스포츠 마케팅인가?

Marketing-Information Management

스포츠 경기의 관중들은 의류와 운동 장비부터 식품 및 자동차에 이르기까지 광범위한 상품들의 잠재적인 소비자들이다. 관중들은 때로는 스포츠 이상으로 공통점을 갖는다. 연령, 결혼 여부, 성별, 인종적

time-out

ESPN의 〈*College GameDay*〉는 25년 이상 방송된 프로그램이다. 방송이 시작된 이후 리 코르소(Lee Corso)는 해설가 역할을 계속 담당하고 있다. 팬들은 경기 승리 팀에 대한 코르소의 예측에 귀를 기울인다. 그는 자신이 선택한 승리 예상 학교의 마스코트 헤드기어나 의상을 입는다. 이는 팬들의 관심을 계속 사로잡으며, 스폰서와 광고주들을 기쁘게 한다.

배경, 소득 수준, 교육 수준 등 집단의 공유된 특성은 **인구 통계**(demographics)로 알려져 있다. 관중 집단의 관심을 파악하고 관중들이 구매할 상품 혹은 서비스를 기획하는 것이 스포츠 마케팅의 기능이다. 스포츠 마케팅은 상품 마케팅을 위하여 스포츠를 이용하는 것이다.

스포츠 마케팅의 역사

스포츠 마케팅은 새로운 것이 아니다. 입장료를 지불해야 했던 최초의 운동 경기는 1858년 뉴욕의 롱아일랜드에서 벌어진 야구 경기로, 이 경기에서 관중은 50센트를 지불하였다. 스포츠 기획자들은 스포츠 경기 및 전문 운동선수의 재정적 잠재성을 곧 깨닫게 되었다. 골프 선수 진 사라젠(Gene Sarazen)은 1923년에 Wilson Sporting Goods와 프로모션 계약을 체결하여, 현재까지도 스포츠 역사에서 가장 오래 지속된 프로모션 계약으로 기록되고 있다. 최초 계약은 1년에 6천 달러에 더해 여행 비용에 상당하는 금액이 추가되었다. 1999년 5월 사라젠이 사망하기 전까지 계약은 2년마다 갱신되었다. 1949년 베이브 디드릭슨 자하리아스(Babe Didrikson Zaharias)는 Wilson Sporting Goods와 여성으로서는 최초의 프로모션 계약을 1년에 10만 달러 조건으로 체결하였다. Coca-Cola는 1928년 하계 올림픽 파트너가 된 이후 지금까지도 스폰서로 남아 있다.

최초의 유료 시청 운동 경기는 'Thrilla in Manila'로 불리는 권투 경기로, 1975년 필리핀에서 알리(Ali)가 조 프레이저(Joe Frazier)와 벌인 시합이었다. 이 경기는 276개의 폐쇄회로가 있는 장소에서 방송되었다. 스포츠의 인기를 이용하여 ESPN이 1979년 처음 등장하여 광고주들에게 목표 시장에 도달할 수 있는 새로운 방식을 제시하였다. 오늘날 다수의 고등학교 및 대학교는 스포츠 마케팅 프로그램을 운영하고 있는데, 이는 스포츠가 오늘날 사회에 미치는 영향을 증명한다.

스포츠 마케팅의 목표

스포츠 마케팅의 목표는 올바른 마케팅 믹스를 이용하여 소비자의 필요를 충족시킴과 동시에 수익을 창출하는 것이다. 스포츠 마케팅 담당자들은 팬들의 인구 통계와 소비 습관을 분석하여 해당 스포츠 이벤트와 관련하여 팬들이 구매하는 항목들에 대한 수익을 극대화시킨다. 팬들이 지불하려는 티켓 가격은 시장의 관심, 해당 경기의 국가적 중요성, 참여 운동 선수의 인기도, 경기와 연관된 경쟁 관계 등에 따라 달라진다. 팬들은 일반적으로 팀-또는 유명인-의 유니폼이나 장비를 구입하거나, 경기 관람을 위한 식비와 여행 비용을 지불할 용의가 있다. 소비자를 끌어모으는 올바른 마케팅 믹스를 찾기 위해서 마케팅 담당자들은 새로운 기회, 총 노출 횟수, 타이밍의 세 가지 요인을 반드시 고려해야 한다.

새로운 스포츠, 새로운 기회. 스포츠 마케팅 담당자들은 계속적으로 소비자들에게 어필할 수 있는 새로운 방식들을 찾아야 한다. 신규 스포츠 시장은 프로모션과 마케팅을 위한 새로운 기회를 제공한다. 스케이트 보딩이나 스노우 보딩과 같은 익스트림 스포츠는 완전히 새로운 관중들을 끌어모았다. 1987년 설립된 AFL(아레나 풋볼 리그)은 경기당 최저 10달러에 티켓을 판매하면서 풋볼 팬들이 경기를 보다 저렴하게 관람할 수 있도록 하였다. 시계가 멈추지 않기 때문에 액션은 계속 진행되며, 더 높은 점수가 나온다. 게임 후 선수들은 팬 미팅을 갖고 사인을 해준다. 이 모든 요소들은 흥미를 배가시키고 관심을 불러일으킨다.

상품 혹은 서비스의 재창조는 소비자의 관심을 유지시킨다. 이는 스포츠 산업에서도 마찬가지이다. 팬들의 흥미와 관심을 유지하기 위해서는 새로운 스포츠가 발명되어야 하며, 기존 스포츠는 재창조 혹은 갱신되어야 한다. 하이브리드 형태의 스포츠가 발명되어 전통적인 여가 활동을 더 재미있게 만들기도 한다. 스키저링(skijoring)은 개 썰매와 크로스 컨트리 스키를 결합한 스포츠이다. 개 한 마리 혹은 여러 마리가 스키를 타고 있는 라이더를 끌어당긴다. 개들을 조종하기 위한 벨트가 없기 때문에 라이더들은 자신의 개들에게 기본적인 썰매타기 음성 명령을 가르쳐야 한다. 스키저링 라이더들은 크로스 컨트리 스키와 개의 발바닥을 따뜻하게 하기 위한 방한 부츠를 구매해야 한다.

아마도 클라이밍(mount climbing)은 익히 알겠지만 아이스 클라이밍(ice climbing)에 대해서는 들어보지 못했을 것이다. 아이스 클라이밍은 클라이머들이 도끼와 아이젠을 이용하여 얼음 폭포 또는 다른 얼음 형성물을 오르는 스포츠이다. 더 혁신적인 새로운 스포츠로는 메가 램프 스케이트 보익스트림 스포츠의 가시성을 높이기 위해서 어떠한 전략을 이용할 수 있는가?
© Herbert Kratky/ Shutterstock.com

딩, 타조 레이싱, 수중 골프, 플라이 보딩 등이 있다.

새로운 스포츠의 등장은 케이블 및 네트워크 방송국들과 스폰서, 광고주들에게 새로운 기회를 제공한다. TV 네트워크는 익스트림 스포츠의 열렬한 팬들이 자신이 좋아하는 새로운 스포츠 경기를 시청하기 때문에 시청률을 상승시킨다. 스폰서와 광고주들은 재빠르게 따라붙어 목표 시장 내 자신의 소비자 기반의 증대를 원할 것이다.

Marketing-Information Management

총 노출 횟수. 스포츠 마케팅에 통상적으로 이용되는 관행이다. 총 노출 횟수(gross impression)는 광고, 경기 또는 쇼에 따른 상품 혹은 서비스가 운동선수, 팀, 혹은 엔터테이너와 연관된 횟수를 의미한다. 종종 전하고자 하는 메시지는 잘 드러나지 않는다. 영화, TV 쇼, TV 중계 스포츠 경기에서 보여지는 브랜드가 모두 총 노출 횟수를 나타낸다. 상품 혹은 기업의 로고가 신발, 영화 장면, 혹은 광고판에 보일 때마다 당신의 뇌는 그 이미지를 기록하게 된다. 광고주들은 당신이 그러한 상품을 구매할 준비가 되어 있을 때에 그 이미지를 떠올리기를 원한다.

다수의 대학 및 프로 팀들은 이제 자신의 팀 유니폼에 기업이나 상품 로고를 달고 있다. 마케팅 담당자들은 관중들이 이 로고를 보고 엘리트 팀 혹은 운동선수를 연상하며, 결국 스폰서의 상품이 구매되기를 바란다. 미디어가 스폰서의 상품과 연관시켜서 선수 혹은 팀을 언급할 때마다 이는 잠재적인 소비자에게 총 노출 횟수가 하나 증가한 것이다.

타이밍. 마케팅 담당자들은 팀과 스포츠의 인기도는 승리 기록의 유지를 바탕으로 한다는 것을 알고 있다. 연속 패배를 당하고 있는 팀 혹은 선수는 경기에서 포인트를 잃는 것보다 더 많은 것을 잃을 수 있다. 스포츠 상품을 마케팅할 때에 타이밍은 매우 중요하다. 팬들은 승자를 연상시키는 상품과 서비스를 원한다. 운동선수와 팀의 승리 추세는 모니터링되어서 언제 마케팅 전략을 변경할 필요가 있는지 판단해야 한다. 이와 유사하게 마케팅 담당자들은 성공이 더 높은 경쟁으로 이어진다는 점을 인지해야 한다. 스포츠 관련 기업이 성공적인 마케팅 캠페인을 벌인다면, 경쟁자들 또한 자신의 마케팅 노력을 증가시킬 가능성도 높아진다. 경쟁의 추세도 모니터링하여 기업의 마케팅이 계속 신선하고 독창적인 마케팅이 될 수 있도록 한다.

1.2.2 스포츠 마케팅의 가치

스포츠 마케팅은 수십억 달러 규모의 글로벌 산업으로 경제에 큰 영향을 미친다. 스포츠 경기의 인기도는 개인과 가족 예산에 영향을 준다. 가족 휴가를 자녀를 위한 축구 토너먼트나 전국 풋볼 챔피언십의 오렌지 볼(Orange Bowl)을 중심으로 계획하는지 여부와 관계 없이 많은 액수의 돈이 스포츠 경기와 관련 상품에 소비된다. 스포츠 산업은 자동차 산업에도 큰 영향을 미치는데, 지원을 아끼지 않는 부모는 가족들이 다양한 스포츠 활동 및 경기들을 찾을 수 있도록 충분히 공간이 넓은 미니밴과 SUV를 구매하여 유지할 것이기 때문이다. 이러한 경기들로 인해서 생성되는 산업에 의존하는 식당과 호텔, 주유소를 생각해 볼 때 경제적 영향은 더욱 크다.

감정적 가치

스포츠 팬들은 자신이 선호하는 고등학교, 대학교, 프로 팀들과 감정적 연대를 갖고 있다. 다수의 스포츠 열성 팬들은 자신이 응원하는 팀의 경기를 스포츠 경기와 관련하여 어떠한 상품을 소비자들이 구매하기를 원할까?
© Chayatorn Laorattanavech/Shutterstock.com

지켜보기 위해서 주말만 기다린다. 애정과 열정과 같은 감정은 종종 팬들로 하여금 티켓과 기타 스포츠 관련 상품들을 구매하도록 한다. 팬들은 자신의 마음을 사로잡는 스포츠 경기에 자유롭게 자신의 재량 소득을 소비할 것이기 때문에, 마케팅 담당자들은 팬들의 감정에 호소하려고 노력한다.

많은 수의 채널

Channel Management

이제 케이블과 위성 시스템을 통해서도 이용 가능한 수백 개의 TV 네트워크의 마케팅 담당자들은 가장 높은 시청률을 포착하기 위한 마케팅 전략을 수립한다. 한때 인기 있었던 시트콤은 평범한 사람들이 출연하고 제작 비용이 적게 소요되는 리얼리티 쇼에게 자리를 내주었다. 〈*The Voice*〉, 〈*America's Got Talent*〉, 〈*Survivor*〉, 〈*Big Brother*〉, 〈*The Amazing Race*〉와 같은 쇼들은 TV 시청률에서 상위권에 랭크되었다. TV 네트워크는 시청률을 높이고, 스폰서를 끌어모으고, 수익을 극대화하기 위해서 올바른 프로그램 편성 조합을 찾아야 한다.

스포츠 프로그램 편성은 가치가 높은 것으로 증명되었다. 슈퍼볼, 대학 풋볼 플레이오프, 3월의 광란(March Madness)과 같은 스포츠 경기는 스포츠를 좋아하는 시청자의 관심을 끌어모으며, 이는 결과적으로 높은 가격을 지불하는 프로모터들을 끌어모으게 된다. TV 네트워크는 인기도가 높은 스포츠 경기의 독점 중계권을 확보하기 위해서 많은 돈을 지불함으로써 재정적 이득을 기대한다. 이러한 인기 있는 스포츠 경기 중에 방영되는 광고는 비용이 수백만 달러에 이를 수도 있다.

오늘날 소비자들은 그 어느 때보다도 TV를 많이 시청하기 때문에 시청자들이 어떤 프로그램을 어떻게 시청하는지를 이해하는 것이 중요하다. Nielsen Company는 폭넓고 대표적인 소비자 패널을 이용하여 TV 시청 행태를 추적한다. 이는 마케팅 담당자들에게 소비자 시청 경향, 습관, 인구통계 정보의 상세 분석을 제공한다. 이러한 풍부한 정보는 기업들로 하여금 인구 통계 및 시청자 구성 정보를 바탕으로 자사의 마케팅 캠페인을 전개할 수 있게 한다.

1.3 엔터테인먼트 마케팅

핵심 문제 • 엔터테인먼트의 전달이 지난 10년 동안 어떻게 발전하였는가?

학습 목표 • **1.3.1** 엔터테인먼트를 정의한다.

1.3.2 엔터테인먼트 마케팅의 발전을 설명한다.

핵심 용어 • 엔터테인먼트(entertainment) 시청률(ratings)
엔터테인먼트 마케팅(entertainment marketing)

Opening Act

TV 네트워크들은 시청자의 연령 및 성별에 매우 관심이 많다. HGTV는 여성들이 크게 선호하는 채널인 데 반해, ESPN은 남성 시청자들이 가장 많이 선택하는 채널이다. TV 프로그램의 운명은 인기도를 바탕으로 하며, 이 인기도는 시청자의 규모에 의해 결정된다. TV 네트워크는 일반적으로 18~49세 연령대 시청자 및 소비자를 끌어모으기를 원하는데, 그 이유는 이 집단이 적극적으로 소득을 올리고 돈을 쓰기 때문이다. 한편 인구의 노령화는 주요 네트워크의 시청자 중위 연령을 51세로 상승시켰다. 광고주들은 시청자들의 인구 통계에 관심을 가지는데, 그 이유는 이 정보가 광고주로 하여금 자사의 상품 광고를 특정 쇼가 진행되는 동안 내보낼지 여부를 판단하는 데 도움이 되기 때문이다.

미국 내 여러 지역의 TV 시장의 규모 또한 TV 프로그램 편성에 영향을 준다. 뉴욕시는 TV 시청 가구가 700만 가구가 넘으며, 로스앤젤레스의 경우에는 500~600만 가구에 달한다. 광고주들은 이러한 정보를 이용하여 가장 수익성이 좋은 인구 구성을 바탕으로 광고를 내보낼지 여부를 결정하게 된다.

협력 학습 파트너와 함께 3개의 TV 쇼와 이들의 목표 시장을 파악해 보라. 이러한 쇼가 진행되는 동안 광고되는 상품 혹은 서비스의 목록을 작성하라. 왜 상품 광고주들이 이러한 프로그램들의 스폰서가 되는지 논의하라.

1.3.1 판매를 위한 엔터테인먼트

오늘날 소비자들은 자신의 관심을 사로잡는 재미있는 활동들을 찾는다. 다양한 형태의 엔터테인먼트가 이러한 공백을 채울 수 있다. 엔터테인먼트는

타임 스퀘어의 방문객들은 어떠한 종류의 엔터테인먼트 이벤트에 참석할 것이라고 생각하는가?
© littleny/ Shutterstock.com

휴식을 하고, 홀로 혹은 다른 이들과 함께 시간을 보내는 방식으로 이해되고 있지만, 사실 엔터테인먼트는 훨씬 그 이상의 것이다. 엔터테인먼트 산업은 수십 년 동안 성장하여 수익성 있는 사업으로 변모하였다. 다양한 기업들이 엔터테인먼트 산업에서 활동하고 있으며, 미국 경제에 연간 수십억 달러를 기여하고 있다. 오래된 속담이 말하고 있는 바와 같이 "쇼 비즈니스와 같은 비즈니스도 없다(There's no business like show business)."

엔터테인먼트란 무엇인가?

Marketing-Information Management

엔터테인먼트(entertainment)는 사람들이 돈과 시간을 들여서 관람을 원하는 일종의 공연이다. 엔터테인먼트는 스포츠와 예술을 포함할 수 있으며, 직접 관람하거나, 방송이 되거나, 기록된 형태일 수도 있다. 종종 스포츠와 엔터테인먼트를 구분하기도 한다. 스포츠라는 용어는 일반적으로 운동 기술을 요구하는 게임에 적용된다. 스포츠 경기 관람 또한 엔터테인먼트일 수 있으나 엔터테인먼트라는 용어는 일반적으로 영화, 연극, 음악 콘서트, 서커스 등에 적용된다.

한편 스포츠와 엔터테인먼트의 구분이 모호할 때도 있다. 예를 들어, 프로 레슬링은 NCAA(전미대학경기협회)에서 승인된 레슬링 경기와 닮은 점이 거의 없다. 프로 레슬링은 실제 스포츠의 과장이라고 할 수 있다. 프로 레슬링은 실제 스포츠인가 아니면 연출된 엔터테인먼트인가?

엔터테인먼트 마케팅은 무엇인가?

직장, 가정, 가족 내에서의 의무와 기타 활동들로 인해서 사람들은 제한된 여가 시간과 돈을 가지고 있다. 사람들이 엔터테인먼트에 자신의 시간과 돈을 들이는 방식에 영향을 주는 것이 엔터테인먼트 마케팅의 목적이다.

엔터테인먼트 마케팅은 2가지 방식으로 논의될 것이다. 첫째, 엔터테인먼트는 마케팅할 상품으로서 간주될 것이다. 엔터테인먼트를 상품으로서 마케팅할 때, 마케팅 담당자들은 재정적 자원을 가지고 있는 소비자들에게 어떻게 자신의 여가 시간을 가장 잘 소비할 수 있는지 설득한다. 둘째, 마케팅은 다른 상품에 대한 관심을 끌어모으기 위해 엔터테인먼트를 이용하는 방식에 비추어서 검토될 것이다. 예를 들어, 요리책 저자는 요리 경연의 심사위원으로 게스트 출연하여 출판된 자신의 책을 프로모션하려고 할 수 있으며, 연예인이 TV 토크쇼에 출연하여 개봉 예정 영화에 대해서 언급을 할 수 있을 것이다.

1.3.2 엔터테인먼트 및 엔터테인먼트 마케팅의 발전

20세기 초반 공연 예술은 중요한 엔터테인먼트 형태 중 하나였다. 공연 예술에는 연극, 발레, 오페라, 콘서트 등이 포함된다. 마케팅은 포스터, 신문, 잡지, 입소문에 의존하였다. 전문 공연을 즐기기 위해서 사람들은 지역 사회 공연이 집중되어 있는 극장, 콘서트 홀, 혹은 경기장을 방문해야 했다. 쇼는 실시간으로 진행되었으며, 엔터테이너들은 관객들로부터 박수, 야유, 심지어는 관객들이 공연자에게 던지는 잘 익은 토마토 등과 같은 즉각적인 피드백을 받았다.

영화는 기술과 엔터테인먼트를 통합시켰으며, 엔터테인먼트 마케팅의 새로운 차원과 깊이를 더하였다. 기술은 영화에 이어 TV를 통해서 관객들로부터 엔터테이너들과의 거리를 멀게 했다. 인터넷은 엔터테인먼트의 대중적 보급을 증가시켰으며, 엔터테인먼트 산업에 대한 즉각적인 반응 요소를 추가하게 되었다. 이 즉각적 반응은 가치 있는 마케팅 정보를 제공한다. Facebook, Twitter, Google+, 기타 소셜미디어 사이트들은 TV 쇼 및 기타 엔터테인먼트 이벤트에 대해서 시청자들이 즉각적으로 자신의 생각과 의견을 공유할 수 있도록 하고 있다.

변화의 시작

루이 르 프랭스(Louis Le Prince)는 영국에서 1888년 최초의 영화를 제작하였다. 뤼미에르(Lumière) 형제는 1895년 파리의 한 카페에서 유료 관객들에게 처음으로 영화를 상영하였다. 영화관의 건축과 함께 영화의 프로모션이 빠르게 뒤를 이었다.

최초의 유성 영화인 〈*The Jazz Singer*〉는 1927년 당시 오디오를 취급할 수 있는 미국 내 극소수의 영화관에서 개봉하였다. 미키 마우스가 1928년 월트 디즈니의 〈*Steamboat Willie*〉에 최초로 등장하였다. 10년 후 〈*Snow White and the Seven Dwarfs*〉는 최초의 장편 애니메이션 영화가 되었다. 뛰어난 마케팅 시도로써 디즈니랜드가 1955년 7월 캘리포니아주 애너하임에 개장하였다. 엔터테인먼트의 마케팅 믹스에 대한 완전히 새로운 접근 방식이 테마 파크의 등장과 함께 나타났다. 실황 예술과 기록 예술에 지속적으로 발전하는 기술 주도의 일련의 뉴미디어가 추가되었다.

엔터테인먼트의 유통은 시간이 지남에 따라서 어떻게 변화하였는가?
© Kobby Dagan/ Shutterstock.com

기술 혁명

TV가 많은 미국 가정에 들어오기 시작하였을 때, 스포츠 및 엔터테인먼트 마케팅 담당자들은 소비자의 지갑을 향하는 광활한 고속도로를 발견하였다. 기술이 더 진보함

> **time-out**
>
> Zenith Radio Corporation는 1950년 최초의 TV 리모컨에 투자하였다. 이 발명품은 "Lazy Bone"이라 불렸다. 이 리모컨은 무선이 아니었으며, 케이블로 TV에 연결되었다. 소비자들은 부피가 큰 케이블 때문에 이 리모컨을 크게 선호하지 않았다.

에 따라서 다른 형태의 미디어가 엔터테인먼트의 성장을 도왔다.

TV 및 마케팅의 초기. 2차 세계대전 종전 시점에 미국 내에는 9개의 TV 방송국과 7,000개 미만의 작동하는 TV 세트가 존재하였다. 1945년 10월 25,000명 이상의 사람이 필라델피아에 있는 Gimbel's Dapartment Store에 몰려와 TV 최초 시연을 지켜보았다. 같은 해 미국광고대행사협회(AAAA: American Association of Advertising Agencies)가 TV 광고의 시작을 독려하면서, TV는 엔터테인먼트의 마케팅을 크게 바꿔놓았다. 신문과 잡지가 할 수 있는 것보다 훨씬 많은 것을 할 수 있었던 TV의 시청각적 '생명'은 시청자들의 상상을 사로잡았다.

1946년 NBC와 Gillette Company는 최초로 스포츠 경기를 생중계하였다. 이 경기는 조 루이스(Jeo Louis)와 빌리 콘(Billy Conn) 간의 권투 경기였다. 이 프로그램은 큰 성공을 거두었으며, 5,000개의 TV 세트를 통해서, 각 TV 세트당 평균 30명의 사람들, 총 15만 명이 이 경기를 지켜본 것으로 추산되었다.

TV의 영향력 증가. 그 단순성 속에서도 초기 TV는 프로모션과 광고를 전혀 다른 모습으로 바꿔놓았다. 미국 내 주요 기업들은 줄을 서서 광고 시간을 구매하고 광고를 제작하였다. 광고 시간의 가격은 시청률에 연동되었다. **시청률**은 한 프로그램이 끌어모으는 시청자의 수를 의미한다. 1945년 9개에 불과하였던 TV 방송국은 1949년 98개로 급증하였다.

1956년 9월 9일, 미국 내 모든 TV 세트의 82%가 매주 일요일 저녁 방영되는 버라이어티 쇼인 〈*The Ed Sullivan Show*〉를 방영하는 채널에 맞추어져 있었다. 로큰롤의 미래 '황태자'인 엘비스 프레슬리(Elvis Presley)의 출연은 큰 관심을 불러모았다. 이후 1964년 모든 미국 내 시청자들의 60% 이상이 〈*The Ed Sullivan Show*〉에서 비틀스(Beatles)의 데뷔 무대를 TV로 감상하였다. 에드 설리반(Ed Sullivan)은 기술(TV)을 이용한 상품의 유통에서 수백만 명의 시청자들에 대한 마케팅 기준을 설정하였다. 이 쇼는 단일 집단에 대한 집중보다는 모든 계층의 시청자들에 대한 어필을 통해 높은 시청률 기록을 세웠다. 이 쇼에서 부과되는 광고료는 높은 시청률을 반영하였다.

왜 TV는 중요한 마케팅 도구인가?
© Monkey Business Images/ Shutterstock.com

오늘날 리얼리티 쇼에서 뉴스 프로그램까지 광범위한 TV 프로그램들이 광고주와 스폰서를 끌어들이고 있다. CNBC는 익살스럽지만 스마트한 〈*Squawk Box*〉를 방영함으로써 주식 시장에서의 지분을 현금화하고 있다. 이 일일 TV 쇼는 그렇게 심각하지 않게 월 스트리트 뉴스를 다룬다. 이 쇼가 진행되는 동안 스폰서들은 교육 수준이 높고 소비할 돈의 여유가 있는 시청자들에게 스포츠 및 엔터테인먼트 상품을 포함하여 자신의 상품을 프로모션한다.

변화의 가속화

기술의 발전은 대중적 보급을 용이하게 함으로써 스포츠와 엔터테인먼트 마케팅을 현저하게 바꿔놓았다. 소수만이 이용하던 것이 이제는 다수의 이용이 가능해졌다. 라디오, 영화, TV, 비디오 녹화기, CD, DVD, DVR 그리고 인터넷의 발전은 스포츠와 엔터테인먼트 상품을 전 세계에서 이용 가능하게 만들었다.

인터넷은 계속해서 매체로서 진화하고 있다. 소비자들이 기술 소유권이 무한한 인터넷 이용을 따라잡음으로써 마케터들은 유통을 위한 인터넷 이용법을 학습하고 있다. TV는 보다 원숙한 유통 매체로 간주된다. 한편 TV는 고화질과 3D 영상 등 시청자의 만족감과 마케팅 담당자들의 기회를 증가시키는 새로운 변화를 겪고 있다.

오늘날 소비자들은 유용한 일을 수행하는 특수 앱(소프트웨어 애플리케이션)을 무료 혹은 유료로 다운로드받을 수 있다. 일부 앱은 이용자들이 집을 떠나서도 최신 스포츠 혹은 엔터테인먼트 뉴스를 볼 수 있게 하거나 좋아하는 TV 쇼 혹은 팀을 감상할 수 있도록 한다. 많은 기업들은 유용한 서비스를 이용자들에게 제공하는 한편, 자사 또는 자사 상품을 간접적으로 프로모션하는 자체 앱을 제작하고 있다. 예를 들어, IBM은 윔블던 테니스 토너먼트에서 이용할 수 있는 앱을 제작하였는데, 이 앱은 팬들이 주변 환경과 상호작용할 수 있도록 한다. 팬들이 자신의 휴대폰 카메라 렌즈를 다양한 방향으로 가리키면 실시간 스코어와 선수의 통계를 볼 수 있게 하고, 가장 줄이 짧은 기념품 코너를 찾을 수도 있다. 팬들은 이러한 기술에 감명받았으며, 이는 최신 기술혁신 기업이라는 IBM의 이미지를 강화시켰다.

기술 및 소비자 피드백

엔터테인먼트 마케팅 담당자가 소비자로부터 즉각적인 피드백을 얻기 위한 TV, 인터넷, 스마트폰, 기타 기술 형태의 이용은 시간이 지남에 따라서 발전하였다. 양방향 소통은 엔터테인먼트 기업들로 하여금 소비자로부터 정보를 수집하고 그 정보를 이용하여 엔터테인먼트 상품을 개선하는 데 이용할 수 있도록 한다. 상품에 만족하지 못할 경우 소비자는 인스턴트 메시지, 문자, 이메일, 블로그, Facebook, Twitter, 기타 소셜 미디어 사이트들을 통해서 즉각적으로 소통할 수 있다.

리얼리티 TV 쇼는 시청자들로 하여금 자신만의 결말을 만들어내고 자신이 좋아하는 새로운 엔터테이너를 선택할 수 있도록 한다. 리얼리티 쇼의 마케팅 믹스는 특이한데, 그 이유는 이 상품이 프로덕션 기업과 소통하기 위한 기술을 이용하는 시청자들에 의해 선택을 받기 때문이다. 〈*Dancing with the Stars*〉나 〈*American Idol*〉과 같은 TV 쇼는 시청자들이 자신이 선호하는 참가자에 투표할 수 있게 한다. 〈*American Idol*〉 최종 우승자는 음반 판매량을 높이기 위해서 추가적인 프로모션이 거의 필요 없는 음반을

Take a bow

케이블 가이, 래리(Larry)

케이블 가이(Cable Guy)라는 별명을 가진 래리(Daniel Lawrence Whitney)는 1963년생으로 가족이 운영하는 돼지 농장 안에서 성장하였다. 부모의 다양한 배경 또한 그의 코미디에 영향을 주었다. 래리의 아버지는 성직자이자 에벌리 브라더스(Everly Brothers)와 함께 연주를 하였던 기타 연주자였다. 래리의 어머니는 주말이 되면 엘비스 흉내를 냈다. 케이블 가이 래리는 전국 단위로 판매된 라디오 쇼인 〈*Bob and Tom Show*〉에 최초로 소개되었다. 그는 인기가 높았던 "Git-R-Done" 캐치프레이즈와 함께 쇼를 마무리하였다. 코미디언인 제프 폭스워디(Jeff Foxworthy)의 〈*Country Countdown show*〉에 정기적인 출연을 통해 래리는 미국 전역에 라디오 시장에 대한 논평을 방송할 수 있는 신디케이션 계약을 성사시켰다. 래리가 거둔 가장 큰 성공은 그가 코미디언 폭스워디와 빌 잉그볼(Bill Engvall)과 함께 〈*Blue Collar Comedy Tour*〉에 출연하였을 때 찾아왔다. 이 쇼는 티켓 매출 1,500만 달러를 달성하였으며, 100만 부 이상의 DVD가 팔려나갔다. 래리는 스타덤에 올랐으며 〈*Lord, I Apologize*〉라는 제목의 장편 CD를 제작하였는데, 이 CD는 2년 동안 차트 최상위권을 유지하였다.

래리는 자신의 팬들을 웃게 만드는 것 이외에도 Git-R-Done 재단을 설립하여 아동 복지를 위해 일하였다. 그는 자신의 자선 단체를 지원하기 위한 이벤트를 개최한다. 향신료, 감자 칩, 땅콩, 살사 소스, 냉동 버거 등 케이블 가이 래리의 식품으로부터 올린 수익금 또한 그의 자선 단체를 자금 지원하는 데 이용된다.

Think Critically

Git-R-Done 재단에 대해 더 상세히 알기 위해서 온라인 조사를 실시하라. 왜 일부 연예인들은 자선 재단을 가지고, 공익 광고에 출연하는가? 그러한 활동이 바람직하다고 생각하는가? 그 이유는 무엇인가?

제작할 수 있다. 마케팅 믹스는 소셜미디어를 통한 소비자의 의견을 바탕으로 조정되었다.

사례 연구

대학 운동 선수는 연봉을 받아야 하는가?

NCAA는 최근에 8억 7,160만 달러의 매출을 기록한 거대 규모의 산업이다.[7] 매출에 가장 큰 기여를 한 대학교 두 곳은 오스틴에 있는 텍사스대학교(1억 6,300만 달러 초과)와 오하이오주립대학교(1억 4,200만 달러 초과)이다.[8]

티켓 판매와 TV, 라디오, 인터넷 판권 계약은 대학 운동선수에게 가장 큰 수입원이다.

운동선수 장학금

대학 운동선수가 받는 전액 장학금은 수여자가 거의 비용을 들이지 않고 학교에 다닐 수 있도록 한다. 학비, 기숙사비, 책 구매 비용, 과정과 관련된 특정 수수료 등이 장학금에 포함된다. 전액 장학금은 매출을 생성하는 것으로 간주되는 헤드카운트 스포츠(head-count sports)를 하는 운동선수에게만 수여된다. 남성에게 있어서 헤드카운트 스포츠는 1부리그 풋볼 및 농구이다. 여성에게 있어서 헤드카운트 스포츠는 농구, 배구, 테니스, 체조이다. 오하이오주립대, 오번대, 조지아대, 미시간대, 텍사스대, 노트르담대 등의 주요 대학에서 활동하는 운동선수들은 건설에 수백만 달러가 소요된 고급스러운 신규 스포츠센터 및 시설을 이용할 수 있다.

NCAA는 대부분의 대학 운동선수들이 스포츠 외의 다른 것에 프로가 되라고 강조하는 광고를 제작하였다. 이 광고가 전달하고자 하는 메시지는 교육이 최우선 순위가 되어야 한다는 것이다.

연간 대학교를 다니는 2천만 명의 학생들 중에서 60%는 학비 마련을 위해 학자금 대출을 받는다. 대부분의 졸업생들은 학위와 학자금 대출의 재정적 부담을 짊어진 채 학교를 떠나게 될 것이다. 그와는 반대로, 대부분의 대학 운동선수들은 부분 장학금을 받거나 임시 상태에 있지 않는 이상 어떠한 채무 없이 대학교를 떠나게 된다. 불행하게도 다수의 대학 운동선수는 학위 없이 학교를 떠난다. 그렇다고 하더라도 이들은 이득을 취할 수 있다.

유명 대학의 운동선수들은 높은 수준의 후원자들과 관계를 맺을 기회를 얻게 된다. 이러한 네트워킹 기회는 종종 졸업 이후 일자리 제안이나 일자리 지원으로 이어진다.

APU(All Players United)는 자신들의 운동 성적이 소속 대학에 큰 매출을 올려주기 때문에 월급을 받아야 한다고 믿는 대학 운동선수 단체이다.

Think Critically

1. 아마추어와 프로 운동 선수들 간의 차이는 무엇인가?
2. 대학 운동 선수들이 연봉을 받아야 하는가? 왜 그러한가?
3. 왜 어떤 사람들은 대학 운동 선수들에게 연봉을 지급하는 것에 반대하는가?
4. 대학 운동 선수가 되는 것이 여러 이점이 있지만, 단점도 있다고 생각하는가? 이에 대해 설명하라.

CHAPTER 2 고객 우선

Fort Worth Star-Telegram/McClatchy-Tribune/Getty Images

Winning Strategies

12년의 공백 이후 영향력 행사하기

영화 산업은 창의성, 혁신, 흥미로운 캠페인을 이용하여 영화를 마케팅한다. 성공적인 전략은 저예산 영화를 예상치 못한 흥행 영화로 만들 수 있다.

머펫(Muppet)으로 알려진 사랑스러운 꼭두각시 캐릭터는 총 6편의 영화에 출연하였으며, 그중 첫 번째 영화는 1979년 개봉한 〈*The Muppet Movie*〉이다. 이후 1999년까지 수년에 한 번 새로운 머펫 영화가 개봉하였으며, 6번째 출시된 영화는 〈*Muppets from Space*〉였다. 그 후 〈*The Muppets*〉이라는 영화로 이 털 덮인 캐릭터가 복귀하기까지는 12년이 걸렸다. 여전히 사람들은 머펫을 많이 알아보았지만 일부 사람들은 이 캐릭터가 새로운 관객의 마음을 사로잡을지 의문을 제기하였다.

© Helga Esteb/ Shutterstock.com

이러한 의문을 해소하기 위한 전략으로 바이럴 마케팅 캠페인(viral marketing campaign)이 뒤따랐다. 영화 제작자들은 대규모의 Facebook 팬 페이지를 통해 팬들의 마음을 사려고 노력하였다. 영화 프로모터들은 이 영화가 개봉하는 시기에 박스 오피스 상위권을 점령할 것 같은 다른 영화의 패러디 영상에서 머펫이 출연하는 재미 있는 영화 트레일러와 포스터를 공개하였다. 〈*Breaking Prawn (Twilight: Breaking Dawn)*〉과 〈*The Pig with the Froggy Tattoo (The Girl with the Dragon Tattoo)*〉는 〈*The Muppets*〉의 마케팅 캠페인에서 패러디 영상으로 이용한 영화들 중 일부이다. 또한 〈*The Muppets*〉의 출연 배우들은 Google+, Twitter, 기타 모바일 어플 등에서 존재감을 나타냈다. 창의적인 마케팅 전략으로 미국 내에서 〈*The Muppets*〉의 첫 주말 티켓 매출은 2,900만 달러를 기록하였다.

Think Critically

1. 왜 엔터테인먼트 산업은 마케팅 캠페인의 개시를 위해서 소셜 미디어로 관심을 돌리게 되었는가?
2. 영화 〈*The Muppets*〉에 활용된 마케팅 캠페인으로부터 배울 수 있는 교훈은 무엇인가?

2.1 마케팅 개념

핵심 문제 스포츠 및 엔터테인먼트 이벤트에 있어서 마케팅 개념은 무엇인가?

학습 목표 **2.1.1** 마케팅 개념의 중심적인 초점을 설명한다.

2.1.2 스포츠 및 엔터테인먼트 선택이 증가한 이유를 설명한다.

핵심 용어 마케팅 개념(marketing concept)
손익분기점(breakeven point)
생산성(productivity)
기회 비용(opportunity cost)

Opening Act

미국의 어린이들은 모든 종류의 식품 및 음료에 있어서 인기 있는 목표 시장이며, 매년 이 집단에 광고를 하는 데 쓰이는 돈은 100억 달러로 추산된다. 연방거래위원회(Federal Trade Commission)는 44개의 주요 식음료 마케팅 담당자들이 미국 내 12세 미만 어린이들과 12~17세 청소년들에게 자사 상품의 프로모션을 위해서 16억 달러를 지출하였다고 밝혔다.[1]

TV와 인터넷, 상품 포장, 상점 내 광고, 내기(sweepstake) 등의 전통적이고 비전통적인 마케팅 경로가 모두 어린이들을 목표로 이용되고 있다. 기업들은 이제 전통적인 마케팅 캠페인을 신규 영화 혹은 인기 있는 TV 쇼와 통합하는 교차 프로모션 전략과 결합하고 있다. 패스트푸드 음식점들은 종종 영화 스튜디오와 손을 잡는다. 패스트푸드 음식점들은 종종 자사의 어린이 메뉴에 영화 캐릭터의 액션 피겨를 끼워 넣는다. 패스트푸드 음식점들과 영화 모두 이러한 특별 프로모션에서 이득을 취한다. 어린이들은 매년 자신들이 노출되는 6,100개를 넘는 TV 방영 광고에서 이러한 특별 프로모션에 대해서 알게 된다.

협력 학습 조별로 당신이 목격한 교차 프로모션(cross-promotion)에 대해서 논의해 보아라. 누가 목표 시장이었는가? 음식점 및 식품 기업들이 청년들의 비만 경향과 자사 상품과의 관계에 대해서 관심을 가져야 하는가?

2.1.1 마케팅 개념은 무엇인가?

마케팅은 하나의 중요한 사업 기능이다. 당신은 상품 및 서비스의 소비자로서 마케팅 과정에 참여하게 된다. 당신이 지불하는 돈 1달러 중에 절반이 마케팅 비용에 들어간다. 마케팅 비용은 상품 개발, 포장, 광고, 판매 비용

등이 포함된다.

마케팅의 가장 중요한 측면은 소비자 욕구의 만족이다. 소비자의 욕구는 상품 혹은 서비스의 기획, 생산, 유통, 프로모션 단계 중에 1차적인 초점이 되어야 한다. 소비자 욕구 충족에 대한 초점을 유지하는 기업은 **마케팅 개념**(marketing concept)을 따른 것으로 간주된다. 마케팅 개념은 소비자의 욕구를 충족시키는 데 집중하는 것을 의미하고, 소비자와 중대한 관계를 유지하는 것을 필요로 한다.

관계 유지

Selling

마케팅 개념은 소비자와 중대한 관계를 유지하는 것을 필요로 한다. 소비자와의 관계를 성공적으로 관리하려면 소비자의 욕구에 대해서 청취하고, 최신 소비자 경향을 신중하게 모니터링해야 한다. 성공적인 마케팅 관계의 유지는 노력이 필요하다. 각각의 소비자는 고유하며 상이한 구매 습관을 가지고 있기 때문에, 고유한 마케팅 전략이 필요하다. 일부 소비자들은 많은 관심이 필요하지만, 다른 소비자들은 구매할 때까지 혼자 있기를 선호하기도 한다.

어떠한 종류의 고객 서비스가 사업의 반복으로 이어지는가?

© JuliusKielaitis/ Shutterstock.com

소비자 만족은 성공적인 마케팅 관계 유지에 있어서 핵심이다. 가격, 품질, 서비스, 스포츠 및 엔터테인먼트 이벤트에서 획득한 재미의 양 등이 소비자 만족에 영향을 주는 요인들이다. 스포츠 및 엔터테인먼트 이벤트 기획자들은 소비자가 원하고 가격 부담 없이 즐길 수 있는 이벤트를 구성할 과제를 안고 있다. 상품 및 서비스를 구매하는 개인은 자신이 지출한 돈에 대한 가치를 기대한다. 스포츠 및 엔터테인먼트 산업 내에서 많은 경쟁이 있기 때문에 마케팅 전략은 다른 기업들과는 차별되는 소비자 서비스 부분을 포함해야 한다. 만족스러운 경험을 한 소비자들은 다른 곳에서 구매할 가능성이 낮아진다.

2.1.2 스포츠 및 엔터테인먼트 선택의 증가

수십 년간 미국의 높은 생활 수준은 소비자들에게 더 많은 재량소득을 가질 수 있게 하였다. 경기 호황 시기 평균적인 소비자는 스포츠 및 엔터테인먼트 이벤트와 관련 상품에 더 많은 돈을 지출한다. 스포츠 및 엔터테인먼트 이벤트에 대한 증가된 소비자 수요는 일반적으로 높은 가격 및 더 치열한 경쟁을 초래한다. 시장 내 경쟁은 소비자들에게 더 많은 선택권을 갖도록 하였으며 이벤트 및 상품의 개선으로 이어졌다.

마케팅 전략은 경쟁과 소비자 경향의 모니터링, 또한 최신 소비자 수요를 충족하는 개선을 포함해야 한다. 추가적으로 마케팅 담당자들은 경제상황에 대해서 인지하고 있어야 한다. 경제가 불황일 때 소비자는 스포츠 및 엔터테인먼트 이벤트에 지출할 재량소득이 적어진다. 이러한 시기에 기업들은 소비자들이 지출한 돈에 합당한 가치를 제시하는 것이 더욱 중요하다.

소비자 초점

Product/Service Management

생산성(productivity)은 기업이 활용한 자재 및 직원 수 대비 생산한 상품 혹은 서비스의 비율을 나타낸다. 생산성은 다른 개발도상국들뿐 아니라 미국 내에서도 인상적인 증가율을 기록하였다. 그것이

Social Media Marketing

연예인들은 소셜미디어를 이용하여 자신의 브랜드를 형성한다. 트윗을 보낼 때에 연예인들은 자신의 팬들을 친구처럼 대우한다. 스타들은 Twitter 혹은 Instagram의 이용을 통해 비교적 안전한 환경에서 자신의 팬들에게 말을 할 수 있다. 팬들은 자신이 선호하는 스타들과 소통하는 것을 좋아하며, 연예인들이 소셜미디어를 통해서 자신들과 접촉하게 될 때 이들은 자신의 팬 기반에 의해서 더욱 사랑받게 된다. 팬들은 자신이 선호하는 연예인들의 진실한 트윗을 좋아한다. 이러한 트윗들은 팬들로 하여금 그 연예인도 평범한 사람이라고 생각하게 한다.

소셜미디어를 통한 상호작용은 한편 부정적일 수도 있다. 일부 스타는 방해꾼들이나 목소리가 높은 팬들과 Twitter상에서 논쟁을 하기도 한다. 대부분의 스타들은 이렇게 하지 않지만, 그렇게 하는 스타들은 마케팅 전략을 염두에 두고 있을 수 있다. 다수의 연예인들은 언론의 주목은 항상 좋은 것이며, 팬 혹은 동료 연예인과의 불화는 팬들과 잡지, 뉴스 쇼에서 자신이 화제가 되도록 할 것이라고 생각한다.

Think Critically

모든 공보(publicity)가 연예인들에게 바람직하다는 점에 동의하는가? 부정적인 행동으로 인한 공보의 결과는 무엇인가?

5,000개의 콘서트 티셔츠 상품이건 프로 풋볼 팀을 위한 10,000개의 프로모션용 플라스틱 풋볼 상품이건 스포츠 및 엔터테인먼트 이벤트의 상품 수요는 빠르게 충족될 수 있다. 그러나 더 치열해진 경쟁은 기업들로 하여금 생산성에 대한 관심을 넘어서 소비자들에게 만족을 주는 관계의 수립에 관심을 가지도록 하였다. 소비자들이 필요로 하는, 또는 원치 않는 상품 생산에 있어서 높은 생산성을 가지는 경우를 상상해 보라! 마케팅 개념의 1차적인 초점은 소비자 필요의 충족이라는 점을 기억할 필요가 있다.

성공적인 마케팅 전략은 소비자들이 타사 제품보다 더 우월하게 인식할 수 있는 상품을 개발하고 마케팅함으로써 소비자 욕구와 이러한 욕구를 충족할 방법들을 식별한다. 고객을 만족시키는 관계를 유지하는 것이 중요하지만, 기업들은 또한 이익을 올려야 한다. 마케팅 전략이 소비자 선호 및 필요에 초점을 두지 않을 때, 스포츠 및 엔터테인먼트 이벤트는 형편없는 참석률을 기록하고, 판매점들은 잉여 재고가 남아 결국 가격 인하로 이어질 것이다. 소비자에 초점을 두지 않을 때 나타나는 결과는 기업의 실패이다.

만족스러운 관계를 유지하기 위해서 잠재적인 소비자들은 상품, 가격, 프로모션, 장소 등에 대한 적절한 마케팅 믹스를 제공받아야 한다. 마케팅 성공은 수요가 존재하는 좋은 가격에 최상의 상품을 제시하는 것에 달려 있다. 소비자들은 프로모션을 통해서 상품 및 서비스에 대해서 학습하게 된다. 소비자는 마케팅 개념의 원동력이다.

주말 스포츠 및 엔터테인먼트 선택권

매 주말마다 지역 축제 및 콘서트부터 다양한 스포츠 경기에 이르기까지 많은 수의 엔터테인먼트 선택권이 있다. 이러한 모든 이벤트의 준비 요원들은 소비자 돈에 대한 치열한 경쟁을 깨닫게 된다. 이들은 이벤트 참여율을 증가시키기 위한 방법으로 소비자의 관심을 사로잡기 위한 프로모션 전략을 개발한다. 핵심은 이러한 이벤트가 반드시 수익을 올려야 한다는 점이다. 모든 기획자들은 손익분기점에 대해서 인지할 필요가 있다. 손익분기점(breakeven point)은 어떤 이벤트를 조직, 프로모션, 운영하는 모든 비용을 충당하는 데 필요한 최소 매출액을 의미한다. 손익분기점을 초과하는 매출은 모두 수익에 해당한다.

time-out

영화 티켓의 평균 가격은 8.38달러로 상승하였다.[2] 그 영화관은 3D 및 IMAX 영화에 추가 요금을 부과한다. 이제 소비자들은 시내에서 가격 부담 없는 밤을 즐길 수 있는 영화의 매력에 대해서 재고하고 있다.

자동차 극장은 엔터테인먼트 산업 내에서 경쟁이 가능하다고 생각하는가? 왜 그런가?
© iStockphoto.com/Jewelsy

다수의 젊은 가족들은 자녀들을 위한 스포츠 경기를 관람하기 위해서 자신들의 돈을 지출한다. 소규모에서 대규모에 이르기까지 모든 도시들이 축구 토너먼트, 육상 경기 대회, 혹은 치어리딩 경연대회 등의 스포츠 경기 개최로부터 이득을 취하기를 원한다. 음식점, 호텔, 모델, 소매점, 주유소 등이 모두 지역 내에서 개최되는 이벤트에 대해 관심을 가진다.

영화관은 실시간 영화 감상 서비스를 제공하는 Netflix, Hulu, Amazon과 같은 기업들과 경쟁한다. DISH, DIRECTV, 기타 위성/케이블 방송국들은 유료 시청 방식을 제시한다. 이 채널들은 소비자들이 집에서 영화를 관람할 수 있도록 하는 고화질의 영화 채널이다. 1960년대와 70년대에 인기가 높았던 자동차 극장(drive-in theaters)은 일부 도시 등지에서 부활하고 있다. 텍사스주 에니스 인근 Interstate-45 고속도로를 주행할 때 거대한 야외 스크린에 영화가 상영되는 자동차 극장에 입장하기를 기다리는 긴 자동차 행렬을 볼 수 있다.

콘서트 이벤트는 소비자들이 자신의 여가 시간을 소비하는 또 다른 방식이다. 그 모든 엔터테인먼트 선택들 사이에서, 콘서트 기획자들은 자신이 선호하는 가수를 보기 위해서 25~100달러, 혹은 그 이상을 지불할 용의가 있는 팬들을 끌어모으기 위한 창의적인 프로모션 전략을 개발해야 하는 난제에 직면하게 된다.

기회비용

자동차 레이스, 로데오, 공예품 전시회, 지역 축제 등은 소비자들이 즐길 수 있는 추가적인 스포츠 및 엔터테인먼트 선택들 중 하나이다. 엔터테인먼트 이벤트에 참석할지 결정을 내릴 때 개인이 고려하는 요인들에는 편의성, 즐거움, 가격, 그리고 기회비용이 있다. **기회비용**(opportunity cost)은 어떤 선택을 내릴 때 포기하게 되는 차선의 대안적 가치를 의미한다. 이 가치는 당신이 포기하게 되는 이득을 기준으로 측정된다. 예를 들어, 당신은 자동차 레이스와 음악 콘서트를 모두 가고 싶지만 두 가지를 모두 할 수 있는 여력이 없다. 콘서트를 가기로 결정하였다면 기회비용은 자동차 경주일 것이다. 소비자로서 당신은 어떠한 기회를 가장 높게 평가하는지 판단해야 한다. 점점 더 많은 수의 미국인들이 높은 연료 비용과 낮은 재량소득, 제한된 휴식시간 등으로 인해서 자신들의 자유시간을 집에서 보내는 선택을 하고 있다. 온라인 및 다른 형태의 집에서 즐기는 엔터테인먼트는 이러한 요인들로 인해서 계속하여 성장할 것이다. 이러한 소비자들에게 기회비용은 이들이 집에 머물기 위해서 포기하는 다른 엔터테인먼트 선택들의 가치이다.

2.2 사람들이 무엇을 원하는지 찾기

핵심 문제 왜 스포츠 및 엔터테인먼트 이벤트 장소들은 단골 고객을 유지하기 위한 조사를 실시해야 하는가?

학습 목표

2.2.1 마케팅 결정을 내릴 때 구매자 행태 이해의 중요성을 설명한다.

2.2.2 의사결정에 이용하기 위한 마케팅 정보의 수집 방법들을 나열 및 설명한다.

핵심 용어

경제적 시장(economic market)
획득 이득(benefits derived)
비교우위(comparative advantage)
감정적 구매(emotional purchases)
합리적 구매(rational purchases)
후원 구매(patronage purchases)

Opening Act

NFL 드래프트 제도와 기업 스폰서 탐색은 많은 유사성을 가지고 있다. 프로 스포츠 프랜차이즈들은 대학교 캠퍼스를 돌아다니며 재능 있는 운동 선수들을 찾아내고, 이러한 운동 선수들이 자신의 조직에 적합할지를 판단한다. 답을 구해야 하는 일부 질문들은 다음과 같다. 당신의 과거 성적은 어떤가? 당신은 팀의 욕구를 충족하는가? 당신에게 중요한 가치는 무엇인가? 상호 이득이 되는 장기적인 관계를 수립할 수 있는 기회가 있는가?

스포츠 조직들은 파트너십의 잠재적인 이득을 평가함으로써 양질의 기업 스폰서를 구한다. 스포츠 조직과 풋볼 선수와의 관계와 마찬가지로 스포츠 조직과 그 조직의 기업 스폰서와의 관계도 장기적인 생존을 위해 반드시 상호 이득을 주어야 한다. 따라서 기업 스폰서들이 팀에 적합함을 보장하는 것이 중요하다.

협력 학습 파트너와 같이 작업을 하라. 당신이 스폰서를 필요로 하는 스포츠 조직에 소속되어 있다고 가정하자. 당신은 가능한 스폰서들을 어떻게 조사할지 논의하라. 상호 이득을 주는 관계를 보장하기 위해서는 어떠한 정보가 필요한가?

2.2.1 구매자 행태 이해하기

Marketing-Information Management

경제적 시장(economic market)은 상품 혹은 서비스를 구매하게 될 모든 소비자를 의미한다. 마케팅의 주요 목표 두 가지는 소비자가 무엇을 원하는지 판단하는 것과 소비자가 얼마나 지불할 용의가 있는지 판단하는 것이다. 이러한 목표를 달성하기 위해서 마케팅 담당자들은 소비자의 소비 습관 및 구매 동기를 포함한 소비자 행동을 반드시 이해해야 한다. 이러한 정보는 기업들로 하여금 소비자 자신의 필요와 욕구를 충족시킬 수 있도록 소비자를 더 잘 보조할 수 있게 한다. 자사의 소비자에 대해서 알게 됨으로써 기업들은 이들의 필요에 더 빠르게 대응할 수 있게 된다.

오늘날 소비자들은 과거 소비자들보다 훨씬 이동성이 강하다. Apple은 이를 인식하여 iPod을 개발하였다. 여러 버전의 iPod이 여러 용도를 위해 만들어졌다. 비디오를 갖춘 iPod은 소비자들이 자신이 선호하는 TV 쇼를 다운로드할 수 있게 한다. 소비자들은 iPhone, iPad, iPod Touch를 통해서 iTunes 라디오를 청취할 수 있다. 소비자의 욕구를 추가적으로 충족하기 위해서 Apple TV가 도입되었다. Apple TV는 당신의 컴퓨터에서 TV로 영화, 음악, 사진 등의 미디어를 실시간 전송하는 디지털 네트워크 미디어 플레이어이다. Apple은 자신들의 디지털 미디어 실시간 전송(streaming)을 가능하도록 하기 위해서 Netflix 및 Pandora와 같은 다른 미디어 기업들과 합작하였다. 소비자는 Apple TV에 연결함으로써 모든 영화, TV 쇼, 스포츠, 음악, 그리고 그 이상의 것들을 즐길 수 있다.

소비자 소비 습관

스포츠 및 엔터테인먼트 이벤트에서 구매하는 물품에 대한 소비자 수익을 극대화하기 위해서 그들의 구매 습관을 조사하는 것은 중요하다. 팬들이 티켓에 대해 지불할 수 있는 가격은 이들의 관심의 정도에 달려 있으며, 이러한 관심의 정도는 해당 이벤트의 전국적인 중요성, 출전 운동 선수 혹은 연예인의 인기도, 그리고 스포츠 경기와 연관되어 있는 경쟁 관계 등의 영향을 받는다. 팬의 열정 수준 또한 스포츠 팀 혹은 연예인의 의류 및 장비에 높은 가격을 지불할 수 있게 영향을 준다.

팬들이 지불할 수 있는 가격은 또한 이들이 인식하는 획득 이득과 관련이 있다. **획득 이득**(benefits derived)은 사람들이 상품 혹은 서비스로부터 받았다고 생각하는 가치를 나타낸다. 대학 스포츠 경기에서의 획득 이득은 좋은 경기로부터 얻는 즐거움과 팀 로고를 뽐내는 운동복을 입었을 때 느끼는 자부심 등이 있다.

세계 시장에는 치열한 경쟁이 있다. 조직들은 자신이 비교우위가 있는

기업이 비교우위를 가진다면, 이는 소비자에게 어떤 영향을 주는가?
xy/Fotolia LLC

분야를 판단해야 한다. 비교우위(comparative advantage)는 경쟁자에 비해서 상품 혹은 서비스를 더 효율적이고 경제적으로 생산할 수 있는 능력을 나타낸다. 기업이 경쟁 기업들보다 더 효율적이고 경제적으로 상품을 생산할 수 있다면, 그 기업은 절감된 생산 비용을 더 낮은 가격의 형태로 소비자들에게 이양할 수 있다. 예를 들어, 스포츠 의류 제조사는 인건비가 낮은 외국에서 상품을 생산하기 때문에 비교우위를 가질 수 있다. 이는 그 기업으로 하여금 경쟁 기업들보다 자사 상품에 더 낮은 가격을 책정할 수 있도록 한다.

소비자의 욕구와 필요성

매슬로우(Abraham Maslow)는 욕구의 위계(hierarchy of needs) 이론으로 잘 알려진 미국의 심리학자이다. 이 이론은 5가지 인간의 욕구 영역을 식별하고 있다. 매슬로우의 위계는 소비자의 욕구와 필요에 관련한 인간의 행태를 연구할 때 마케팅 담당자들이 빈번하게 참조하는 이론이다. 매슬로우는 사람들의 가장 기본적인 욕구가 먼저 충족되고 난 후 더 높은 욕구에 집중한다는 이론을 제시하였다.

음식, 물, 수면, 집에 대한 기본적인 욕구는 생리적 욕구(physiological needs)로 지칭된다. 안전(security)은 위계 내 두 번째 단계에 있는 욕구이다. 개인은 물리적 안전과 경제적 안정을 모두 원한다. 위계 내 사회적 욕구(social needs)는 친구, 가족, 사랑에 대한 욕망을 포함한다. 개인이 욕구의 위계를 오를 때 이들은 타인으로부터 인정과 존경을 얻고 자기 자신에 대한 타당성과 능력을 느끼기 위해서 자존감 욕구(self–esteem needs)에 집중하게 된다. 위계 피라미드의 최상위 층에는 자기 실현(self–actualization) 혹은 개인의 최대 잠재성의 실현과 자기 충족이 있다. 사람들은 위계상의 특정 시점에 각각 상이한 수준에 있으므로, 이는 효과적인 마케팅 전략의 설계를 어렵게 만든다.

대형 허리케인이 주민들을 위협할 때, 스포츠 및 엔터테인먼트 이벤트는 소비자의 우선순위 목록에서 높은 순위를 차지하지 않는다. 허리케인은 관심을 생리적 욕구와 안전에 대한 욕구로 전환시킨다. 사람들이 폭풍이 몰고 오는 더 긴급한 문제들을 처리하는 동안 게임과 스포츠 경기들은 연기된다. 번개와 강한 폭풍으로 경기는 연기되고 안전상의 이유로 경기장 관중은 철수하게 될 것이다.

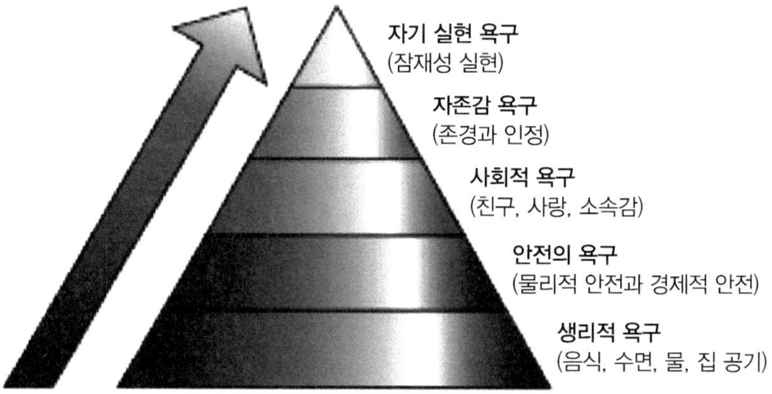

매슬로우의 욕구 위계 피라미드

구매 동기. 마케팅 조사는 소비자들이 상품 및 서비스에 돈을 왜 지출하는지 판단하기 위해서 실시된다. 소비자들은 감정적으로 고조되거나 침울할 때 생각을 거의 하지 않고 소비하는 **감정적 구매**(emotional purchases)를 한다. 예를 들어, 팬들이 자신이 선호하는 스타 가수의 콘서트를 관람할 때 이들은 티셔츠나 그 스타의 최신 앨범에 높은 가격을 지불할 수 있을 정도로 감정적으로 고조되어 있을 수 있다. 팀이 연승을 기록 중이고 전국 혹은 세계 챔피언십 게임에 진출하였을 때, 팬들은 고가의 티켓과 팀 로고가 박힌 상품을 구매할 수 있을 정도로 감정적으로 영향을 받은 상태가 된다.

소비자들이 욕구와 필요를 인식하고, 자신들의 우선순위와 예산을 평가하고, 조사를 시행하여 여러 대안들을 비교한 후 신중한 생각과 건전한 추론을 바탕으로 구매를 할 때 **합리적 구매**(rational purchases)가 이루어진다. 열정적인 러너는 지지력과 충격 흡수성, 유연성, 내구성을 갖춘 최고의 러닝화를 찾으러 다닐 때 합리적인 구매를 하게 된다. 구매의 궁극적인 목표는 달리기 경험을 개선하고 부상 가능성을 감소시키는 편안한 러닝화를 찾는 것이다.

time-out

최고의 연예인급 운동 선수들은 스포츠 경기보다 프로모션으로부터 더 많은 수입을 올리게 된다. 최근 수년간 프로모션으로부터 가장 많은 수입을 기록한 5명의 운동 선수는 타이거 우즈(Tiger Woods), 로저 페더러(Roger Federer), 필 미켈슨(Phil Mickelson), 데이비드 베컴(David Beckham), 그리고 르브론 제임스(Lebron James)였다. 이들이 프로모션으로부터 얻게 되는 수입은 전체 수입의 70~90%를 차지한다.[3]

후원 구매(patronage purchases)는 특정 브랜드나 상품에 대한 소비자 충성도를 바탕으로 한 구매를 의미한다. 테니스 애호가들은 마리아 샤라포바(Maria Sharapova)의 홍보 때문에 Nike 제품들을 구매할 수 있다. 팬들은 자신들이 좋아하는 팀과 선수들에 대한 충성심을 유지하고, 이들과 직접적인 관련이 있는 상품들을 구매한다. 특정 브랜드에 대한 긍정적인 경험들은 소비자의 충성도를 강화시킬 것이다. 소비자는 신뢰를 가지고 계속해서 그 브랜드를 구매할 것이며, 타사 경쟁 브랜드에 대한 구매 가능성은 낮아질 것이다.

구매 계획

매출 신장을 위해서 기업들은 소비자의 구매 행태를 반드시 이해해야 한다. 이러한 지식은 또한 기업들이 구매 계획을 수립하는 데 있어서도 적용된다. 인기 있는 운동 선수 유니폼을 판매하는 소매점은 제한된 예산을 가지고 있다. 이러한 소매점은 때때로 최소 1년 이전에 상품에 대한 구매 주문서를 제출해야 한다. 따라서 이 소매점은 소비자 행태 예상을 바탕으로 구매 계획을 수립해야 한다. 주문이 처리되어 배달되고 나면 이 소매점은 반드시 지불해야 하는 청구서를 수령하게 될 것이다. 인기 있는 팀이 연패를 기록하여 예상보다 낮은 관련 상품 매출로 이어지게 되는 경우, 이 소매점은 미판매 재고로 인해 손실을 보게 될 것이다.

운동 선수 관련 상품 매출과 팀 성공의 예상은 소매점이 감수해야 하는 큰 위험이다. 최고의 두 팀 간 챔피언십 경기에서는 한 팀만이 승리를 거두게 된다. 소매점은 이러한 대형 경기 이후 승리 팀과 관련된 상품을 즉각적으로 준비해야 할 필요가 있다. 게임의 결과를 바탕으로 승리 팀의 상품이 판매되는 반면, 패배 팀의 상품은 소매점에서 손실로 기록된다.

소비자에 대한 재판매를 위해서 상품을 구매하는 것 이외에도, 기업들은 또한 조직 내 이용을 위해서 상품을 구매한다. 대학교 및 프로 스포츠 팀들은 선수들을 위한 운동복을 구매해야 한다. 경기장에서는 신규 좌석과 스코어보드를 구매한다. 영화관은 팝콘 기계와 좌석을 구매한다. 다수의 영화관은 고급 상영관을 위한 고급 좌석을 제공한다. 이와 같은 조직 내 구매는 소비자를 염두에 두고 이뤄진다. 기업들은 소비자의 경험을 더 즐겁게 하여 이들이 단골이 되는 것을 원한다.

2.2.2 정보 수집하기

대부분의 소비자들은 어떻게 자신의 돈을 지출할지 결정하기 위한 의사결정 과정을 거친다. 의사결정 과정의 첫 번째 단계는 필요 혹은 욕구와 이를 충족시키기 위한 기회를 파악하는 것이다. 상품이나 서비스의 더 많은 정보를 얻기 위한 조사를 실시하는 것은 의사결정 과정의 두 번째 단계이다. 모든 대안들에 대한 정보가 수집되어야 한다. 조사 실시 이후 개인들은 자신의 선택을 평가하여 구매 결정을 내린다. 의사결정 과정의 최종 단계는 구매자가 자신의 만족 수준과 향후 구매 가능성을 평가하는 구매 후 평가이다.

소비자들은 휴가를 위해서 돈을 저축할 때 자신의 필요를 충족시키는 휴가 옵션을 판단하기 위한 조사를 실시한다. 철저하게 여러 대안들을 고려한 후 이들은 휴가 패키지를 구매한다. 이후 휴가에 대한 평가는 중요하다. 소비자는 자신의 만족도를 판단하고 향후 휴가 계획을 위한 전략을 조정한다.

마케팅 담당자들은 소비자의 의사결정 과정에 대해서 인지하고 있어야 한다. 이들은 때로는 모든 단계에 관여한다. 마케팅 담당자는 소비자가 상품에 대한 욕구를 파악하는 데 도움을 주고, 정보를 제공하고, 구매를 보조하고, 만족을 보장하기 위해서 판매 이후 소비자에 대한 후속 조치를 한다.

마케팅 결정을 위해 필요한 정보

마케팅 결정은 소비자와 기업 환경을 바탕으로 내려진다. 소비자와 관련하여 고려해야 할 중요한 요인들에는 인구 통계 및 구매 행태 등이 있다. 마케팅 조사는 상품 및 브랜드 선호도 및 상품의 구매 빈도를 포함하여 소비자가 어떻게 돈을 지출하는지를 검토한다.

기업 환경은 소비자 구매에 영향을 준다. 경제적 조건은 개인이 자신의 재량소득을 소비하는 방식에 영향을 준다. 소비자들은 경제적으로 불확실한 시기의 지출에 대해서 신중하며, 대규모 구매는 연기할 가능성이 높아진다. 시장 내 경쟁의 양과 질은 소비자가 이용 가능한 여러 가지 바람직한 선택들을 결정한다. 정부 규정, 법률, 윤리적 문제들 또한 소비자의 지출 패턴에 영향을 준다. 더불어 기술의 발전은 정보의 흐름과 소비자의 상품 왜 기업들은 마케팅 조사에 상당한 돈을 지출하는가?

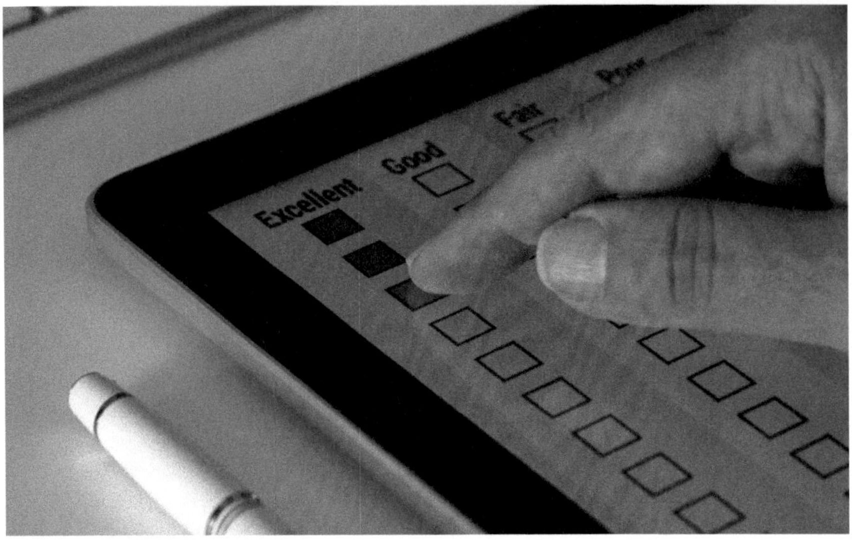

및 서비스 구매 수단을 확장시켰다.

마케팅 담당자들이 잠재적 소비자와 기업 환경에 대해서 완전히 분석하고 나면, 이들은 소비자들에게 구매 동기를 부여하게 될 정확한 마케팅 믹스를 선택할 준비가 된다. 제시되는 상품은 소비자의 욕구와 필요를 충족하는 특징들을 반드시 갖춰야 한다. 이 상품들은 소비자들이 지불할 용의와 능력이 있는 가격에 구매 가능해야 한다. 견고한 상품 보증, 특별 할인, 다양한 신용 선택의 제공은 소비자의 구매를 유도하는 데 도움이 된다. 기업들이 제공하는 상품과 서비스의 위치 또한 소비자 구매에 영향을 줄 것이다. 프로모션 방법과 미디어 선택 또한 잠재적인 소비자에 도달하기 위해서 신중하게 선택되어야 한다.

기업 정보의 원천

소비자의 의사결정 과정을 돕기 위해서는 소비자의 필요와 구매 행태에 대한 정보의 수집이 필수적이다. 정보의 원천은 내적 혹은 외적 원천으로 분류될 수 있다. 소비자의 구매 습관에 대한 정보의 내적 원천에는 기업의 자체적인 소비자 기록, 매출 기록, 생산 기록, 운영 기록 등이 있다. 기업들은 향후 마케팅 전략 판단의 출발점으로서 지난 수년간의 자사 매출 경향을 검토할 수 있다. 기업들이 이용하는 정보의 외적 원천은 정부 보고서,

업계 및 직종 기관, 기업 출판물, 상업 데이터, 정보 서비스, 경쟁사 웹사이트, 소셜미디어를 통해서 획득할 수 있다. 이러한 원천으로부터 얻는 정보는 의사결정자에게 산업과 시장 내에서 어떤 경향이 있는지에 대한 폭넓은 그림을 제공한다.

조직들은 때로는 소비자 행태에 대한 더 많은 정보를 알기 위해서 조사를 실시한다. 수집된 정보는 1차 데이터(primary data) 혹은 2차 데이터(secondary data)로 분류될 수 있다. 1차 데이터는 최초로 특별히 그 특정 문제 혹은 연구되는 사안을 위해서 획득된 데이터이다. 소비자 설문조사는 특정 사안에 대한 질문을 하고 피드백을 구하기 위해서 빈번하게 이용된다. 소비자 행태의 관찰은 1차 데이터 수집에 이용되는 또 다른 테크닉이다. 보안 인력은 대규모 스포츠 경기에서 팬들의 행동을 관찰하여 향후 보안 필요를 판단한다. 샘플과 시뮬레이션은 잠재적 소비자에게 새로운 청량음료나 비디오 게임 등의 새로운 것을 시도해 보고 완전 생산 단계에 들어가기 전에 피드백을 제공할 수 있는 기회를 제공한다.

2차 데이터는 다른 목적을 위해 이미 수집되었지만 현재 연구에서 유용한 것으로 파악된 데이터이다. 2차 데이터는 인구에 대한 정부 통계 및 기타 인구 통계를 포함할 수 있으며, 이러한 정보는 중요한 마케팅 결정을 내리는 데 있어서 도움이 되는 유용한 정보를 제공한다.

기업들은 종종 전문 조사 기업들에게 1차 및 2차 데이터 수집을 의뢰한다. 기업의 마케팅 캠페인의 목표 중 하나는 소비자들이 어떠한 TV 쇼를 어떠한 방식으로 시청하는지 판단하는 것이다. Nielsen Ratings은 대표 TV 패널을 이용하여 시청자에 의한 상세한 프로그램 구성 및 상업적 관여를 추적한다. Nielsen은 시청 행태와 교육 수준, 소득 수준, 기타 TV 시청 가정의 특성 등과 같은 인구 통계 정보를 분석한다. 기업들은 이러한 데이터를 이용하여 그에 따른 자사의 TV 마케팅 캠페인을 개선할 수 있다. 엔터테인먼트가 배급되는 다수의 플랫폼이 존재하기 때문에, Nielsen은 TV, 라디오, 휴대폰, 인터넷상에서의 시청률 조사를 실시한다. 미국인이 무엇을 보고, 읽고, 놀고, 검색하고, 트윗하는지 아는 것은 기업들이 교차 플랫폼 마케팅 계획을 수립하는 데 도움이 된다.

2.3 목표 시장

핵심 문제 목표 시장과 시장 세분화는 기업의 마케팅 노력에 어떤 영향을 주는가?

학습 목표 **2.3.1** 목표 시장과 시장 세분화를 정의한다.

2.3.2 기업들이 시장 세분화를 어떻게 이용하는지 설명한다.

핵심 용어

목표 시장(target market)	대중 마케팅(mass marketing)
시장 세분화(market segment)	시장 점유율(market share)

Opening Act

대학 풋볼 선수들과 팬은 때때로 이들이 필드 안팎에서 입는 학교 로고와 마스코트에 대해서 큰 자부심을 느낀다. 인기 있는 학교 로고와 마스코트는 상품 매출을 증가시킬 수 있다. 주요 대학들은 그러한 상품으로부터 큰 금액의 돈을 벌어들인다. 평균적으로 대학들의 로고가 있는 상품의 매출은 전체 매출의 12%를 차지한다. Texas 대학교는 대학교들 중에서 가장 큰 46억 달러의 상품 매출을 기록하였다. SEC(South Eastern Conference) 및 Big Ten Confernce의 리그 내 팀들은 공통적으로 가장 인기 있는 대학 로고를 가지고 있다. 이러한 대학들로는 앨라배마, 플로리다, 루이지애나, 미시간, 그리고 오하이오 주립대학 등이 있다.[4] 학교 로고와 마스코트는 주기적으로 재디자인되어 최신 버전 로고를 원하는 팬들의 구매로 상품의 매출을 증가시킨다.

협력 학습 파트너와 함께 성공적인 상품 매출을 올리는 대학교를 선택하라. 이 대학교에서 어떠한 스포츠가 이러한 매출에 기여하였는가? 당신이 선택한 대학교의 로고와 마스코트가 상품의 인기도에 영향을 미쳤다고 생각하는가?

2.3.1 목표 시장의 결정

상품 마케팅에 있어서 첫 번째 단계는 해당 상품에 대한 '소비자'가 구체적으로 누구인지 파악하는 것이다. 목표 시장(target market)은 기업이 도달하기 원하는 특정 소비자 집단을 의미한다. 상품 및 서비스의 프로모션 및 판매를 위해서 기업은 반드시 자사가 목표하는 시장의 필요와 욕구에 대해서 파악해야 한다.

마케팅 노력의 초점

모든 소비자의 욕구를 충족시키는 것이 불가능하기 때문에 기업들은 자신의 마케팅 노력의 초점을 좁혀야 한다. 세계 여러 나라에 판매되는 동일한 잡지의 표지에 다른 선수 혹은 팀을 모델로 하는 것은 이러한 개념을 잘 나타내준다. 시장 세분화(market segment)는 대규모 시장 내에서 한 개 이상의 특성을 공유하고 있는 소비자 집단을 의미한다. 미국 내 수백만 명의 사람들이 대학 농구를 즐겨 보지만, 어떤 소규모 집단은 특별히 켄터키대학교 농구를 즐겨본다. 와일드캣(Wildcat)을 선보이는 스포츠 잡지는 켄터키에서는 잘 팔릴 테지만, 인디애나대학교 후지어(Hoosier)들을 선보이는 같은 잡지는 켄터키에서는 잘 팔리지 않을 것이다.

스노버드(Snowbird)는 겨울 동안 남부로 이동하고 따뜻한 봄이 돌아오면 다시 원래 거주하던 북부로 이동하는 은퇴자들로 구성된 세분 시장이다. '롤링 스톤스' 콘서트 투어를 따라가는 열정적인 팬들 또한 하나의 세분 시장이다. 모든 이들은 복수의 시장 세분화에 소속되어 있다. 예를 들어, 로데오 팬들은 또한 컨트리 음악 콘서트를 즐겨 관람할 수 있다. 마케팅 담당자들은 자사가 판매를 원하는 세분 시장을 반드시 식별해야 한다.

타임 아웃

대학 풋볼은 미국 내에서 가장 인기 있는 스포츠들 중 하나가 되고 있다. Harris Interactive 설문조사에 따르면, 대학 풋볼(11%)은 프로 풋볼(34%) 및 야구(16%) 다음으로 인기 있는 스포츠이다.[5]

목표 시장의 욕구 충족

기업들과 엔터테인먼트 조직들은 가장 효과적인 마케팅 전략을 고안하기 위해서 시장 세분화를 분석해야 한다. 기업들에게 중요한 정보로는 잠재적인 소비자의 수, 이들의 소득 수준, 그리고 해당 상품 혹은 서비스에 대한 관심 수준이 있다. 시장 세분화 데이터는 기업의 의사결정을 개선할 수 있다. 대학 경기에서 소다 음료는 수집용 플라스틱 기념 컵에 담아 판매되어 왔다. 팬들은 컵의 수집을 즐겼으며, 팬들이 컵에 대해 더 높은 가격을 지불할 용의가 있었기 때문에 대학은 큰 수익을 올릴 수 있었다. 소다 음료는 이제 안전 및 건강을 이유로 밀봉된 뚜껑이 있는 플라스틱 병에 담겨서 판매된다. 팬들은 더 이상 기념품 컵을 얻을 수는 없지만, 마케팅 정보는 안전 및 건강 기준이 소비자에게 더 중요함을 나타냈다.

기업은 언제 특정 제품을 위한 대중 마케팅을 이용할까?
© Art Allianz/ Shutterstock.com

대중 마케팅

시장 세분화를 이용하는 기업은 자신의 노력을 고유한 필요를 가진 특정 소비자 집단에 집중한다. 일부 기업들은 대중 마케팅을 이용하는 선택을 내리기도 한다. **대중 마케팅(mass marketing)**은 대규모의 일반적인 소비자 집단에 어필하려는 시도이다. 대중 마케팅을 이용함으로써 기업은 가장 많은 소비자들에게 도달하기 위해서 시장 전체를 대상으로 자신의 노력을 기울이게 된다. 하나의 마케팅 믹스도 모든 소비자들을 위해서 개발된다. 기업들은 조사를 실시하고 데이터를 분석하여 시장 세분화를 식별할 시간 혹은 돈을 쓸 능력이나 의지가 없는 경우에 대중 마케팅을 선택할 수 있다. 대중 마케팅은 비누, 스낵, 가정용 청소기 등 모든 이들이 구매 경향을 보이는 상품 및 서비스에 더 통상적으로 이용된다.

대중 마케팅은 몇 가지 장점을 갖는다. 기업들은 더 큰 규모의 소비자에게 도달하고, 더 넓은 노출 수준을 얻고, 매출을 증가시키고, 마케팅 비용을 절감할 수 있다. 반면 대중 마케팅은 다양한 필요를 가진 다양한 소비자 집단에 어필하려는 노력이 필요함에도 불구하고 단일 마케팅 믹스를 이용하는 위험을 안게 되는 단점이 있다. 또한 대중 마케팅은 동일하게 경쟁하는 다른 기업들이 다수 존재하기 때문에 기업의 성공을 더 어렵게 할 수도 있다.

지리학은 기업의 마케팅 전략에 어떠한 영향을 주는가?

© Julie Keen/ Shutterstock.com

2.3.2 시장 세분화

대부분의 기업들은 모든 잠재 소비자들의 욕구를 충족시키려는 시도를 하지는 않는다. 이들은 개인이 상이한 욕구와 필요를 가지고 있으며, 상품 및 서비스 선택을 매우 다르게 본다는 점을 이해하고 있다. 예를 들어, 소비자는 여러 가지 다른 이유로 대학 풋볼 경기 티켓을 구매한다. 운동 부서에 돈을 기부하는 헌신적인 졸업생은 학교에 대한 충성도 때문에 경기를 관람할 수 있다. 대학의 학생들은 사회 활동으로서 경기를 관람할 수 있다. 어린 자녀를 둔 가족들은 가족 간 단합을 다지는 이벤트로서 게임을 관람할 수 있다. 기업들은 마케팅 노력을 사사가 목표로 하는 특정 세분 시장에 집중시키려 한다. 시장은 다양한 방식으로 세분화될 수 있는데, 그러한 방식에는 지리적 위지, 인구 통계, 심리, 행태 등이 있다.

지리적 세분화

지리적 세분화(ceographic segmentation)는 시장을 미국 동부, 북부, 남부, 서부 혹은 한 주의 도시/시골 지역 등과 같이 물리적 위치로 나눈다. 예를 들어, 전국적인 의류 판매 체인은 북부 주와 남부 주에서 서로 다른 의류의 조합을 제공할 수 있는데, 겨울 동안에는 북부 지역에서 더 두꺼운 옷이 필요하기 때문이다. 남부의 스포츠 상품 판매 체인은 다양한 워터 스포츠 장비를 대량으로 입고할 수 있다. 또한 스포츠 팬들은 팀 관련 상품을 구매할 때 자신이 속한 지역에 더 높은 충성도를 보일 가능성이 높다. 지리적 세분화는 단일 도시 내에서도 발생한다. 예를 들어, 지역 신문사는 도시 내 여러 지역으로 시장을 세분화할 수 있다. 지리적 세분화는 또한 여행 및 관광 산업 내에서도 통상적으로 이용된다.

인구 통계적 세분화

인구 통계적 세분화(demographic segmentation)는 연령, 소득, 직업, 성별, 교육, 결혼 여부, 가족 규모와 같은 측정될 수 있는 정보에 집중한다. 마케팅 담당자들은 소득 정보를 이용하여 고급 호텔 광고를 고소득자에게 집중시킬 수 있다. 애니메이션 영화의 광고는 어린이들을 대상으로 할 것이다. 대학 풋볼 및 농구 캠프의 프로모션 담당자들은 고등학교 운동 선수들에게 관심을 집중시킨다. 노령화 인구는 교통편과 식사를 제공하는 패키지로 프로모션할 경우 엔터테인먼트 이벤트에 참석하는 경향을 보일 수 있다.

심리적 세분화

소비자 심리(psychographics)는 물리적으로 측정될 수 없는 가치나 관심, 라이프스타일 선택과 같은 특성에 초점을 둔다. 예를 들어, 야구 경기가 당신이 믿는 종교의 신성한 날에 열리는 경우 게임을 관람하러 갈 것인가? 이와 같은 결정은 소비자의 가치를 바탕으로 한다. 소비자는 자신의 관심을 바탕으로 빈번하게 결정을 내린다. 스포츠 팬들은 자신이 응원하는 팀 로고가 있는 의류를 더 많이 구매할 것이다.

라이프스타일 선택 또한 소비자의 관심을 수반한다. 예를 들어, 볼링장은 특정 소비자의 심리적 세분화의 욕구를 충족한다. 스포츠 테마 음식점과 바(bar)는 다른 스포츠 팬들이 있는 환경에서 경기 관람을 즐기는 이들을 끌어모은다. 매주 일요일 스포츠 테마 음식점에서 대형 TV 스크린을 통한 풋볼 경기 관람은 많은 이들에게 의식(ritual)이 되었다.

행태 기반 세분화

행태 기반 세분화(behavioral-based segmentation)는 상품 및 서비스에 대한 소비자의 태도에 초점을 둔다. 행태 기반 세분화의 2개의 카테고리는 상품 이용과 상품 이득이다. 상품 이용(product usage)은 당신이 어떠한 상품을 얼마나 빈번하게 구매하는지를 반영한다. 예를 들어, 일부 개인은 놀이 공원을 빈번하게 방문하지만, 다른 이들은 아주 가끔 놀이 공원을 방문한다. 이용 빈도는 시장 세분화를 위한 프로모션 전략을 결정한다. 마케팅 담당자들은 여러 세분 시장에 대한 별도의 프로모션 계획의 수립을 원할 수 있다. 어떠한 프로모션은 빈번하게 방문하는 소비자들로 하여금 시즌권(season pass)의 구매를 통해 계속적으로 놀이 공원을 방문하도록 독려할 수 있다. 다른 프로모션은 가끔 방문하는 소비자들로 하여금 더 빈번하게 놀이 공원을 방문하도록 독려할 수 있다.

마케팅 담당자들은 또한 상품 혹은 서비스로부터 도출되는 이득을 바탕으로 소비자들을 분류한다. 예를 들어, 개인은 여러 가지 다른 이유로 스포츠 경기를 관람한다. 이로 인한 이득은 가족과 시간을 보내거나 팀 정신을 보여줌으로써 얻게 되는 만족도를 포함한다. 마케팅 담당자들은 여러 시장 세분화의 결과적인 이득을 검토하고, 이러한 정보를 바탕으로 이들 프로모션의 목표를 수립할 것이다. 경쟁적인 스포츠 및 엔터테인먼트 이벤트들은 이득 도출 세분화를 이용하여 소비자들이 다른 유사한 이벤트에 참여할 수 있도록 독려할 수 있다. 중요한 대학 풋볼 경기 중에 아나운서는 해당 대학교의 향후 농구 경기 일정을 소개할 수 있다. 이 학교의 풋볼 경기를 즐겨 관람하는 팬들은 또한 이 학교의 농구 경기를 보는 경향이 있을 수 있다. 이러한 전략은 해당 학교의 다른 스포츠 팀을 위한 더 높은 시장 점유율을 확보하는 것을 목표로 삼는다.

왜 마케팅 담당자들은 소비자들을 목표로 하는 행태 기반 세분화를 이용하는가?

시장 점유율 포착

모든 기업들은 자신의 상품이 가능한 많은 잠재 소비자들에게 판매되기를 원한다. 시장 점유율(market share)은 경쟁사에 비해 기업이 포착하기를 기대하는 전체 상품 혹은 서비스의 총 매출 내 점유율을 의미한다. 기업들은 자사의 자원을 이용하여 목표 시장에 도달하기 위한 가장 효과적인 수단을 판단한다. 누가 얼마나 많은 돈을 특정 상품 및 서비스에 쓰고 있는지에 대한 정보 획득을 위한 조사가 실시된다.

노령화 인구는 스포츠 및 엔터테인먼트 기업들에게 많은 기회를 제공한다. 오늘날 노인들은 과거 그 어느 때보다도 건강하며 수명이 더 긴데, 이는 이들이 스포츠 및 엔터테인먼트 이벤트에 돈을 지출하는 기간이 더 늘어났음을 의미한다. 호텔, 음식점 및 브랜슨(Branson)과 미주리(Missouri)와 같은 엔터테인먼트 명소들은 점점 늘어나고 있는 노령 인구들을 충족시킴으로써 얻을 수 있는 금전적 이득에 대해서 잘 알고 있다. 노인들을 대상으로 한 마케팅 캠페인은 특별 할인과 휴가 패키지를 제공한다. 음식점, 영화관, 기타 기업들은 정기적으로 노인들에게 특별 가격을 제시한다. 이 인구 집단을 목표로 함으로써 기업들은 더 높은 시장 점유율을 얻기를 원한다.

10대 청소년들은 매년 의류, 음식, 다양한 엔터테인먼트 상품 및 서비스에 수십억 달러의 돈을 지출한다. 따라서 마케팅 담당자들은 10대 청소년 시장에서 높은 시장 점유율을 포착하는 데 관심이 매우 많다. 10대 청소년들의 지갑을 열기 위해서 기업들은 반드시 지속적인 조사를 실시해야 하는데, 이 세분 시장의 취향과 경향은 계속해서 변화하기 때문이다. 의류 산업은 10대들의 상품에 대한 취향이 얼마나 빈번하게 변화하는지를 나타내주는 적절한 예이다. 더 큰 시장 점유율을 얻기 위해서 기업들은 자신들의 과거의 성공에 의존할 수 없다. 반드시 목표 시장의 경향을 계속 발맞추어 따라가야 한다.

2.4 고객 서비스

핵심 문제 무엇이 탁월한 고객 서비스 문화이며, 스포츠 및 엔터테인먼트 이벤트에서 그것이 중요한 이유는 무엇인가?

학습 목표 **2.4.1** 탁월한 고객 서비스의 중요성을 설명한다.

2.4.2 서비스 문화를 수립하는 것이 어떤 의미인지 설명한다.

핵심 용어 고객 서비스 간극(customer service gap) 가치 기반 문화(values-based culture)

Opening Act

당신이 마지막으로 탁월한 고객 서비스를 받아본 때는 언제였는가? 바람직한 고객 서비스에 고객은 감사를 느끼며 이는 그 고객을 다시 돌아오게 만든다. L.L. Bean은 의류 및 캠핑 및 스포츠 장비를 판매한다. 모든 L.L. Bean의 상품은 평생 보증을 가지고 있다. 이 기업의 고객 서비스 상담원들은 친절하고 수용적인 것으로 알려져 있다. 이들은 주문과 고객 기대를 충족하지 못한 상품의 환불 혹은 교환 요구를 효율적으로 처리한다. 이러한 요인들은 대부분의 L.L. Bean 고객들이 단골이 되게 하였다.

바람직한 고객 서비스는 조직과 그 조직 직원의 마음으로부터 전달된다. 고객 서비스는 진실로 다른 사람을 챙겨주고 다른 사람의 욕구를 포함하여 그들을 지원해주기를 원하는 사람들로부터 시작된다. 불행하게도 바람직한 고객 서비스는 다수의 기업들에게 과거의 것이 되어버렸다. 고객 서비스 저하의 이유들로는 영업 사원들에게 지급되는 낮은 급여, 현장에 충분치 않은 영업 사원의 수, 많은 고객 수와 요구사항이 많은 고객으로 인한 높은 스트레스 수준 등이 있다.

협력 학습 그룹별로 당신이 마지막으로 좋거나 혹은 나쁜 고객 서비스를 받은 때를 논의하라. 그 상황과 최종 결과를 설명하라.

2.4.1 탁월한 고객 서비스

Product/Service Management

기업들은 탁월한 고객 서비스에 의존한다. 모든 고객들은 공정하고 품위 있게 대우받기를 기대한다. 고객의 기대에는 또한 안전하고 편안한 환경과 가격에 합당한 가치가 포함된다. 고객 관계는 상품 및 서비스의 판매 이후에도 계속된다.

> **time-out**
>
> 고객 서비스는 기업에게 매우 중요하기 때문에 1주일을 온전히 고객 서비스와 이 분야에서 일하는 직원들을 위해 쓴다. 고객 서비스 주간(Customer Service Week)은 10월의 첫 한 주 동안 진행되는 연간 기념 주간이다. CSWeek.com은 고객 서비스 주간의 참여에 대한 아이디어를 제시하는 웹사이트이다.

기업이 경쟁사보다 앞서는 최선의 전략은 타협이 없는 탁월한 고객 서비스를 제공하는 것이다. 고객의 필요에 관심을 기울이는 것은 고객에게 만족감을 주는 첫 번째 단계이다. 성공적인 영업 사원은 고객과 친숙해지기 위해서 일정한 시간을 들인다. 다수의 기업들은 집 주소, 전화번호, 이메일 주소, 구매 선호도와 고객의 생일을 포함하는 고객 데이터베이스를 유지한다. 일정 시간을 들여서 특별 쿠폰과 함께 감사장과 생일 축하 인사를 보내는 기업들은 자사와 고객과의 관계를 강화시킬 수 있다. 경쟁의 추이에 관심을 갖고 고객의 피드백을 요청하는 것 또한 중요하다.

뛰어난 고객 서비스의 실적

고객 서비스 간극(customer service gap)은 고객 기대치와 실제 고객이 받는 서비스와의 차이를 의미한다. 형편없는 고객 서비스의 예시들은 다음과 같다.

- 고객이 기다리는 동안 전화 통화를 하거나 다른 사람과 잡담하기
- "내 관할 업무가 아닙니다"라는 말로 고객의 요청을 묵살하기
- 전화를 걸어온 고객을 오랫동안 기다리게 하고, 고객의 전화를 여러 다른 부서로 돌리기
- 기업 정책을 이해하지 못한 고객에게 큰소리치기
- 고객 만족을 위한 사후 보장 조치를 제때에 취하지 못하는 일

서비스 경제는 그 구성원들이 고객 서비스가 주차장 관리 요원부터 스타디움 안내 요원까지 포함하는 모든 이의 관할 업무라는 것을 잊었을 때에 실패한다. 고객들은 한 기업으로부터 불충분한 서비스를 받았을 때 경쟁사로 옮겨가려고 하는 가능성이 더 높아진다. 더불어 고객들은 통상적으로 좋은 고객 서비스 경험에 대해서는 말하지 않지만, 자신이 받았던 형편없는 고객 서비스 경험에 대해서는 타인에게 말할 가능성이 높다.

영향을 주는 교육 프로그램

문제가 발생하기 전에 기업들이 적절한 고객 서비스에 대해서 직원들을 교

기업의 성공에 있어서 고객 서비스가 왜 큰 역할을 차지하는가?

육시키는 것이 중요하다. 그러나 바람직한 고객 서비스를 보장하는 것은 실제로 교육을 실시하기 전부터 시작된다. 첫째, 적합한 직원들이 고용되어야 한다. 고용된 직원들은 긍정적인 태도를 갖고 대중들을 만날 기대감을 갖고 있어야 한다. 행복한 직원들은 고객들을 더 잘 대우할 가능성이 높다. 적합한 직원들이 고용되고 나면, 이들을 적절하게 교육시켜야 한다. 모든 기업은 고객 서비스에 대한 교육 프로그램을 갖추고 있다고 주장한다. 하지만 다수의 교육 프로그램에서의 초점은 고객들을 잘 대우하는 방법이 아니라, 어려운 고객들을 상대하는 방법이나 직원들의 실수를 처리하는 방법으로 주로 이뤄져 있다. 탁월한 서비스의 제공은 자연스럽게 따라오는 것이 아니기 때문에, 관리자들은 다양한 상황에서 무엇을 해야 할지를 설명하는 것이 필요하다.

Nordstrom의 신발 판매부서에 고용된 직원들은 고객이 신발을 신어볼 것을 요청하면 3쌍의 신발을 가지고 나오도록 교육을 받는다. 영업 사원은 요청한 한 쌍과 함께 동일한 스타일이지만 다른 색의 한 쌍, 또한 그 주간에 가장 잘 팔리는 신발 한 쌍을 가지고 나온다. 소비자의 기대를 뛰어넘는 영업 사원을 보유함으로써 Nordstrom은 경쟁우위를 유지하고 고객들이 다시 판매점을 재방문할 수 있기를 희망한다.

Disneyland는 '지구상에서 가장 행복한 장소'로 광고된다. 고객 서비스는 이에 대한 가장 큰 이유이다. 디즈니는 모든 직원들에게 고객 서비스 교육을 제공한다. 이들은 적극적으로 방문객들과 접촉하여 방문객들이 대접받고 있다고 느끼게 할 수 있도록 '적극적인 친절(assertively friendly)' 교육을 받는다. 디즈니는 첫 번째 방문하거나 자신의 생일에 찾은 방문객들에게 이름 배지를 제공하여, 직원들이 이 고객의 이름을 부를 수 있도록 한다. 디즈니 직원들은 또한 효과적인 소통을 할 수 있는 교육을 받는다. 디즈니는 놀이기구, 쇼, 열차의 정시 운영을 큰 자부심으로 느끼기 때문에 사소한 약간의 지연도 신중하게 처리한다. 모든 디즈니 직원들은 "제 업무가 아닙니다"라는 답변을 피하기 위해서 통상적인 질문들에 대답할 수 있도록 교육을 받는다. 디즈니 직원들은 모든 쇼의 시작 시간과 각 쇼의 소요시간을 알고 있기 때문에 방문객들이 묻는 모든 질문에 답할 수 있다.

2.4.2 서비스 문화의 수립

Gallery Furniture는 미국에서 가장 큰 소매점 중의 하나이다. 이 기업의 소유주인 매트리스 맥(Mattress Mack, Jim McIngvale)은 "돈을 아끼세요(Save Your Money)" 광고 슬로건으로 인해 텍사스 주의 휴스턴에서 널리 알려지게 되었다. 매트리스 맥의 Gallery Furniture 성공 신화는 높은 근면성, 뛰어난 고객 서비스, 그리고 기업에게 나아갈 길을 제시하는 원칙에서 비롯된 것이라고 볼 수 있다. 그의 원칙들 중 다수는 스포츠 및 엔터테인먼트 산업에도 적용해 볼 수 있다.

1. 가치 기반 문화를 선보인다. 가치 기반 문화(values-based culture)는 높은 실적과 탁월한 고객 서비스를 통해 가치를 소통하는 문화를 의미한다. Gallery Furniture의 광고는 'TODAY'라는 단어로 구성된다. 이는 고객이 자신이 구매한 가구를 구매 당일에 전달받는 것을 의미한다. 배송 담당자는 판매점의 약속을 지키기 위해서 필요한 경우 밤 늦게까지 배송을 한다. 이러한 약속은 단골 고객으로 이어진다. 직원들에게 길을 안내하고 가치에 대한 약속을 쌓기 위해서 매트리스 맥은 관리자들이 이러

한 가치를 매일 실천하여 신뢰의 문화를 형성해야 한다고 믿었다. 고객 서비스 직원들은 고객의 필요를 뛰어넘어 고객 자신이 조직에서 중요하게 다뤄진다는 점을 보여줘야 한다.

2. **'FAST' [초점(Focus), 행동(Action), 탐색(Search), 끈기(Tenacity)] 전략을 따른다.** 매트리스 맥은 "약속을 하면 지켜라", "친절하라", "고객에게 최고의 가치를 제공하라", "고객은 옳다", "고객, 직원 혹은 공급업체가 말하는 것을 들어라"와 같은 개념들을 성공적으로 초점화했다. 이러한 초점들은 영업 사원들에게 목표를 부여한다. 다음 단계는 이러한 초점을 행동으로 바꾸는 것이다. 고객 서비스 직원들은 고객 만족도를 증가시킬 방법들을 찾아야 한다. 인내는 경쟁이 매우 치열한 비즈니스 세계에서 생존을 위해 필요한 요소이다. 인파로 붐비는 스포츠와 엔터테인먼트 이벤트에서 불만스러운 고객들은 항상 다루기 어렵지만, 바람직한 고객 서비스 직원은 항상 기조를 유지하여 행동을 취하고, 고객이 만족할 때까지 노력을 지속할 것이다.

Gallery Furniture에 있는 것과 같은 가치 기반 문화를 달성하기 위해서 기업은 어떠한 조치들을 취할 수 있는가?
Courtesy of Gallery Furniture

3. **열정이 에너지를 창출한다.** 성공적인 기업은 엄청난 양의 에너지를 필요로 한다. 에너지는 자신이 하는 일에 대해 매우 강한 관심 혹은 열정을 가질 때 획득할 수 있다. 이러한 열정은 사람들에게 활기를 불어넣는다.
4. **모든 판매에 있어서 자부심을 보인다.** 고객 서비스 부문에 근무하는 모든 이들은 자신이 하는 업무에 대해서 자부심을 가져야 한다. 이러한 자부심은 고객에게 확산되어 고객으로 하여금 엔터테인먼트 이벤트 참여에 대한 좋은 느낌을 갖게 된다. 이상적으로 보면, 고객은 스포츠 혹은 엔터테인먼트 이벤트의 모든 요소들을 브랜드로 식별할 것이다. 고객이 재방문할 수 있게 브랜드를 판매하는 것은 고객 서비스 담당자의 몫

이다.

5. **장기적인 긍정적 관계의 가치를 기억한다.** 고객들은 자신의 질문에 대답하고, 자신에게 안내를 해주고, 자신의 이름을 기억하는 서비스 담당자에게 감사를 느낀다. 고객이 제기하는 어떠한 질문도 '어리석은 질문'으로 취급해서는 안 된다. 스포츠 및 엔터테인먼트 이벤트에서 고객 서비스 담당자들은 유쾌하거나 불쾌한 느낌의 경험을 판가름하게 하는 서로 다른 결과를 도출할 수 있다.

스포츠 및 엔터테인먼트 기업들은 서비스 문화 형성의 중요성을 인식해야 한다. 서비스 문화의 제1의 목표는 고객 만족이다. 고객의 욕구와 필요를 파악함으로써 마케팅 담당자들은 이러한 목표 달성을 위한 계획을 수립할 수 있다. 이러한 목표를 달성하는 기업들은 성공할 가능성이 훨씬 높아진다.

어떻게 도와드릴까요?

관리자들은 직원이 고객에게 "제 관할 업무가 아닙니다"라고 하는 말을 들을 때에 즉시 개입해야 한다. 고객은 이 조직이 고객 만족을 보장하기 위해서 무엇이든 할 것이라는 것을 알아야 한다. "제 관할 업무가 아닙니다"는 "어떻게 도와드릴까요?"라는 말로 대체되어야 한다. 직원들은 어떻게 고객을 적절하게 지원할지 배우기 위해서 관리자를 관찰해야 한다.

다수의 스포츠 및 엔터테인먼트 기업들은 자사의 고객들이 최선의 서비스를 받고 있음을 보증하기 위해서 창의적인 방법들을 생각한다. 일부 기업들은 자사의 고객 서비스를 시험하기 위한 위장 쇼핑 프로그램을 이용하기도 한다. 예를 들어, 놀이 공원은 외부 마케팅 기업을 고용하여 위장 방문객을 해당 놀이 공원으로 보내 영업 및 서비스 직원들과의 경험을 평가하도록 할 수 있다. 위장 방문객은 전화 응대 및 인터넷 응대 등 고객 서비스의 다른 요소들도 평가할 수 있다. 위장 방문객은 해당 놀이 공원에 전화를 걸어서 이 전화를 즉각적으로 받는지, 자신이 얼마 동안 대기 상태로 기다리는지, 고객 서비스 담당자가 친절하고 지식을 갖추었는지 여부를 판단할 수 있다. 위장 방문객은 또한 이메일 혹은 해당 놀이 공원의 웹사이트상

Take a bow

아돌프 다슬러(Adolf Dassler)

Adidas의 창립자인 아돌프 다슬러는 1920년 처음으로 운동화를 제작하였을 때 모든 운동 선수들에게 각 스포츠에 맞는 최고의 운동화를 제공하려는 비전을 갖고 있었다. 다슬러가 추구한 탁월성으로 전 세계적으로 700개의 특허와 기타 산업 재산권을 확보할 수 있었다.

다슬러는 육상에 전문성을 갖고 있었다. 그는 1928년 암스테르담에서 개최된 올림픽 게임에 출전하는 운동 선수들을 위한 특수 운동화를 디자인하였다. Adidas는 불과 20년도 안 되는 기간에 세계 최고의 스포츠화 제조사가 되었다. 1947년 다슬러는 미국의 연료 탱크에서 나오는 캔버스와 고무를 이용하여 스포츠화를 제작하였다. 1년 후 기업명으로 Adidas(Adolf Dassler의 성과 이름의 조합)가 도입되었다. 그 다음 해 3개의 스트라이프 모양을 한 로고가 등록되어 인기를 모았다.

다슬러는 스포츠 홍보를 이용함으로써 자신의 혁신을 대중에게 알린 첫 경영인이었다. 제시 오언스(Jesse Owens)와 무하마드 알리(Muhammad Ali) 등 여러 스포츠 종목의 인기 선수들은 Adidas 제품을 광고하였다. Adidas는 적극적인 공보 전략을 이용하는 것으로 알려졌다. Adidas 신발의 우월성을 홍보할 목적으로 주요 스포츠 행사를 위한 신제품 혁신이 개발되었다.

1978년 다슬러가 사망한 후 그의 아들은 계속해서 Adidas를 성장시켰으며, 아버지의 홍보 전략을 확장시켰다. Adidas는 전 세계적으로 스포츠 마케팅 분야에서의 혁신으로 인정받았다. Adidas는 2006년 신발 및 의류 매출로 약 118억 달러를 기록한 전 세계적 성공을 공고히 하기 위해서 Reebok International Ltd.를 인수하였다.[6]

Think Critically

Adidas의 성공에 있어서 마케팅이 어떠한 역할을 하였다고 생각하는가?

에 올린 글에 대해 답변이 오는 데 걸리는 시간을 점검할 수도 있다. 위장 쇼핑 프로그램은 필요한 곳의 개선에 이용할 수 있는 가치 있는 마케팅 정보를 생산할 수 있다. 긍정적인 피드백은 이들이 계속 좋은 실적을 낼 수 있도록 직원들 사이에서 공유함으로써 동기 부여한다. 탁월한 고객 서비스를 제공하는 직원들은 그에 합당한 인정을 받아야 한다.

일부 호텔 교육 프로그램은 호텔 직원들이 최고 호텔에 고객으로 체크인하여 고객의 관점에서 뛰어난 서비스는 무엇인지에 대한 혜안을 얻도록 하고 있다. 고객 서비스 직원들은 고객의 경험을 이해함으로써 도움을 받는다. 이는 이들에게 가장 최선의 서비스를 제공하도록 동기를 부여한다.

사례 연구

운동 선수 소유 음식점

다수의 미식축구 경기장 및 야구장 영웅들은 자신의 투자 포트폴리오를 다양화하기 위해서 사업을 확장한다. 유명 운동 선수들은 은퇴 후 사업 기회를 만들기 위해서 음식점을 연다. 음식점은 또한 셔츠, 상패, 사진, 기타 영광스러운 시절의 흔적들로 자신의 선수 시절 영광을 뽐내는 데 이용되기도 한다. 운동 선수 소유 음식점의 유형은 상당히 표준적으로 일반적인 대중 음식, 다수의 TV, 벽을 감싸고 있는 기념품들이 갖춰져 있다. 한 가지 유일하게 없는 것은 선수 자신이다. 위스콘신 주 그린베이에 있는 전직 NFL 최우수 선수 브렛 파브(Brett Favre)의 스테이크하우스에서 파브가 당신을 맞이하리라 기대하면 착각이다.

스포츠 스타는 사후에도 지지자들을 끌어모을 수 있는 유명 브랜드를 갖추고 있다. 가장 인기 있는 스포츠 테마 음식점들 중 일부는 메이저 리그 뉴욕 양키스의 위대한 미키 맨틀(Mickey Mantle), NFL 그린베이 패커스의 감독 빈스 롬바르디(Vince Lombardi), 시카고 컵스의 아나운서인 해리 커레이(Harry Caray) 등 사망한 스포츠 영웅의 이름을 따서 명명되었다.

일부 스포츠 스타들은 음식점 사업 이상으로 사업을 확장하기도 한다. NFL 쿼터백인 빈스 영(Vince Young)은 오스틴에 스테이크 하우스를 운영하며, 또한 지역 식료품점에 자신의 브랜드를 내세운 훈제 고기를 공급한다. 몇몇 아주 매력적인 음식점들은 정문에 운동 선수의 이름조차 적혀 있지 않은 경우도 있다. 스케이트보드 챔피언인 토니 호크(Tony Hawk)는 캘리포니아 주의 Market Restaurant and Bar에 투자하였다. 유기농 재료로 준비되는 메뉴들은 팬들 사이에서 인기가 많다.

은퇴 후 사업 시작

댄 마리노(Dan Marino)는 자신의 NFL 풋볼 커리어가 끝난 후 자신의 마이애미 돌핀스 감독의 전철을 따라서 음식 사업에 뛰어 들었다. 마리노의 전 감독인 돈 슐라(Don Shula)는 shula's steakhous를 소유하고 있다. 자신의 팬 기반을 활용하여 마리노는 플로리다주에 5개의 식당을, 라스베이거스에 한 개의 식당을 열었다. 찹과 스테이크가 표준 메뉴 항목들이다. 플로리다에 있는 식당들이 바다 근처에 있기 때문에 항상 신선한 해산물 메뉴가 가능하다. 마리노는 자신의 웹사이트에 자신이 좋아하는 메뉴의 레시피를 공개하고 있다.

모든 종류의 운동 선수들은 우리의 기대치를 상승시키고, 우리의 꿈을 실현하고, 우리의 희망을 무너뜨릴 수도 있다. 사업에 대한 지식을 갖춘 운동 선수들은 은퇴 후에도 자신의 인기도를 활용한 새로운 사업을 시작하여 자신의 커리어를 연장하려고 한다. 어떠한 성공을 거두었는지 관계 없이 운동 선수들은 음식점을 열 수 있지만, 현관문에 적힌 이름과 상관 없이 성공 공식을 갖춘 자들만이 생존하게 될 것이다.

Think Critically

1. 왜 프로 운동 선수들이 음식점을 여는가?
2. 왜 운동 선수 소유의 음식점들이 초기에는 성공을 거두지만 이후 실패하는가?
3. 테마 음식점에 어울릴만한 연예인 2명을 제시하라. 그 이유를 설명하라.
4. 운동 선수를 바람직한 경영인으로 만드는 개인적 특성에는 어떤 것이 있다고 생각하는가?

CHAPTER 3

스포츠 및 엔터테인먼트의 세계

Photo Courtesy of Top Rank/Chris Farina

Winning Strategies **Top Rank**

Top Rank는 40년이 넘는 기간 동안 세계 권투 챔피언십 경기의 선도적인 프로모터였다. Top Rank는 팀 브래들리(Tim Bradley)와 매니 파퀴아오(Manny Pacquiao) 등 세계 챔피언십 수준의 권투 선수를 프로모션한다. 극소수의 생중계되는 권투 경기가 미국 밖에서 치러지지만, 이 경기들은 전 세계가 시청한다. 권투 경기의 생중계 방송권은 150개가 넘는 국가에서 판매된다. 전 세계 시청자 수는 미국 시청자 수를 초과한다.[1] 권투 생중계에 대한 관심은 일본, 유럽, 많은 남미 국가들, 그리고 멕시코에서 높다. Top Rank는 국제적 관중들을 담당하는 별도의 부서를 갖추고 있다. 이 부서는 멕시코에서만 매주 4~5번의 경기를 제작한다. 생중계 경기의 국제적인 배포는 각 경기의 재정적인 성공에서 큰 역할을 차지한다.

© Photogalia/ Shutterstock.com

Top Rank의 권투는 온라인과 유료 시청(PPV) TV 형태로 제작되어 배급된다. PPV는 권투 매출에 있어서 큰 비중을 차지하며, 열혈 팬들과 평범한 팬들 모두에게 권투 경기를 공개한다. 권투 경기는 단순한 스포츠 경기 그 이상이다. 권투 경기는 관중들을 흥분시키고 참여시키기 위해서 DJ, 과거 경기 영상, 연예인 등 많은 요소를 등장시키는 경기장 내 활동과 엔터테인먼트를 포함한다.

Think Critically

1. 왜 생중계되는 온라인 및 유료 시청 권투 경기가 국제적으로 큰 성공을 거두고 있다고 생각하는가?
2. 권투 경기가 국제적으로 잘 마케팅되려면 어떻게 해야 한다고 생각하는가?

3.1 국제적 스포츠 및 엔터테인먼트 이벤트

핵심 문제 주요 국제적 사건 및 정치가 스포츠 및 엔터테인먼트에 미치는 영향은 무엇인가?

학습 목표 **3.1.1** 주요 국제적 사건이 스포츠에 미치는 영향을 논의한다.

3.1.2 정치가 스포츠와 엔터테인먼트에 어떻게 영향을 주는지 설명한다.

핵심 용어
- 국제올림픽위원회(IOC)
- 성 평등(gender equity)
- 합작 투자(joint venture)
- 저작권 침해(piracy)
- 검열(censorship)

Opening Act

쿠바 정부는 공산주의 정부 체계의 성공에 대한 증거로서 항상 국제대회에서 자국의 아마추어 스포츠와 승리를 홍보하였다. 권투는 공산당이 1959년 정권을 잡기도 전에 쿠바 내에서 인기 있는 스포츠였지만, 1961년 쿠바에서 프로 권투가 금지되었을 때 아마추어 프로그램으로서 특별한 강조와 지원을 받았다. 쿠바 권투 선수들은 올림픽에서 자주 우승을 차지하였으며, 대부분의 금메달을 가져갔다. 대부분의 쿠바 스포츠가 그러하듯이 권투 선수들을 위한 훈련은 잠재적 가능성이 있는 선수들이 12세의 나이에 전문 학교에 입학하면서 시작된다. 최고의 선수만이 매우 기술적인 훈련 프로그램을 거쳐서 진급하게 된다.

2013년 권투 선수들의 지위에 큰 변화가 있었다. 52년 만에 처음으로 쿠바 권투 선수들은 멕시코시티에서 열리는 월드시리즈 권투 대회에서 프로 선수로 출전할 수 있게 되었다. 이제 쿠바 권투 선수들은 완전한 프로 권투 세계에 들어설 것이며, 쿠바 정부는 그러한 움직임으로 인해서 재정적인 이득을 볼 것으로 예상된다. 쿠바 권투 선수들이 프로 권투계에서 강력한 경쟁자가 되어 새로운 권투 팬들을 끌어들일 것으로 예측된다.

협력 학습 그룹별로 모여서 어떻게 쿠바에서 일어나는 프로 권투로의 전환이 쿠바와 세계 스포츠를 변화시킬 것인지 논의하라. 그러한 변화의 장점과 단점은 무엇인가?

3.1.1 국제대회 개최

국제 스포츠 대회는 전 세계 사람들을 더 가깝게 만드는 데 도움을 준다. 이러한 대회는 운동 선수들에게 참여하는 모든 팀과 선수들이 동의한 동일한 규칙하에서 공정하게 경쟁할 수 있는 기회를 제공한다.

4년에 한 번 열리는 지중해경기대회(Mediterranean Games)는 프랑스, 이탈리아, 스페인, 이집트, 알바니아, 레바논 등 24개 국가와 지역의 운동 선수들을 초대한다. 이집트인 모하메드 파샤(Mohamed Taher Pasha)는 지중해게임의 아버지라 불린다. 그는 평화와 우애를 달성하기 위한 방법으로 스포츠를 장려하였다. 이러한 국제적이고 경기장 여러 곳에서 열리는 대회는 올림픽의 서막으로 인식되고 있다. 주최국은 때로는 이 대회를 올림픽의 향후 개최지로 고려되는 기반뿐 아니라 자국과 자국 선수들을 선보이는 방식으로도 이용한다.

미국 내에서 각 스포츠는 올림픽 출전 선수를 선발하기 위한 일련의 예선 경기를 치른다. 이러한 이벤트는 지역을 교차하여 치러진다. 국제적인 다종목 경기 대회와 마찬가지로, 이 경기들은 올림픽 경기에 가지 않는 팬들에게 미국 내 최고의 운동 선수들을 사전에 관람할 기회를 제공한다.

올림픽

국제올림픽위원회(IOC)는 올림픽 운동의 행정 기관으로, 모든 국가올림픽위원회(NOC), 국제스포츠연맹, 올림픽 조직위원회, 운동 선수, 스폰서, 방송 파트너 기업들을 포괄하고 있다. 이 모든 집단들은 협력하여 올림픽 경기를 만들어 낸다. 1896년에 시작한 현대 올림픽 경기는 그리스에서 2000년

올림픽은 국민적 자부심에 어떻게 영향을 주는가?
© don Tran/ Shutterstock.com

전에 실시되었던 기존의 운동 경기를 부활시킨 것이다.

개최 도시. 4년에 한 번씩 전 세계 운동 선수들은 올림픽에서 경쟁을 한다. IOC는 어떤 국가가 올림픽을 개최할 것인지 선정한다. 이러한 선정은 개최국과 도시에 준비 시간을 주기 위해서 해당 올림픽 개최 7년 전에 이뤄진다. 2년의 개최국 선정 과정은 여러 단계를 거치는데, 다음을 포함한다.

- 도시의 지리적인 위치와 도시 내에서 이용할 수 있는 시설에 대한 세부사항을 제공하는 폭넓은 지원 과정
- 상위권에 든 도시들이 선보이는 프레젠테이션을 포함한 정교한 마케팅 캠페인
- 수천 명의 관중과 선수들이 이용하게 될 도로 등과 같은 해당 도시의 기간시설을 시찰하기 위한 선정위원회의 도시 방문

재정적, 사회적, 정치적인 상황 또한 개최 도시의 선정에 고려된다. 개최국의 올림픽 경기에 대한 재정적 지원은 중요하다. 러시아는 올림픽 이후 관광을 위한 신규 기간시설을 이용할 목적으로 2014년 동계 올림픽에 500억 달러를 투자하였다.[2]

주변 국가들에서 현재 발생하고 있는 사건들도 개최국의 최종 선정에 영향을 줄 수 있다. IOC가 2020년 올림픽 개최 도시를 선정하는 과정에서 터키 이스탄불은 올림픽 개최 후보지에 5번째 지원을 하였다. 이스탄불은 최종 3개 후보 도시에 선정되었다. 이스탄불은 매우 활성화된 경제와 올림픽 개최 도시에 대한 대중의 지원, 그리고 젊은 인구를 갖추고 있었다. 어떠한 이슬람 국가도 올림픽 개최국으로 선정된 적이 없었다. 한편 터키 인접국인 시리아에서는 내전이 벌어지고 있었다. 또한 30명이 넘는 터키 선수들이 금지 약물 양성 반응을 보인 스캔들이 모습을 드러냈다. 게다가 터키 정부는 올림픽의 환경적 영향에 대해 시위를 벌이는 시민들을 무자비하게 진압하였다. 결국 이스탄불은 2020년 올림픽 개최 도시로 선정되지 않았다. 인접국의 전쟁과 터키 내 정치적 불안정이 이 결정에 영향을 미쳤을 가능성이 매우 높다.

대신 일본 도쿄가 2020년 올림픽 개최 도시로 선정되었다. 도쿄는 이스

탄불 및 다른 최종 후보 도시인 스페인 마드리드보다 더 안전한 선택으로 간주되었다. 일본은 대규모의 관중들이 있고 시설 개선의 마감시한 충족에 대비가 잘되어 있는 것으로 간주되었다. 또한 도쿄의 대중 교통 체계는 세계 최고 수준으로 평가된다.

방송 중계권. 올림픽 개최 도시로 선정되고 이벤트가 잘 관리된다면 주최 도시에게 장기적인 이득을 가져다 준다. 주요 이득 중의 하나는 TV 중계를 통하여 해당 도시와 주변 지역을 전 세계에 홍보할 수 있는 기회를 갖는다는 것이다. 1956년 올림픽은 호주 멜버른에서 개최되었는데, 준비위원들은 TV 방송이 전 세계에 중계되는 것에 대한 가치를 인식하였다. 이들은 TV 중계권 혹은 촬영권을 무료로 배분하는 것에 반대하여, 중계권에 대한 지불을 요구하였다. BBC, CBS, NBC, Eurovision 등의 전 세계 주요 매체들은 올림픽 이벤트는 뉴스이므로 매체들로 하여금 무료로 중계하는 것이 허용되어야 한다고 주장하였다. 준비위원들은 양보하지 않았으며, 결국 1956년 올림픽은 전 세계로 중계되지 않았다. 다음 올림픽에서 유럽방송연맹(European Broadcasting Union)과 CBS가 모든 TV 중계권을 구매하여, 올림픽 경기는 21개국에서 중계 방송되었다. 그 이후 중계권은 개최 도시의 주요 수입원으로 변하였다. 올림픽 경기의 중계는 또한 올림픽 운동의 장기적인 재정적 안정성을 보장하는 데 도움이 되어, 올림픽의 홍보와 지지를 전 세계적으로 극대화했다.

올림픽 스포츠. 올림픽에서 대표되는 각 스포츠는 수십억 개의 TV와 온라인 시청자들에 대한 전 세계적 노출을 통해서 재정적인 이득을 취하게 된다. 올림픽과 참여 스포츠의 마케팅은 올림픽의 중요한 부분이다. 어떤 경기가 올림픽 종목으로 선정되면, 국가적 이미지가 걸려 있으므로 개인과 조직들로부터 재정적 지원이 활성화되고 유소년 리그(youth league)의 활성화를 촉진한다. 선수가 국제무대에서 경쟁하여 메달을 따는 것을 보여줌으로써 젊은이에게 그 경기를 하고 싶게 영감을 준다. 증가하는 팬 기반은 해당 스포츠의 생존을 보장한다.

IOC는 어떠한 종목을 올림픽에 포함할지 결정하는 데 있어서 39가지 기준을 적용한다. 그러한 기준들 중에 하나는 성평등이다. 성평등(gender eq-

time-out

미국인으로서 올림픽 출전을 원하는 선수들은 미국올림픽위원회의 부분적인 재정 지원만을 받는다. 이들은 미국 정부로부터 어떠한 지원도 받지 못한다. 다수의 미국 선수들은 인터넷 기금 모금 활동으로 눈을 돌려 올림픽 준비 및 출전 비용을 충당한다.

uity)은 남성과 여성의 기회가 대략적으로 동등함을 의미한다. 그 결과 여자 스키 점프가 2014년 동계 올림픽에 추가되었다. 경기 종목은 다음 올림픽으로 넘어갈 때마다 변경된다. 불법적인 약물 스캔들 등 여러 가지 이유로 야구는 2008년 올림픽 종목에서 제외되었다. 또한 미국 메이저리그(MLB)는 선수들이 올림픽 경기에 참여할 수 있도록 하는 일정의 조정을 거부하였다.

재정적 지원. IOC는 올림픽 마케팅 프로그램을 준비한다. 이 프로그램의 목표는 올림픽 운동의 재정적 안정성을 확보하는 것이다. 수입원으로는 중계권, 스폰서십, 티켓 판매, 라이선싱 등이 있다. 약 11개의 기업들이 올림픽 게임을 지원하는 올림픽 파트너(TOP) 프로그램에 참여한다. 200개가 넘는 국가에서 영업을 하는 Coca-Cola Company는 1928년 올림픽 이후 지금까지 지속하고 있는 최장 기간 후원 기업이다.

국제 프로 스포츠

야구, 농구, 골프, 테니스, 자동차 경주, 경마, 권투는 모두 국제 프로 스포츠이지만, 그중 축구는 세계에서 가장 인기 있는 스포츠이다. 이 스포츠는 모든 대륙에서 수천만 명의 시청자를 보유하고 있다.

프리미어리그는 20개의 축구 클럽의 조직체로서 영국 내 리그를 구성한다. 프리미어리그는 NFL이 미식축구에서 지배적이듯이 세계에서 가장 지배적이고 실력이 명망있는 축구 리그이다. 프리미어리그는 유럽 전체 축구의 경기 운영 및 규제를 담당하고 있는 유럽축구연맹(UEFA)의 일원이다. 유럽은 전 세계에서 가장 뛰어난 축구 선수들을 다수 배출하였다.

국제적 선수 고용

미국 메이저리그(MLB)는 국제적인 야구 선수들을 물색한다. 각 팀별로 국제 스카우터들이 유망주들을 쫓는다. 타국에서 온 많은 젊은 선수들이 고등학교 시절에 미국으로 와서 프로 선수 드래프트 자격을 갖춘다. 프로 드래프트 자격이 없는 유망한 국제 선수들 또한 매우 중요한 인재 영입의 출처이다.

쿠바는 1959년 혁명 이후 미국과의 관계가 좋지 않았으며, 전쟁위기로 무역 및 관광의 재개 가능성은 논의에 그쳐왔다. 미국과 쿠바 간에는 제한적인 여행만이 허용되고 있고, 쿠바인들은 미국을 자유롭게 방문할 수 없었다(2014년 12월, 미국 오바마 정부의 조치로 미국 쿠바 간 국교가 정상화되었다–옮긴이). 쿠바 야구 선수들의 재능은 잘 알려져 있지만 이들은 미국 고등학교 선수들과 마찬가지로 지난 수십 년간 스카우터들의 관심을 받지 못하였다. 국교 정상화 이전까지는 쿠바 선수가 미국으로 직접 망명(자국 국적을 포기)해야만 아마추어 드래프트 자격을 갖게 되었었다. 만일 해당 선수가 미국에 오기 이전에 아이티와 같은 타국의 영주권을 갖고 있다고 한다면, 미국 정부에 입국과 자유 계약 선수(free agent)가 될 수 있도록 승인을 요청할 수 있다. 야시엘 푸이그(Yasiel Puig), 요에니스 세스페데스(Yoenis Céspedes), 아롤디스 채프먼(Aroldis Chapman) 등은 미국 MLB에서 성공적인 경력을 쌓고 있는 망명 쿠바인들이다. 이러한 기회는 국교 정상화 이전의 공산주의 쿠바 정권에서는 가능하지 않았다.

왜 타국의 야구 선수들은 미국에 와서 운동하기를 원하는가?
© Photo Works/ Shutterstock.com

미국에서 성공을 거둔 라틴 아메리카 출신 유망주의 또 다른 예로 호세 알투베(José Altuve)가 있다. 자신의 고향이었던 베네수엘라 마라카이에서 14살에 스카우트된 이후 알투베는 국제 계약 체결 기간 중 휴스톤 아스트로스와 연봉 15,000달러에 계약을 체결하였다. 알투베는 미국 전역의 마이너리그 팀에서 선수 생활을 하다, 21세의 나이에 메이저리그에 진출하였다. 그는 메이저리그에서 2019년까지 연봉 수백만 달러의 연장 계약 및 옵션을 체결한 뛰어난 선수로 성장해 큰 관심을 받았다.

매년 각 MLB 팀은 국제 계약 체결 기간 동안 전 세계 선수들과의 계약 체결을 위한 돈을 할당받는다. 팀들은 미래 훌륭한 야구 선수가 될 수 있는 국제적인 유망주들을 찾는 데 이 돈을 이용한다. 승률이 낮은 팀들은 더 많은 금액을 할당받는다. 팀들은 한두 명의 높은 몸값의 유망주와 계약할 것인지, 낮은 금액으로 계약할 수 있는 여러 유망주들과 계약할 것인지 결정해야 한다.

국제 아마추어 스포츠

매해 8월이면 전 세계 수천 명의 사람들이 55년 이상 개최되어 온 국제 토너먼트인 리틀야구 월드시리즈가 열리는 펜실베이니아주 사우스 윌리엄스포트의 라마드(Howard J. Lamade) 스타디움에 모인다. 리틀 리그 야구 선수들은 일반적으로 11세에서 12세 사이이며, 다른 디비전으로는 더 어린 선수들의 디비전과 18세까지의 디비전 등이 있다. 전 세계 6개 대륙의 270만 명의 어린 선수들이 리틀 리그에 참여하는데, 이는 전 세계의 청소년 스포츠 프로그램 중 가장 큰 조직 중 하나이다.[3]

리틀 리그 조직은 자녀들의 참여를 설득해야 하는 부모들에게 마케팅을 한다. 국제리틀연맹(Little League International)에 따르면 매년 전 세계적으로 지역 리틀 리그에서 1백만 명의 성인들이 자원 봉사를 한다. 지역 기업들은 사회 환원의 한 가지 방법으로서 리틀 리그에 대한 스폰서를 요청받는다. 스폰서십을 대가로 기업들은 광고와 매스컴의 관심 등 이익을 누린다. 스폰서십 자금은 리그 운영을 지원하는 데 이용된다. 국가 차원에서 메이저리그 야구는 리틀 리그를 지원한다. 그렇게 함으로써 메이저리그 야구는 잠재적인 미래 선수들과 팬을 확보한다.

3.1.2 스포츠와 엔터테인먼트에서 돈과 정치

국제 스포츠 및 엔터테인먼트 이벤트는 모든 것이 평화롭고 친밀하게 모일 수 있지만, 돈과 정치적인 고려가 항상 요소로 작용한다. 국가들이 대회를 위해 모일 때에는 항상 준수되어야 하는 규칙과 규정들이 존재한다. 국제대회가 크게 강조되는 이유는, 이러한 국제대회가 국가의 정치적 관계뿐만 아니라 국가 경제에도 영향을 줄 수 있기 때문이다.

월드컵

국제축구연맹(FIFA)은 축구에 대한 조직 및 규제 단체이다. FIFA는 미국을 포함하여 209개의 회원 연맹을 보유하고 있다. FIFA는 규칙을 설정하고 전 세계적 차원의 축구대회를 조직하는데, 세계 챔피언 팀을 가리기 위해 4년마다 개최되는 토너먼트인 월드컵이 이에 포함된다.

월드컵 본선에 진출한 32개 팀은 자신이 소속된 대륙과 국가를 대표한다. 본선 진출 팀들은 월드컵 내 규정된 본선 자리를 놓고 지리적으로 6개의 지역으로 나눈 지역 내에서 경쟁을 벌인다. 이 지리적으로 나뉜 6개의 지역은 아프리카, 아시아, 유럽, 북/중앙 아메리카 및 카리브해 지역, 오세아니아, 남아메리카이다.

FIFA 마케팅 팀은 스위스 취리히의 FIFA 본부에 기반을 두고 있으며 영업 및 라이선싱, 계정 관리 및 운영, 전략 및 브랜드 관리, 티켓 판매 및 숙박 등 4개의 주요 부서를 두고 있다. 추가적으로 5번째 부서가 월드컵 개최국으로 선정된 도시를 지원하기 위해서 개설된다.

월드컵 진출은 그 국가의 축구 산업에 중요한 재정적 영향을 미친다. 유망했던 멕시코 팀이 월드컵 본선 진출이 한때 불투명했을 때, 본선 진출 실패를 가정한 재정적인 악영향으로 TV, 상품, 스폰서십, 기타 매출의 손실에 따른 6억 달러의 손실이 멕시코 축구 산업에 발생될 것으로 예상되었다. 멕시코와 미국의 TV 또한 큰 손해를 보게 될 수도 있었다.[4] 다행히 멕시코는 32개 본선 진출국 중의 한 자리를 차지함으로써 스폰서와 TV 광고주들에게 잠재적인 재정적 이득을 줄 수 있게 되었다.

긴장이 고조된 인접국

인접국인 아프가니스탄과 파키스탄이 37년 만에 처음으로 축구장에서 만났을 때, 이 경기는 오랫동안 지속되어 온 다수의 분쟁을 겪고 있는 두 국가 간의 관계를 개선할 것으로 기대를 모았다. 아프가니스탄에서 치러진 이 경기에서 아프가니스탄 팀은 3-0으로 승리를 거두었으며, 경기는 양국에 TV 중계되었다.

그 후 같은 해 아프가니스탄은 인디아를 2-0으로 꺾고 남아시아축구연맹 챔피언십을 거머쥐게 되었다. 아프가니스탄 사람들의 자부심은 수십 년 동안 볼 수 없었던 국가적 화합으로 이어졌다. 아프가니스탄 사람들의 스포츠에 대한 열정은 수십 년 동안 전쟁과 종교 원리를 내세워 어떠한 종류의 경기를 즐기는 것도 반대하였던 극단주의자들에 의해서 억압되어 왔었다. 축구 경기는 어린 아이들에게도 금지되었다. 전쟁으로 얼룩진 이 국가는 국가적 영웅이 된 선수들을 등에 업고 화합을 하게 되었다.

또 다른 경쟁 관계의 예로 러시아와 미국이 있다. 이 두 국가는 수십 년간 정치 영역에서 충돌하였다. 러시아는 〈*The New York Times*〉에 8페이지의 광고 지면을 구매하여 소치 동계올림픽 이전에 미국 대중에 영향을 미치려는 시도를 하였다.[5] 이 광고 지면은 거의 정규 뉴스 섹션의 형태를 갖추면서, '광고 지면'이라는 작은 문구만 달았을 뿐이었다. 러시아는 유엔에서 미국의 움직임에 정치적으로 반대하면서도 미국의 올림픽 팬들을 끌어모으는 시도를 하였던 것이다.

도전하는 중국

중국은 세계에서 가장 큰 스포츠 및 엔터테인먼트 소비국이 될 잠재력을 가지고 있지만, 외국 기업들은 중국의 공산주의 정권하에서 그다지 좋은 실적을 거두지 못하고 있다. 국영기업들은 중국 내 외국 영화의 수입 및 배급을 통제하고 있다. 중국 내 허용되는 외국 영화의 수에는 엄격한 쿼터(quota)가 적용된다. **합작 투자**(joint venture)는 2개 이상의 기업들이 한 사업 프로젝트에 협력하기로 합의하는 계약을 의미한다. 할리우드와 중국 기업들은 합작 투자 기업을 형성하여 영화 제작 비용 및 수익을 공유하기도 한다. 이러한 영화는 외국 영화에 적용되는 쿼터에 의해서 제한을 받지 않지만, 다른 장벽들을 극복해야만 한다. 중국 관료들은 외국 투자자들이 영화 공동 제작에 시간과 돈을 쓴 이후 규칙을 변경하는 것으로 알려져 있다.

추가적으로, 중국 영화관은 티켓 판매에서 가장 많은 돈을 챙기며, 영화 제작 스튜디오는 중국 내 상영된 영화에 대해서 약 25%만 가져간다.[6] 미국에서 영화관과 스튜디오 간의 수익 공유 비율은 50/50이다. 중국은 수천만 명의 중국 소비자들로부터 얻게 되는 잠재적인 수익이 할리우드도 중국의 규칙을 따르게 할 것이라고 판단하고 있다.

저작권 침해. 저작권이 있는 자료의 불법 복제 행위를 **저작권 침해**(piracy)라 한다. 이는 중국 내 영화 산업에서 문제가 되고 있는데, 불법 DVD 복제본의 판매가 영화의 최종 결산 결과에 영향을 주기 때문이다. 크리스찬 베일

왜 미국 영화사는 중국 시장을 위한 영화의 제작을 원하는가?
© Lakeview Images/ Shutterstock.com

(Christian Bale)이 출연한 중국의 역사 영화인 〈*The Flowers of War*〉는 중국 내에서 개봉하여 9,500만 달러의 수익을 올렸다. 한편 미국의 영화 배급업체는 이 영화의 배급을 주저하였는데, 그 이유 중에 하나는 이 영화가 미국 영화관에서 상영하기도 전에 불법 복제될 수 있다는 우려 때문이었다. 중국의 불법 복제 문제 때문에 미국의 영화 제작자, 영화관, 배우들은 수익을 상실하게 된다.

검열. 미국 기업이 극영화 제작을 위해서 시간과 돈을 투자할 때의 주요 관점은 소비자 만족이다. 중국의 영화 팬들에게 어필하는 영화의 제작은 중국 내 여러 장애물들 중의 하나에 불과하다. 중국 내에서 영화를 제작하거나 중국 내에서 영화를 배급하기를 희망하는 영화 기업들은 중국 정부의 매우 엄격한 검열하에서 활동을 한다. **검열**(censorship)은 불쾌하다고 간주되는 매체를 수정 혹은 편집하는 행위이다.

중국 국가광전총국(Chinese State Administration of Radio, Film, and Television)은 중국 영화 산업을 경쟁으로부터 보호한다. 이 기관은 중국에서 촬영되는 모든 영화에 대한 제작 과정에 관여한다. 이 기관은 중국에서 상영되는 모든 영화의 콘텐츠를 통제함으로써 원하지 않는 문화적 혹은 정치적 영향을 방지하는 역할을 한다.

중국의 영화 제작자인 지아장커(Jia Zhangke)는 검열관들이 자신의 영화인 〈*A Touch of Sin*〉을 매우 가볍게 다루었다고 의심하였는데, 그 이유는 "영화가 바탕으로 하고 있는 뉴스 이야기가 이미 웨이보에서 다뤄졌기 때문이다"라고 하였다.[7] 다시 말해, 이러한 이야기는 이미 다수의 중국인들이 구독하는 Twitter와 유사한 사이트에서 공개되었다는 것이다.(〈*A Touch of Sin*〉은 중국의 웨이보에 회자되어 충격을 주었던 사건들을 구성한 영화로, 실제 일어났던 4가지 충격적인 범죄사건을 각색해 영화함으로써 현 중국의 혼란스럽고 우울한 자화상을 그리고 있다. 중국 정부는 이 영화를 상영 금지하고 있다.−옮긴이) 이 영화는 해외 영화 페스티벌에서 상영되었으며, 칸느 영화제에서 최고 각본상을 수상하였다. 현재까지 이 영화는 중국에서 상영되지 않고 있다. 〈*A Touch of Sin*〉은 오스카의 강력한 수상 후보로 간주되었지만, 중국 정부에 의해서 출품되지 않았다.[8]

중국의 영화 산업은 전 세계의 관람객을 확보하기를 원할 것이다. 중국 정부는 전 세계 영화 관람객들을 '비군사적 수단을 통한 영향력 행사'의 방식으로 보고 있다.[9] 미국의 영화 관람객들에게 어필하는 데 있어서 주요한 장벽은 중국의 실제 이미지가 아닌 긍정적인 이미지만 허용하는 중국 정부의 콘텐츠에 대한 엄격한 통제이다.

3.2 국제 스포츠 및 엔터테인먼트 경향

핵심 문제 • 글로벌 경향과 글로벌 통신은 어떻게 스포츠 및 엔터테인먼트 산업을 바꿔 놓았는가?

학습 목표 • **3.2.1** 스포츠 및 엔터테인먼트 분야에서의 글로벌 경향 및 기회를 평가한다.

3.2.2 글로벌 통신이 스포츠 및 엔터테인먼트 분야에 미치는 영향을 파악한다.

핵심 용어 • 국제 마케팅(international marketing)
차별화(differentiation)
세계화(globalization)
박스 오피스(box office)
폴리글로트(polyglot)

Opening Act

이라크에서 온 미래 영화 제작자인 7명의 청년들은 UCLA의 연극, 영화, TV 스쿨에서 열린 IFE(International Film Exchange) 워크숍에 참여하였다. IFE는 이라크 바그다드 소재 미국 대사관으로부터 모금된 자금을 이용하여 영화 제작자들이 자국 내 주요한 사회적 문제들을 기록하는 데 필요한 기술적이고 창의적인 도구들을 개발하도록 도움을 주었다. 젊은 여성들이 이벤트에 참여하는 것은 문화적으로 불가능하였는데, 젊은 이라크 여성들은 혈연관계 없는 남성과의 여행이 금지되어 있기 때문이다.

IFE 워크숍에 참가한 이라크인들은 영화 제작 방법을 배우는 동안 (이들 중 일부에게는 처음으로)영화관에서 영화를 감상하는 등 캘리포니아 주의 문화에 대해서 알게 되었다. 참가자들에게 사람들이 관심을 가지는 이야기를 주제로 영화를 제작하도록 가르침으로써 이라크 내 영화 산업이 촉발될 수 있을 것이라는 희망이 있다.

협력 학습 두 개의 팀을 구성하여 영화 산업이 개발도상국의 문화에 영향을 끼칠 수 있는 방법에 대해 논의하라.

3.2.1 글로벌 경향

Market Planning

스포츠 혹은 엔터테인먼트 기업을 성장시키는 최선의 전략 중에 하나는 **국제 마케팅(international marketing)**을 고려하는 것이다. 국제 마케팅은 다른 나라에 상품을 마케팅하는 것이다. 국제 소비자가 원하는 상품 혹은 서비스를 만들기 위해서는 문화적, 언어적 차이에 대한 지

time-out

엘리자베스 2세 여왕의 말은 군주의 말로서는 207년의 레이스 역사 처음으로 영국의 Royal Ascot Gold Cup에서 우승을 하였다.

식이 필요하다. 또한 해당 국가의 통화에 따른 가격 결정을 이해하는 것이 중요하다.

국제 마케팅 전략을 수립하기 전에 기업은 목표 국가 내 잠재 소비자를 평가해야 한다. 이러한 평가는 목표 국가의 법적, 정치적, 종교적 관점을 포함해야 한다. 때때로 상품 혹은 서비스는 어떠한 수정 없이 복수의 국가에서 마케팅될 수 있다. 어떤 상품은 각기 다른 시장에서의 성공을 위한 변화를 필요로 할 수 있다. 예를 들어 맛, 크기, 색상, 심지어는 전압의 변화를 필요로 할 수도 있다. 각기 다른 시장에 어필하기 위해서 상품을 맞춤 생산하는 것을 **차별화**(differentiation)라 한다.

스포츠 및 엔터테인먼트는 전 세계 사람들이 스포츠 팀을 응원하고 영화를 보기 때문에 국제 상품이라 할 수 있다. 세계 시장의 통합에서 비롯된 국제경제적 관계를 **세계화**(globalization)라 한다. 미국 영화 시장의 **박스 오피스**(티켓 매출로부터 올린 수익)는 종종 미국 외에서 올린 수익이 미국 내에서 올린 수익보다 많다. 또한 전 세계적으로 인기를 누리는 스포츠들이 다수 있다.

야구

야구는 **폴리글로트**(polyglots, 여러 언어를 사용하는 사람들)를 위한 경기라고 설명할 수 있다. 야구는 미국에서 시작하여 전 세계로 전파되었다. 네덜란드 후프도르프(Hoofddorp)의 지역 야구 팀인 피오니어(Pioniers)가 홈 구장을 옮겨야 했을 때, 지역과 팀 경영진은 메이저리그 야구장 기준으로 신규 야구장을 건설하기로 결정하였다. 그렇게 함으로써 이 팀은 MLB 시범경기를 유치할 수 있다는 희망을 가졌다. NFL이 정규 시즌 게임 중 한 게임 이상을 유럽 전역에서 온 관중들이 있는 영국 런던의 웸블리(Wembley) 스타디움에서 가지듯이, MLB도 야구의 국제적인 인기를 활용하기를 원하고 있다.

축구

미국에서 축구는 그 인기가 계속 증가하고 있다. NBC는 특히 12세에서 24세 사이의 미국 팬들의 관심이 증가함에 따라서 전 세계 축구 경기를 중계

미국 내에서 축구의 인기도가 왜 높아지고 있다고 생각하는가?
© Larry St. Pierre/ Shutterstock.com

하겠다는 중요한 약속을 하였다. 미국 내 매진되는 축구 경기는 점점 더 일상적인 일이 되어가고 있는데, 이는 세계가 마침내 '다른' 종류의 축구를 미국에 수출하였다는 것을 의미한다.

인도의 미식축구

미식축구가 미국에서 가장 인기 있는 스포츠이기는 하지만, 수백만 명의 팬을 확보할 수 있는 잠재력에도 불구하고 다른 국가에서는 인기도가 느리게 상승하는 것으로 나타났다. 인도에서 가장 인구가 많은 도시인 뭄바이(Mumbai)는 전체 도시권 인구가 2,050만 명에 달하며, 계속해서 늘어나고 있다. 인도와 파키스탄 간의 경쟁 관계는 두 국가가 EFLI(Elite Football League of India)에서 맞붙었을 때 큰 관심을 모았다. 미식축구는 평균적인 인도인에게 친숙한 스포츠가 아니기 때문에 팬들은 이 스포츠에 대해서 더 알아야 했다. 또한 게임 중에 음식과 음료를 마시는 미국의 전통은 이 국가에서는 잘 옮겨오지 않았다. 인도 내 알코올 음료의 이용 및 판매가 일부 인도 주에서는 금지되고 있는데, 이는 많은 맥주 제조업체가 미국 내에서의 미식축구 스폰서인 것과는 대조적이다. 힌두교 신자들은 소고기를 먹지 않으며, 이슬람 교도들은 돼지고기를 먹지 않는다. 따라서 미국의 축구 경기 관람에서 기본적으로 즐기는 음식인 소고기 햄버거 혹은 돼지고기 핫도그가 힌두교 혹은 이슬람 국가에서는 허용되는 메뉴에 오르지 않을 것이다.

중국의 골프

국제올림픽위원회가 2016년 하계올림픽에 골프를 복귀시키기로 결정되면서 중국의 골프에 대한 관심이 증가하기 시작하였다. '지나치게 사치스러운' 운동으로 간주되던 골프는 중국에서 1949년부터 1980년대 중반까지 금지되었지만, 그 후 느린 속도로 재등장하였다. 다수의 젊은 골프 선수들이 가족들의 재정 지원하에 개인적으로 훈련받고 있다. 다른 스포츠 종목의 대부분의 중국 선수들은 국영 스포츠 프로그램을 통해서 훈련을 받는다.

중국 골프 선수 쉬에(Xie Chenfeng)는 정규 학교를 다닌 적이 한 번도 없다는 이유로 학교 중퇴자라고 부를 수 없다. 그는 8세의 나이에 골프 아카데미와 캠프만 다녔다. 드라이버를 이용하여 약 220야드까지 공을 칠 수 있는데, 이는 평균적인 성인이 칠 수 있는 비거리이다. 그는 중국 내 국제 골프 토너먼트와 올림픽 금메달을 위해 운동을 시작한 많은 어린 중국 골프 선수들 중 한 명이다. 어린 골프 선수들은 풀타임으로 엄격한 골프 프로그램을 연습하고 유지한다. 이러한 강도 높은 준비가 우승에 이를 수 있는 좋은 실력을 가진 선수들을 양성해 낼지는 시간이 지나면 알게 될 것이다. 한편으로는 어린 선수들이 극도의 피로나 미성숙한 근육과 신체의 손상으로 인해 실패할 수도 있을 것이다.

포뮬러 원(Formula One)

포뮬러 원은 전 세계에서 개최되는 자동차 레이스이다. 레이싱 팀을 한 장소에서 다른 장소로 이동시키는 것은 매우 큰 일로, 747 비행기 여러 대와 공식적인 물류 파트너를 필요로 한다. 국제 물류 기업인 DHL은 5개 대륙에 있는 장소들 간에 경주용 자동차와 팀 장비를 운반하는 역할을 수행한다. 신사들의 여가로 시작된 포뮬러 원은 이제 드라이버와 자동차의 궁극의 시험대로 성장하였다. 포뮬러 원은 시작부터 세계적인 레이싱 챔피언십

Social Media Marketing

LINE은 정보 교환 및 게임 플레이를 위한 실시간 메신저 애플리케이션이다. LINE은 아시아, 유럽, 라틴 아메리카에 수억 명의 사용자를 보유하고 있으며, 한국의 NHN이 소유하고 있다. LINE은 원래 컴퓨터가 아닌 스마트폰에서 이용하도록 제작되었으며, 광고를 위해 사용자 데이터를 수집하지 않는다는 점에서 Facebook이나 Twitter보다 강점이 있다. LINE은 감정을 표현하는 디지털 '스티커' 카툰 이미지로 알려져 있다. 이용자들은 매일 10억 개 이상의 스티커를 구매 및 전송하며, 이를 통해 LINE은 한 달에 1,000만 달러의 수익을 올리고 있다. Facebook 또한 이를 주시하여 스티커 기능을 추가하였다. LINE은 미국의 팝 스타들과 계약을 체결하여 이들이 LINE을 이용함으로써 다른 이들도 라인을 이용하도록 유도하고 있다.

Think Critically

LINE이 미국에서 어떻게 자사 제품을 마케팅해야 하는지 파트너와 논의하라. 누구를 타깃팅해야 하는가? 어떤 연령대를 타깃팅해야 하는가? 최대 시장을 끌어모으기 위해서 미국의 팝 스타 중 누가 도움이 될 수 있는가?

대회로 출발하였다. 레이싱은 오로지 한 가지 목표를 가지고 있는데, 바로 속도이다.

3.2.2 온라인 세계

인터넷은 러시아 블라디보스톡에서 열리는 록 음악 페스티벌을 보러 온 약 30,000명의 팬들을 연결하는 데 큰 역할을 하였다. V-Rox는 공개 페스티벌이자 국제적인 음악 컨퍼런스이다. V-Rox는 과거에 출입이 제한되었던 소련 군사 지역에서 개최되었다. 4일 동안 거의 40회의 공연이 있었는데, 참여 아티스트들은 일본, 싱가포르, 한국 등지에서 온 아티스트들이었다. 약 25,000명의 팬들이 공연을 실시간 온라인 동영상으로 감상하였다. V-Rox는 인터넷의 힘을 보여주고 있다.

국가들을 연결

Facebook은 2년 이상 Facebook을 모든 휴대전화에 제공하려는 노력을 하였다. 이 애플리케이션은 스마트폰이 아닌 단순 휴대전화를 가진 이용자들도 Facebook에 접속할 수 있도록 한다. 단순 휴대전화는 미국과 유럽에서 더 이상 광범위하게 이용되지 않지만, 인도, 인도네시아, 멕시코, 베트남에서는 아직도 수백만 명이 이용하고 있다. Facebook은 단순 휴대전화에도

휴대전화를 통한 인터넷 접속은 전 세계적으로 엔터테인먼트 선호를 어떻게 바꿀 수 있을까?
© Tatiana Popova/ Shutterstock.com

서비스를 제공함으로써 인터넷 접속이 되지 않는 전 세계 수십억 명의 사람들이 브랜드에 대해 충성심을 갖기를 희망하였다. 그러한 노력의 일환으로 Facebook은 이스라엘의 신생 기업을 인수하였다. 이 기업은 데이터 압축 기술을 개척하였는데, 이는 인터넷 접속이 안 되는 지역에서도 웹 검색을 가능하게 하는 기술이다. 인터넷 접속을 통해서 사회적으로, 재정적으로 억압된 지역의 유명 뮤지션은 자신의 음악을 세계에 프로모션할 수 있다. 개발도상국에 있는 사람들에게 인터넷을 개방하는 것은 소비자와 기업들에게 기회를 제공한다. 이는 또한 전 세계적으로 정치적, 사회적인 변화에 영향을 줄 수도 있다.

실시간 통신

노스캐롤라이나주 샬럿에 있는 NASCAR 본부 내 팬과 미디어 참여 센터(Fan and Media Engagement Center)에는 '사회적 대화(social conversation)'라는 이름이 붙은 선형 그래프를 나타내는 47인치 평면 스크린 모니터가 있다. 실시간이나 TV에서 발생하는 이벤트에 따른 전 세계 팬들의 반응을 소셜미디어에 그래프로 나타낸다. 이 센터는 이벤트가 진행되는 중에 수천 명의 팬들이 제시하는 의견을 듣기 위해서 이용된다. 실시간 통신은 생중계와 마케팅 전략을 조정하는 데 이용될 수 있는 소비자 피드백을 제공한다.

3.3 스포츠 및 엔터테인먼트 산업의 다양성

핵심 문제 • 문화적, 성별 다양성은 스포츠와 엔터테인먼트의 인기와 어떻게 관련이 있는가?

학습 목표 • **3.3.1** 다문화주의 및 다양성이 스포츠와 엔터테인먼트에 미치는 영향을 설명한다.

3.3.2 여성이 스포츠와 엔터테인먼트에 미치는 영향을 요약한다.

핵심 용어 • 문화(culture) 프라임 타임(prime time)

Opening Act

Rhythm Foundation은 플로리다주 남부에 문화적으로 다양한 라이브 음악 경험을 제공한다. 플로리다주 마이애미 비치에 설립된 Rhythm Foundation은 국제적 음악을 문화적 다양성을 촉진하는 도구로 이용하는 비영리 문화 단체이다. 이 단체는 다른 도시의 유사한 단체들과 협력하여 라틴 아메리카, 카리브해, 아프리카, 아시아, 유럽, 북아메리카의 전설적인 뮤지션들을 마이애미로 불러 모은다. 이러한 뮤지션들은 자신들의 문화를 음악을 통해서 관객들에게 전달한다. 또한 이 단체의 직원은 여러 곳을 돌아다니며 특이하면서 최신의 다양한 아티스트 집단을 찾고 있으며, 이들이 미국에서 데뷔할 수 있도록 돕기도 한다.

오페라 가수로서 훈련을 받았던 브라질 가수인 마리사 몬테(Marisa Monte)는 다양한 소리를 자신의 매우 대중적인 음악에 결합시킨다. 그는 브라질의 공식 언어인 포르투갈어로만 노래를 한다. Rhythm Foundation은 몬테가 콜로니 극장(Colony Theater)에서 430명의 만원 관객들을 상대로 미국에서 첫 무대를 가지도록 하였다. 오늘날 몬테는 마이애미에서 여러 밤에 걸쳐서 5,000명의 만원 관객들을 상대로 노래를 부른다. Rhythm Foundation은 몬테로 하여금 브라질 음악을 미국 관객들에게 전달할 수 있게 도움을 주었다.

협력 학습 파트너와 같이 어떤 언어로 부른 노래가 다른 언어를 구사하는 사람들에게도 어떠한 이유로 호소력을 갖는지 논의하라. 왜 비영리 단체가 음악을 통한 다양성 촉진에 관심을 가지는가? 학급 내에서 당신의 생각을 공유해 보자.

3.3.1 다문화 시장

문화(culture)는 다른 집단과 구분되는 한 인간 집단의 공유된 역사, 신념, 관습, 전통을 의미한다. 특정한 스포츠, 음악, 춤, 엔터테인먼트, 축제 등은

한 집단의 문화의 일부로서 간주될 수 있다. 여행과 전 세계적 통신이 더 자유로워짐에 따라서, 사람들은 전 세계에서 넘치는 재능을 보고 들을 수 있는 기회를 가지게 되었다. 다른 문화에 노출될 때 상이한 신념과 가치로 인해서 문화 충돌이 발생할 수 있다. 그러나 문화의 일부는 자주 흡수 수용되기도 한다. 멕시코와 미국은 인접한 이웃 국가로 라티노(Latino), 혹은 히스패닉(Hispanic) 인구가 미국에서 증가하고 있다. 미국인들은 음식과 엔터테인먼트, 스포츠 등을 즐김으로써 히스패닉 문화를 수용하게 되었다. 멕시코의 가장 유명한 군사적 승리를 기념하는 신코 데 마요(Cinco de Mayo, 5월 5일이라는 의미의 스페인어-옮긴이) 기념일은 일부 미국인들도 기념하고 있다. 미국 국가대표 축구팀이 멕시코를 2-0으로 이김으로써 멕시코의 월드컵 진출 희망에 찬물을 끼얹었을 때, 멕시코는 낙담하였다. 미국이 파나마를 3-2로 이겨 멕시코에 본선 진출의 길을 열어주었을 때 신문 헤드라인은 "Thank you, USA"였다. 두 인접국은 역사와 관습, 전통을 공유하는 일면 가족 구성원과도 같지만, 한편으로는 뚜렷하게 다른 면을 유지하고 있다.

스페인어권 스포츠 및 엔터테인먼트

미국 내 라티노 시장의 인구 증가는 엔터테인먼트뿐만 아니라 스포츠 관련 기업에게도 기회를 열어주었다. 전미극장주연맹(National Association of Theater Owners)의 조사에 따르면 히스패닉들은 다른 민족들보다 매년 더 많이 영화를 보러 간다.[10] 권투, 축구, 야구 모두 대규모 히스패닉 인구에게 인기 있는 스포츠들이다. 대략 30%의 메이저리그 야구 선수들이 중남미, 카리브해 지역 출신들이다. 야구 관람객들은 미국과 선수들의 출신국에서 증가하고 있다. 영어가 아닌 여러 언어로 경기를 중계하는 것은 시청자 층을 확대하고 더 많은 팬들을 끌어모을 수 있다.

Univision은 뉴욕에 본부를 두고 있는 스페인어권 방송국 네트워크이다. Univision은 미국 내 5개의 가장 큰 영어권 TV 네트워크만큼이나 많은 시청자 수를 확보하고 있다. 이 네트워크는 미국 전역에서 케이블과 위성 방송으로 이용 가능하다. Univison은 televisión의 tele와 novella를 따서 만든 telenovelas(텔레노벨라, TV 소설 또는 일일 연속극)로 가장 잘 알려져 있다. 텔레노벨라는 에피소드 수가 제한되어 있고 미국 드라마는 시리즈로 진행된다는 점에서 미국 드라마와는 상이하다. 텔레노벨라는 또한 프라임 타임 중에 상영된다. 프라임 타임(prime time)은 저녁 시간 중에 가장 많은 시청자 수를 기록하는 시간대를 나타낸다. Univision Communications Inc.는 Disney/ABC와 합작하여 Fusion을 개시하였는데, Fusion은 영어를 포함하여 이중 언어를 구사할 수 있는 젊은 히스패닉계를 대상으로 하는 뉴스, 팝 문화, TV 풍자, 디지털 네트워크이다.

PBS(Public Broadcasting Service)의 3부작 다큐멘터리 〈*Latino Americans*〉는 일반 대중들에게 미국의 전쟁 영웅이자 지도자였던 라티노에 대해 교육하는 데 도움을 주었다. 라티노들은 1800년대 멕시코로부터 텍사스의 독립을 위해서 싸웠으며, 2차 세계대전 중에는 전쟁 영웅으로 칭송받았고, 오늘날 미국 내에서 교육자, 시장, 고등법원 판사 등의 역할을 수행하고 있다.

미국의 TV 네트워크는 왜 스페인어 프로그램 제작에 관심을 가지는가?

국제적 리듬

북미 대륙의 시장은 문화적으로 매우 다양한 시장이 되었다. 다수의 민족 시장은 스포츠 및 엔터테인먼트 관련 기업들에 의한 성장 가능성을 제시하고 있다. 음악 산업은 그중의 하나이다. 문화는 사람들이 좋아하는 음악의 종류에 영향을 준다. 사람들은 또한 문화적으로 친숙한 음악에 끌리는 경향을 보인다. 타문화의 음악을 경험하는 것은 사람들의 음악과 문화에 대한 취향을 확장시킬 수 있다.

음악 기업 컨벤션인 SXSW(South by Southwest) 뮤직 페스티벌은 1987년 미주 지역과 독립 음악을 위한 공개 페스티벌로 시작되었다. 이 페스티벌은 이제 멕시코, 브라질, 호주, 스페인, 한국, 중국 등에서 온 각종 음악들을 미리 들을 수 있는 곳이 되었다. 제이 지(Jay-Z)나 카니예 웨스트(Kanye West)와 같은 대형 스타들이 SXSW에서 공연을 하기도 하지만, 진정한 경험은 국경을 넘어 새로운 그룹들의 음악을 듣는 것이다.

왜 미국 내에서 많은 종류의 민족적 음악을 들을 수 있다고 생각하는가?
Photo Courtesy of the Rhythm Foundation

음악은 전 세계에서 즐겨 듣지만 1990년대 후반 아프가니스탄을 지배했던 탈레반(Taliban)과 같은 일부 극단주의 집단에 의해서 음악에 대한 검열이 시행되기도 한다. 탈레반 정권하에서는 특정 종류의 종교 음악과 구호를 제외하고는 모든 음악이 불법화되어, 거의 모습을 찾아볼 수 없었다. 아프가니스탄 국가음악협회(Afghanistan National Institute of Music)는 2010년에 설립되어 학생들에게 아프가니스탄 음악과 클래식 서양 음악을 동시에 가르치고 있다.

문화적으로 말하기

Marketing-Information Management

만약 미국 스포츠 및 엔터테인먼트 기업이 세계 시장으로의 진입을 원한다면 이 기업은 반드시 전 세계에 있는 잠재적인 고객과 팬들에게 선보일 수 있는 웹사이트를 갖춰야 한다. 영어가 국제적인 언어이기는 하지만, 웹사이트 방문자들에게 모국어로 정보를 제공한다면 차이를 만들 수 있다. 여러 언어로 정보를 이용 가능하도록 하는 것은 또한 검색 엔진에서 해당 사이트 검색을 용이하게 만든다. 원활한 소통은 성공적인 기업에 있어서 핵심이다. 기업은 목표 시장을 염두에 두고 자사의 웹사이트를 제작해야 한다.

3.3.2 스포츠에서의 여성

1972년 이전에 미국에서 자랐던 대부분의 여성들은 조직적이고 경쟁적인 학교 스포츠에 참여할 기회가 거의 없었다. 여성 운동 선수에게는 대학 장학금이 거의 전무하였다. 다수의 학교는 여학생에게 어떠한 스포츠도 권고하지 않았다. 지난 수십 년간 스포츠에서의 성 평등은 개선되었지만 아직까지 평등과는 거리가 멀다.

타이틀 나인

1972년 학교 스포츠에서의 여성에 대한 차별을 금지하는 연방 교육법 개정안인 타이틀 나인(Title IX)의 통과는 스포츠에서의 여성들에 대한 장벽을 무너뜨리는 계기가 되었다. 2002년 미고등교육법(Higher Education Act 2002)의 타이틀 나인 개정안은 팻시 밍크 교육 기회 평등법(Patsy T. Mink Equal Opportunity in Education Act)으로 개칭되었다. 타이틀 나인 법안을 공동 발의한 팻시 마츠 타케모토 밍크(Patsy Matsu Takemoto Mink)는 국회의원으로 선출된 하와이 출신 최초의 여성이자 최초의 동양계 미국인이었다.

지난 40년간 타이틀 나인은 여성의 스포츠 접근성 평등화의 시작을 지원하였다. 이 법률에 따라 학교는 남학생에게 현재 제공되는 스포츠 기회를 여학생에게도 비슷한 수준으로 제공해야 한다. 타이틀 나인의 이행 이후 고등학교에서의 여학생 스포츠 참여율은 990% 이상 증가하였으며, 대학 스포츠의 여성 참여율은 560% 증가하였다.[11] 여성 스포츠는 아직 남성 스포츠만큼 많은 관람객들을 모으지는 못한다. 여성 스포츠는 종종 차별과 낮은 예산 수준에 직면하게 된다. 그러나 여성 스포츠는 탄력을 받고 있으며 계속해서 성 평등을 위해서 나아갈 것이다.

평등을 위한 싸움

time-out

64세의 나이에 다이아나 니아드(Diana Nyad)는 상어로부터의 보호를 위한 케이지 없이 쿠바에서 플로리다로 최초로 수영을 한 사람이 되었다. 완영을 하기까지 거의 53시간이 소요되었다. 니아드는 이렇게 매우 어려운 과업을 하기 위해서 4차례나 시도를 하였다.

비너스와 세레나 윌리엄스(Venus and Serena Williams) 자매는 스포츠의 구성을 바꿔놓은 여성 프로 테니스 선수로 잘 알려져 있다. 윌리엄스 자매는 투어에 오른 최초의 아프리카계 미국인은 아니었지만, 이들은 잘 견뎌내고 놀라움을 줌으로써 수많은 여성들로 하여금 테니스를 하도록 영감을 주었다. 소수민족 여성은 스포츠에서 여성 차별과 소수민족 혹은 인종 차별이라는 이중 위험에 직면한다. 비너스 윌리엄스는 윔블던 챔피언십 경기를 주관하는 All England Lawn Tennis and Croquet Club에게 남성 선수와 동등한 상금을 여성 선수들에게도 수여할 것을 설득한 것으로도 인정을 받았다.

U.S. 오픈은 전설적인 여성 테니스 선수인 빌리 진 킹(Billie Jean King)의 노력으로 1973년 남녀 선수에게 동등한 상금을 지급하기 시작했다. 그녀는 Bristol-Myers의 자회사인 Ban deodorant를 설득하여 상금을 동등하게 만들기 위해서 55,000달러를 기부하도록 하였다.[12] 같은 해에 킹은 여자테니스연맹(Women's Tennis Association)을 조직하여 '성 대결'로 널리 알려진 바비 릭스(Bobby Riggs)와의 테니스 경기에서 승리하기도 하였다. 남성 선수를 상대로 거둔 그녀의 승리는 여성 테니스에 있어서 큰 촉진제가 되었다. 〈*Forbes*〉지에 따르면 세계에서 가장 많은 돈을 받는 10명의 여성 운동선수 중에 7명은 테니스 선수들이다.[13]

3.4 목적지: 여행 및 관광

핵심 문제 여행 및 관광업이 스포츠 및 엔터테인먼트 분야에서 하는 역할은 무엇이고, 왜 다세대주의(multigenerationalism)가 요인이 되는가?

학습 목표 **3.4.1** 스포츠 및 엔터테인먼트 분야에서 여행 및 관광의 역할을 설명한다.

3.4.2 리조트와 테마 파크의 역할을 논의한다.

핵심 용어 직접 경제적 효과(direct economic impact)
간접 경제적 효과(indirect economic impact)
틈새 여행(niche travel)
생태 관광(ecotourism)
다세대주의(multigenerationalism)

Opening Act

유타주 이스트 에덴 인근의 스키 리조트인 Powder Mountain은 풍부한 역사를 가지고 있는데, 원래는 프레더릭 제임스 코바베(Frederick James Cobabe)가 소유한 양을 기르는 목초지로 시작되었다. 그의 아들인 앨빈 코바베(Alvin F. Cobabe)는 목장에서 일하는 중에 의사가 되었으며, 목장의 규모를 확장하였다. 친구들과 경마를 즐기던 중 누군가가 이 지역이 아주 좋은 스키 리조트가 될 수 있을 것이라는 말을 가볍게 던졌다. 이 말에 관심을 기울인 코바베는 그 목표를 추진하였다. 이 산의 현재 소유주들은 아주 깨끗한 산속 리조트 고유의 특징들을 유지하려는 계획을 가지고 있다. 한편으로 그들은 또한 최대 500가구의 집의 신축을 원하는데, 중소 호텔과 회원제 별장, 이벤트 센터를 갖춘 지속 가능한 산속 마을의 건설을 추구하는 것이다. 개발 중인 부지의 일부는 1백만 달러에 매각되었다는 소문이 돌았다. 회원/소유주는 연중 계속되는 컨퍼런스, 콘서트, 연설회에 참석할 수 있다. 이 스키 리조트 소유주는 국립공원과 닮은 겨울 리조트를 상상한다.

협력 학습 파트너와 함께 지속 가능한 마을에 사는 것이 어떠할지 조사하라. 산비탈에 500가구의 가정집을 갖춘 지속 가능한 마을을 건설하는 과정에서 어떤 충돌이 발생할 수 있는지 논의하라. 학급 내 학생들에게 당신의 생각을 제시하라.

3.4.1 여행

세계여행관광협회(World Travel and Tourism Council)에 따르면 전 세계의 국내총생산(GDP)의 9%는 여행 및 관광과 관련이 있으며, 많은 국가의 경제성장에 있어서 매우 중요한 역할을 담당하고 있다.[14] 여행 및 관광 산업은 스포츠 및 엔터테인먼트 산업과 밀접한 연관이 있는데, 많은 사람들이 스포츠 혹은 엔터테인먼트 이벤트에 참여하기 위해서는 여행을 하기 때문이다.

여행 목적지는 무한하다. 개인적으로 꿈에 그리던 여행지가 미켈란젤로의 명작인 다비드상을 보기 위해 이탈리아 플로렌스의 아카데미아 갤러리(Accademia Gallery)일 수도 있다. 자연을 사랑하는 사람은 1,500피트의 협곡을 통과하는 리오그란데(Rio Grande) 강을 보기 위해서 빅 벤드(Big Bend) 국립공원을 통과하는 하이킹을 원할 수 있다. 어떤 이들은 매너티(manatees, 바다소)와의 바다 수영을 꿈꾸거나 슈퍼볼 경기 관람을 원할 수 있다. 일반적으로 여행은 가족들의 추억을 만들어 낸다.

목적지가 어디건 간에 해당 여행지를 프로모션하는 기업 혹은 조직이 있을 가능성이 매우 높다. 여행객들을 끌어모으고 이들의 지갑을 여는 것은 많은 여행지들의 지속을 위한 필수 요소이다.

여행객들 끌어모으기

슈퍼볼 경기를 관람하는 대부분의 사람들은 먼 거리를 여행하여 하루 이상을 호텔에서 숙박할 것이다. 도시가 슈퍼볼과 같은 이벤트의 유치를 원하는 중요한 이유는 외부 방문객들을 끌어모으기 위해서이다. 방문객들은 비행기 티켓을 구매하고, 호텔 방을 예약하고, 차를 렌트하고, 지역 관광 명소를 방문하고, 지역 식당에서 식사를 할 것이다. 여행 가이드(여행 관련 종사자들을 총칭하는 용어)의 임무는 여행객들의 수와 여행객들의 지출액을 증가시키는 것이다.

슈퍼볼과 같은 이벤트가 주변 지역에 미치는 경제적인 효과는 직접 및 간접 효과로 분류될 수 있다. **직접 경제적 효과**(direct economic impact)는 이벤트 혹은 명소로부터 비롯된 신규 지출 총액을 의미한다. 10만 명 이상의 사람들이 슈퍼볼 개최 도시를 방문하며, 방문객들 중 3분의 1은 게임을 관람하지 않는 여행 동반자들이다. 뉴올리언스에서 슈퍼볼이 개최되었을 때 방문객들의 평균 숙박 일수는 3.6일이었으며, 평균 지출액은 일일 575달러였다.[15] **간접 경제적 효과**(indirect economic impact)는 다중 효과로 인해 결정되며, 방문객들이 지역 상품 및 서비스에 소비한 돈의 일부가 지역 고용주 및 직원에 의해서 소비되고, 그 지역 내에서 재순환된다.

주요 이벤트의 직접 및 간접 효과를 판단하는 것은 정밀한 과학은 아니다. 하나의 측정 방식이 이전 연도 동일 날짜와 이벤트 기간 동안의 객실 점유율을 검토하는 것이다. 개최 도시의 일부 관광 명소는 슈퍼볼로 인해 매출이 감소할 수도 있다. 이러한 매출 감소는 매출 증가로부터 차감되어야 한다. 더불어 모든 매출 증가가 지역 내에서만 나타나는 것은 아니다. 다수의 전국 규모 음식점 및 호텔 체인은 대부분의 매출액을 다른 장소에 있는 본부로 송금하지만, 매출의 일부는 해당 개최 도시 내에 남을 것이라 가정할 수 있다. 해당 기간 동안 올린 모든 추가 매출에 대한 판매세는 지역 정부로 이전될 것이며, 지역 정부는 도시 정비와 같은 지역 공공 사업에 이 돈을 이용할 것이다.

주요 이벤트를 개최하는 도시의 직접적인 경제적 효과의 예시로는 무엇이 있는가?
© StockLite/ Shutterstock.com

슈퍼볼과 같은 이벤트를 통해서 개최 도시는 이득을 보게 되지만, 그에 수반되는 비용도 있다. 개최 도시의 비용으로는 시설 건설을 위한 공적자금 조달, 경찰관, 소방관, 보안 인력들에게 지불되는 초과 근무 수당, 쓰레기 청소 비용 증가, 교통량 증가 등이 있다. 모든 슈퍼볼 개최 도시에서는 면밀한 조사를 통해 도시 내 슈퍼볼 유치 시에 나타나는 경제적, 재정적 영향을 평가한다.

맞춤형 휴가

'휴가(vacation)'라는 용어는 시원한 바다에서 부는 바람이 야자수 사이를 통과하고 열대 정원을 한가롭게 걷는 연상을 자아낸다. 다양한 여행 기회가 존재하며 여행객의 휴가 취향과 예상에 맞게 구성할 수 있다. 특별한 관심을 중심으로 계획된 레저 여행 혹은 관광을 의미하는 틈새 여행(niche travel)은 점점 인기를 더해가고 있다. 예를 들어, 유럽 여행

동안에 클래식 콘서트 관람을 원하는 열정적인 음악 팬들을 위한 틈새 여행 패키지를 여행사가 구성할 수도 있다.

명예의 전당

방문객들을 끌어모으는 것은 명예의 전당(hall of fame)을 계속 유지하는 데 있어 중요하다. 여행객들로 하여금 고속도로를 빠져 나오게 자극하려면 완벽한 마케팅 믹스를 필요로 하는데, 해당 장소에 적합한 테마, 편리한 위치, 매력적인 프로모션, 괜찮은 가격. 입소문 등은 명예의 전당을 위한 최고의 프로모션 방식이다.

여행지의 프로모션으로 명예의 전당은 기반 역할을 할 수 있다. 스포츠 명예의 전당은 라크로스 경기에서 마상 창 시합(jousting), 체스에서 마블에 이르기까지 모든 여가 활동을 다룬다. 노스캐롤라이나주 샬럿에 있는 NASCAR 명예의 전당에서는 High Octane 극장에서 NASCAR의 역사를 배울 수 있으며, 레이스 경주 당일의 비하인드 장면과 더불어 실제 경주용 자동차를 볼 수 있다. 다른 명예의 전당은 다양한 엔터테인먼트 관심사를 포함하고 있는데, 오하이오주 클리블랜드 내 락큰롤 명예의 전당 박물관과 뉴욕 로체스터에 있는 국립놀이박물관(National Museum of Play)의 국립장난감 명예의 전당(National Toy Hall of Fame) 등이 있다.

생태 관광

국제생태관광협회(International Ecotourism Society, TIES)는 생태 관광(ecotourism)에 대해 환경을 보존하고 지역 주민의 복지 수준을 개선하는 자연으로의 책임감 있는 여행으로 정의한다.[16] 국제 스포츠 이벤트는 전 세계적으로 수십만 명의 관광객을 끌어모으며, 방문 지역에 재정적, 환경적인 영향을 준다. 일부 NFL 게임이 진행되기도 하는 런던의 웸블리 스타디움(Wembley Stadium)과 같은 국제적인 시설은 경기의 환경적 영향을 감소하려는 의도를 가지고 건설되었다. 웸블리 스타디움은 에너지 이용과 탄소 배출 감소, 재활용과 쓰레기 배출량 제로, 승용차로 스타디움을 방문하는 방문객 수 줄이기 및 그린 여행 계획(Green Travel Plan)을 통해서 대중 교통의 이용을 활성화하려는 노력으로 잘 알려져 있다.

여행 및 관광 산업이 어떻게 환경 및 지역 주민들을 보호할 수 있는가?
Photo Courtesy of Max Villacorta

다우림(rain forest) 및 국립공원들은 자연의 위대함으로 채워져 있는 아름다운 자연 공원이다. 생태 관광은 이러한 여행지의 보존에 있어서 중요한 역할을 수행한다. 대부분의 사람들은 알래스카주에 다우림이 없을 것이라고 생각하지만, 알래스카주 내 통가스(Tongass) 국유림은 멸종 위기에 처한 많은 종들과 희귀한 식물들이 살고 있는 얼마 남아 있지 않은 다우림이다. 통가스는 미국 내에서 가장 큰 국유림으로서 규모가 1,700만 에이커에 달한다. 관광 활성화와 동시에 훼손되기 쉬운 지역을 유지하는 것은 해당 지역에 거주하는 아메리칸 인디언의 신중한 보존 계획을 필요로 한다. 더불어 지속 가능 여행(Sustainable Trip)과 같은 기구는 당신을 천연 자원 보존 및 지역 주민의 경제적 성장 촉진을 통해 지역 사회에 공헌하는 호텔, 여행사, 기타 기업들로 안내할 수 있다.

3.4.2 리조트 및 테마 파크

Product/Service Management

리조트와 테마 파크는 매우 인기 있는 관광 명소이다. 테마 파크는 가족 성향의 여행지로 간주되며, 리조트는 일반적으로 어린이 올랜도는 왜 많은 수의 리조트와 테마 파크를 수용하고 있을까?
© Katherine Welles/ Shutterstock.com

보다는 성인들을 대상으로 한다. 테마 파크는 일반적으로 어린이들이 잘 알고 있는 영화, 만화, 캐릭터, 혹은 TV 쇼를 중심으로 한 다양한 활동, 놀이 기구, 기타 흥미 거리들을 갖추고 있다. 반면에 리조트는 일반적으로 골프 및 다른 여가 활동과 같은 단일 여가 스포츠에 초점을 둔다. 일부 리조트는 연예인과 연계되어 있다. 다수의 여행지들은 테마 파크와 리조트를 결합해서 광범위한 방문객들과 연령층을 끌어모으기 위해서 최선의 패키지를 제공한다.

여러 세대에 걸친 매력적인 여행지를 만들어 내는 것은 어려운 일이다. 다세대주의(multigenerationalism)는 가족 내 여러 세대의 필요를 충족하는 것을 의미한다. 다수의 리조트는 성인에서 가족으로 초점을 전환하고 있다. 일부 리조트는 어린이 중심 공간, 케이블카, 볼링장 등을 포함시켜 여러 세대를 즐겁게 하는 여행지로 변모하고 있다. 할아버지가 보기를 원하는 것은 고등학생의 관심 대상이 아닐 수 있다. 그러나 지역 문화를 선보이는 활동에 참여하는 것은 모든 세대에 매력적으로 다가갈 가능성이 높다. 다세대의 수용은 성공적인 사업 모델임이 입증되고 있다.

Take a bow

수잔과 시몬 베네스

수잔과 시몬 베네스(Susan and Simon Veness)는 플로리다주 올랜드에 거주하는 성공적인 작가 부부이다. 베네스는 영국 출신이며, 베네스 부인은 미국 중서부 지역 출신이다. 베네스는 영국 매체에 미국 스포츠를 다루는 기사를 제공하는 동안 영국인 여행 가이드 시리즈를 발간하였다. 베네스 부인은 자신의 디즈니에 대한 지식을 활용하여 영국 여행 가이드 시리즈에서 연구직을 맡았으며, 현재는 〈*The Hidden Magic of Walt Disney World*〉를 포함한 여러 권의 여행 책자를 저술하였다.

남편과 부인 모두 여행자이며, 이들이 공동 저술한 책인 〈*올랜도와 월트디즈니 여행을 위한 영국인 가이드 2013, Brit Guide to Orlando and Walt Disney World 2013*〉는 영국의 여행 안내 책 베스트셀러 목록에서 19번째 책이다. 매년 800,000명 이상의 영국인들이 올랜도를 방문하는데, 베네스 부부에 따르면 일관된 가치, 햇빛, 서비스, 다양한 가족 휴가가 이 지역의 매력이다.[17]

플로리다주 올랜도는 1971년 이후 월트 디즈니 외 7개의 주요 테마 파크를 유치하였다. 이 도시는 100개가 넘는 관광 명소를 갖추고 있는 매우 인기 있는 휴가지이며, 매년 5,500만 명이 이 도시를 방문(사업 및 휴가 목적)한다. 플로리다 중부 휴가 패키지에 포함될 수 있는 다수의 음식점 및 숙박 옵션들이 있다. 테마 파크 티켓 또한 맞춤형으로 구성될 수 있다. 일수를 더할수록 1일 티켓 가격은 하락한다. 티켓이 디즈니 소유 숙박업소와 연계될 때 방문객들은 사람들이 방문하지 않는 폐장 시간 이후에도 테마 파크를 방문할 수 있다. 방문객당 매출을 극대화하기 위해서 디즈니는 방문객들이 머무는 동안 그들이 원하고 필요로 하는 모든 상품과 서비스를 제공하고자 한다.

Think Critically

다른 영국 여행 가이드 책들을 조사하라. 영국 관광객들 사이에서 인기 있는 그 외 지역들은 어디인가? 왜 그 지역들이 인기 있는 관광지가 되었다고 생각하는가?

테마 파크 센트럴

1995년 캘리포니아주에 Disneyland가 개장한 이후 월트 디즈니 테마 파크는 일반적인 세계 표준으로 간주되고 있다. 홍콩 디즈니랜드는 2005년 개장하였으며, 상하이 디즈니 리조트는 2016년 개장 예정이다. 두 장소 모두 디즈니에게 중국 소비사들에게 신규 영회 및 캐릭터를 소개할 수 있는 기회를 제공한다.

time-out

중국의 청두(成都)에는 1,900만 평방피트의 건평, 혹은 329개의 축구장 규모의 세계에서 가장 큰 단일 건물이 있다. New Century Global Center는 상점, 호텔, 사무실, 또한 6,000명의 방문객을 수용할 수 있는 거대한 유리 돔 아래에 해변을 품은 워터 파크를 보유하고 있다.

사례 연구

매너티 보존하기

매너티(바다소)는 친절하고 느리게 움직이는 거대 동물이지만 멸종 위기에 처해 있다. 이들은 따뜻한 물에서 서식하며 플로리다에서 브라질로 이어지는 지역과 아마존과 아프리카 서부 연안에서 발견된다. 매너티는 물가를 절대 떠나지 않는 포유류이지만 숨을 쉬기 위해서는 표면으로 부상해야 한다. 이들은 해초를 먹고 휴식을 취하면서 하루를 보낸다. 평균적인 장성한 매너티의 무게는 1,500~1,800파운드가 나가며, 10~12피트의 키를 가진다. 이들은 오늘날의 코끼리와 연관되어 있는 것으로 여겨진다. 전 세계 매너티 개체수의 감소는 매너티 고기를 위한 사냥, 서식지의 파괴, 보트와의 충돌, 오염 등에 기인한다.

구조된 고아 매너티들

댈러스세계수족관(Dallas World Aquarium, DWA)은 환경 보존에 헌신하는 기관으로 세계동물원수족관협회(WAZA)와 연계된 250개의 동물원 및 수족관 회원 기관 중 한 곳이다.

DWA 소유주인 대릴 리처드슨(Daryl Richardson)은 항상 멸종 위기에 처한 동물의 세계적 보존에 관여해 왔으며, 매너티의 구조를 위해 노력하였다. 1999년 베네수엘라의 사냥꾼과 어부들로부터 구조된 매너티 한 쌍이 처음으로 DWA에 도착하였다. Manati와 Ayurami로 명명된 매너티 한 쌍은 베네수엘라인인 루이스 산도발(Luis Sandoval)이 데리고 왔는데, 이 사람은 이 매너티들의 관리인이자 친구이다. 그는 이들에게 손으로 먹이를 주며 처음 DWA에 도착하였을 때 수영하는 법을 가르치기도 하였다.

Ayurami와 Manati는 DWA 웹사이트상의 동물 캠을 통해서 볼 수 있다. 이들은 DWA에서 다른 많은 동물들과 함께 살고 있으며, 이들 동물들 중 대다수는 구조된 동물들로서 자신들의 자연 서식지에서 위협을 받거나 멸종 위기에 처해 있다. DWA는 정부와 브라질, 코스타리카, 파나마, 페루, 베네수엘라에 있는 비영리 단체들과 함께 협력하여 보존 및 번식 프로그램을 운영하고 있다.

DWA가 처음 페루의 이키토스에서 고아가 된 아마존 출신 매너티 네 마리에 대한 지원을 요청받았을 때, 즉각적으로 반응했다. DWA는 우유 가루, 의약품, 자금을 지원하였다. DWA는 원주민들이 왜 각 종이 지구상에서 일정한 역할을 수행하는지 이해하도록 돕는 환경 교육을 제공하는 아마존구조센터(Amazon Rescue Center)에서도 중요한 역할을 담당한다. 매년 지구의 날(Earth Day), 페루 이키토스에서는 스스로 살아갈 준비가 된 구조된 매너티가 야생으로 돌아간다(앞 페이지의 사진 참조).

Think Critically

1. 왜 멸종 위기종에 대해서 관심을 가져야 하는가?
2. 멸종 위기 동물의 고통을 줄이고 이들이 생존을 위해서 어려움을 겪는 자연 환경을 개선하기 위해서 관광 산업이 어떠한 도움이 될 수 있는가?
3. 멸종 위기 동물과 이들의 서식 환경에 대한 인식을 제고하고 파괴를 방지하기 위해서 어떠한 것들을 계획에 포함시킬 것인가? 당신의 계획을 어떻게 홍보할 것인가?
4. 당신의 계획에 대해서 신문 기사에 무엇을 포함시킬 것인가?

CHAPTER 4

상품은 스포츠와 엔터테인먼트이다

Jack Hollingsworth/Digital Vision/Getty Images

Winning Strategies 타인을 돕기 위해 이용된 명예와 재산

엘런 드제너러스(Ellen DeGeneres)는 스탠드 업 코미디 클럽에서 활동을 시작한 인기 있는 코미디언이다. 그녀는 1980년대 전국 투어를 시작하였으며, 케이블 방송국 Showtime이 후원한 경연대회에서 '미국에서 가장 웃긴 사람'으로 선정되었다. 그녀는 현재 〈*The Ellen DeGeneres Degeneres Show*〉의 호스트이다.

엘런은 또한 자선 활동으로도 잘 알려져 있다. 최근 다수의 자선 단체들이 엘런의 시간, 노력, 돈의 너그러운 기부로 혜택을 보았다. 동물 보호 단체의 기금 모금을 돕기 위해서 그녀는 eBay에 24시간 자선 경매를 진행하였으며, 수익금 전액은 동물 애호회(Humane Society)에게로 갔다. 그녀는 또한 자선 활동을 통해서 다수의 애완동물 구조 및 동물 보호 단체들을 지원하고 있다. 기금 모금을 하기 위해서 엘런은 자신의 쇼나 시상식에서 입었던 의상을 경매에 올리기도 하였다.

엘런은 또한 자선 활동을 활성화하기 위해서 다른 연예인들과도 협력한다. 그녀는 '작은 변화 캠페인(Small Change Campaign)' 개시를 위해서 연기자 벤 애플릭(Ben Affleck)과 손을 잡았다. 이 캠페인은 사람들로 하여금 동전을 모아서 Second Harvest 구호 단체(현재는 Feeding America라고 함)에 기부하도록 독려하였다. Feeding America의 목표는 음식 및 기타 식료품을 매일 굶고 있는 수백만 명의 사람들에게 나눠주는 한편, 국내에 굶주리는 사람들에 대한 대중의 의식을 고취시키는 데 있다.

자신의 TV 쇼의 일환으로 엘런은 정기적으로 후원 단체와 협력하여 학교 비품 및 유니폼, 대학 등록금, 자동차와 같이 필요한 품목에 돈을 기부하는 시청자들에게 상을 주고 있다. 엘런의 TV 쇼 팬들이 엘런이 지원하고 있는 단체들의 목록인 '엘런의 단체들'을 보기 위해서는 이 쇼의 웹사이트를 방문하면 된다. 그녀의 자선 활동에 대해 더 많이 알려면 Twitter에서 엘런을 팔로우할 수도 된다.[1]

© Helga Esteb/ Shutterstock.com

Think Critically

1. 엘런 드제너러스와 같은 연예인들이 왜 자선 활동을 지지할 필요가 있다고 느낀다고 생각하는가?
2. 엘런이 지지하기를 원하는 자선 활동과 관련하여 앨런에게 연락을 하고자 한다면, 어떠한 자선 활동을 제시할 것이며, 그 이유는 무엇인가?

4.1 상품 믹스

핵심 문제 스포츠 혹은 엔터테인먼트 행사에서 상품 믹스의 구성 요소는 무엇이며, 그 이벤트를 위한 상품은 어떻게 개선될 수 있을까?

학습 목표
4.1.1 상품 믹스, 상품 확장, 상품 개선을 정의한다.
4.1.2 상품 믹스의 구성 요소를 나열 및 설명한다.

핵심 용어
상품 믹스(product mix)
상품 확장(product extension)
상품 개선(product enhancement)
상품 라인(product line)
브랜드 명(brand name)
상표(trademark)
라이선스 브랜드(licensed brand)

Opening Act

주요 골프 토너먼트에서의 상금 규모가 계속해서 증가하는 가운데, 스포츠 산업에서는 아직도 절대적으로 높은 비율의 돈이 코스 바깥에서 발생한다. 최근에는 최상위 골프 선수 20명이 홍보, 라이선스 수수료, 이벤트 참여를 통해서 한 해 4억 달러의 수익을 올리기도 하였다. 다수의 골프 선수들은 골프대회에서보다 골프장 바깥에서 더 많은 돈을 번다.

최근 청야니(Yani Tseng)는 골프장 바깥에서 350만 달러, 골프장에서는 150만 달러의 수익을 올렸다. 야니의 후원 기업들에는 Acer, Audi Taiwan과 Titleist 등이 있다. 필 미켈슨(Phil Mickelson)은 골프장 바깥에서 4,000만 달러, 골프장에서는 530만 달러의 수익을 올렸다. 필의 후원 기업들은 Barclays, Callaway, KPMG 등이 있다. 가장 큰 수익을 올린 선수는 타이거 우즈(Tiger Woods) 였는데, 그는 골프 대회에서 910만 달러, 골프장 바깥에서의 활동에서는 7,700만 달러의 수익을 올렸다. 타이거의 후원 기업들에는 Nike, Rolex 등이 있다. 여성 골퍼들 또한 높은 수익을 올렸다. 미야자토 아이(Ai Miyazato)는 골프장 바깥에서 400만 달러, 골프대회에서 140만 달러의 수익을 올렸는데, Oakley와 Bridgestone이 그녀를 후원하고 있다. 골프 장비 제조사들은 그들의 제품에서 유명 골프 선수들을 연상하게 하는 마케팅의 중요성을 알고 있다.[2]

협력 학습 후원 기업을 통해 수익을 내고 있는 골프 선수 혹은 다른 운동 선수들에 제한이 가해져야 한다고 생각하는가? 왜 기업들은 운동 선수 후원에 많은 돈을 지출하는가? 파트너와 함께 논의해 보라.

4.1.1 상품 믹스란 무엇인가?

모든 상품은 유, 무형의 부분들이 복잡하게 혼합되어 있다. 유형의 부분은 보고 느낄 수 있는 물리적 특성들을 의미한다. 운동화에서 유형의 부분은 고무 솔, 신발 끈, 그리고 신발 색상 등이 포함된다. 무형의 부분은 서비스와 관련된 비물리적 특성들을 의미한다. 예를 들어, 인터넷 서비스 제공자가 제공하는 것들은 무형이다. 신상품을 만들 때에는 그것의 상품 믹스에 대한 결정을 반드시 내려야 한다. **상품 믹스**(product mix)는 신상품의 최종 형태 및 그 상품의 전체적인 여러 특성들을 의미한다. 브랜드명과 그 브랜드 내에서 출시되는 다양한 상품들 및 포장 또한 상품 믹스의 일부이다.

상품 확장

상품 확장(product extension)은 목표 시장에 있어서 해당 상품을 더 매력적으로 만들기 위해서 상품 외에 추가로 제공되는 항목이다. 상품 확장은 보증, 보증서, 교육용 비디오, 더 나아가서는 관련된 추가 상품의 형태로 나타날 수 있다. 100,000마일 품질 보증이 있는 자동차는 소비자들에게 매력있다. 소비자들은 수리가 필요한 경우 예상치 못한 큰 지출에 대해 걱정하지 않기를 원한다. 따라 하기 쉬운 교육용 비디오와 24시간 무료 상담 전화는 소비자들에게 매력적으로 다가오는 다른 상품 확장들이다. 소비자가 스포츠용품점에서 새로 나온 야구 배트를 구매할 때, 판매 담당자는 타격용 장갑과 야구 모자와 같은 관련 상품을 제안할 수도 있다. 이러한 종류의 상품 확장은 기존 상품의 이용성을 증진시키고, 소비자로 하여금 자신의 구매에 대해 더 높은 가치를 얻을 수 있도록 돕는다.

어떤 종류의 상품 확장이 자동차 판매를 돕기 위해 추가될 수 있을까?

time-out

비록 고급 승용차의 기본 가격이 38,000달러라고 광고하지만, 이 가격이 최종 판매 가격이 될 가능성은 낮다. 일반적으로 이 승용차는 개선된 특성들에 대한 비용이 추가되어 42,000달러에서 46,000달러 사이에서 판매될 것이다. 고급 승용차를 원하는 소비자들에게 추가 비용 지불은 그만한 가치를 포함한다.

기본 상품 대 개선 상품

기본 상품(basic product)은 목표 시장의 필요를 충족하는 상품이다. **상품 개선**(product enhancements)은 한 번의 구매에 추가적인 욕구와 필요를 충족시키기 위해서 기본 상품에 추가되는 것들이다. 자동차는 소비자가 운송수단으로써 필요로 하는 기본 상품이다. 그러나 일부 소비자들은 기본적인 자동차 이상의 것을 원하기도 한다. 소비자들은 듀얼 콤포트 제어, 가죽 시트, 정속 주행 장치, 컨버터블 루프, GPS 네비게이션 시스템, 그리고 더 강력한 엔진을 원할 수 있다.

운동화는 운동을 할 때 부상 방지 목적으로 지지 및 안전을 위해 제작되는 기본 상품이다. Nike는 에어 쿠션 솔과 경량의 원단을 갖춘 특수 운동화를 제작하였다. 일부 목표 시장은 다목적 운동화를 원하기도 한다. 다용도 운동화(Cross-trainer shoes)는 걷기, 하이킹, 뛰기, 자전거 타기, 기타 아마추어 스포츠를 위해 개선된 운동화이다. 다용도 운동화는 한 번의 구매에 여러 필요를 충족시킨다.

상품 개선의 또 다른 예는 풋볼 경기장 혹은 농구 경기장에서 볼 수 있다. 풋볼 게임에서의 기본 좌석은 등받이가 없는 가장자리 외야석이다. 상품 개선은 50야드 라인상에 위치한 등받이가 있는 개인 좌석이나 냉난방 시설을 갖춘 좌석일 수 있다. 스위트 존에서 게임을 관람하는 팬들은 또한 맞춤형 음식 서비스 및 기타 특별 편의를 누릴 수 있다. 이러한 모든 상품 개선은 경기장 운영 측이 추가적인 욕구와 필요를 갖고 있는 팬들을 충족시켜 줄 수 있게 한다. 예컨대 고객에 대한 비즈니스 차원의 접대를 필요로 하는 기업들이 경기장 스위트 룸의 목표 시장이 될 수 있다.

소비자들은 이제 영화관에서도 상품 개선을 경험하고 있다. 가족 단위로 신축 영화관의 식당 룸에서 한 자리에 모여 영화를 관람할 수 있다. 대부분의 영화관은 좌석 옆에 식음료 서비스를 위한 시설을 제공하고 있다.

상품 개선은 몇몇에게는 중요하게 간주될 수 있으나, 다른 이들에게는 그렇지 않을 수도 있다. 상품 개선이 어떤 상품에 가치를 더하지만 일반적으로 가격 상승을 수반하게 된다. 그럼에도 불구하고 오늘날의 경쟁 시장에서 소비자들에게 여러 옵션들을 주는 것은 중요하다.

4.1.2 상품 믹스 구성 요소

소비자 욕구를 충족시키기 위해 마케팅 담당자들은 자사의 상품 및 상품 믹스에 대한 많은 결정들을 내려야 한다. 상품 믹스는 상품 라인, 포장, 브랜드 개발 등을 포함한다.

상품 라인

상품 라인(product line)은 상이한 소비자의 욕구를 충족시키기 위해서 약간의 변화를 가미한 유사한 상품 집단이다. 상품 라인의 목표는 다양한 목표 시장의 필요를 충족시킴으로써 가능한 높은 매출 수준을 달성하는 데 있다. 상품 라인 품목의 추가는 개별 소비자의 만족도를 증가시킨다. 한편, 상품 라인에 품목을 추가하는 것은 제조, 유통, 재고 관리, 기타 마케팅 활동의 비용을 증가시킨다. 확장된 상품 라인을 판매하는 소매업체들은 더 많은 디스플레이 공간을 필요로 하게 된다.

청량 음료는 상품 라인의 가장 적절한 사례를 보인다. 서로 다른 소비자의 기호와 식단을 충족시키기 위한 여러 가지 선택들이 있다. Coca-Cola Company는 코카콜라 클래식, 다이어트 콜라, 무 카페인 다이어트 콜라,

왜 기업은 소비자들에게 상품 라인을 제시하는가?
© ValeStock/ Shutterstock.com

탄수화물 제로 콜라, 바닐라, 라임, 체리 등의 향미가 추가된 다양한 콜라들을 판매한다. 상품 라인은 또한 다양한 상품 크기를 포함할 수 있다. TV 세트의 크기는 5인치 스크린에서 60인치의 대형 스크린까지 다양하다.

여행에 있어서 상품 라인은 짧은 주말 여행에서 1주일 이상의 휴가까지 다양하다. 휴가의 중심 테마로 스키, 스노클링, 골프, 기타 관련 활동 등이 포함될 수 있다. 인기 있는 관광 리조트는 다양한 활동과 숙박 기간, 가격이 포함된 상품 라인을 제시한다.

상품 라인은 또한 판매되는 상품의 품질 다양화를 수반할 수 있다. 예를 들어, 항공사는 품질에 변화를 주어 1등석과 이코노미석을 제공한다. 1등석 승객들에게는 더 넓은 공간, 식사 서비스, 탑승 특권, 기타 이코노미석 승객들이 경험할 수 없는 혜택들이 제공된다. 이러한 이유로 1등석 항공권 가격은 이코노미석 가격보다 훨씬 높다.

포장

포장은 중요하다. 포장의 이용 용이성, 안전, 매력, 접근성, 환경 친화성은 매출에 영향을 준다. 오늘날 소비자들은 환경 의식이 높으며, 재활용 가능한 포장재를 선호한다. 포장은 소비자들이 다루기 쉬워야 한다. 예를 들어, 일부 스낵 및 음료 제조업체는 자사 제품을 1회 분량 단위로 포장한다. 이는 어린이 축구 경기나 리틀 리그 야구 등의 스포츠 경기에서 스낵과 음료를 먹기 편리하게 해준다.

왜 포장은 상품 믹스에서 중요한 구성 요소인가?
© iStockphoto.com/jfmdesign

브랜드

브랜드(brand)는 상품, 서비스, 혹은 기업을 식별하는 이름, 상징, 로고, 단어, 디자인(혹은 이러한 요소들의 조합)이다. 브랜드는 그 기업의 품질, 신뢰도, 시장에서의 지위를 나타낸다. 목표 시장은 종종 브랜드로부터 성공적인 운동 선수와 연예인들을 연상한다. 예를 들어, Bounty 화장지는 자사 제품을 프로모션하기 위해서 올림픽 스타들과 한 팀이 되었다.

상표 및 라이선스. 상표(trademark)는 기업이 이용하는 단어 및 상징에 대한 법적 보호를 의미한다. 상표는 타기업이 자사의 브랜드 명을 이용하는 것을 불법으로 만든다. 이는 개인의 이름에도 적용된다. 대학과 대학 감독들은 자신들 고유의 슬로건, 이름, 이미지를 상표로 이용함으로써 추가적인 금전적 이득을 보게 된다. 오하이오 주립대학교는 'Urban Meyer Knows'라는 구절을 상표로 등록하여 대학 풋볼 감독의 높은 인기로 인한 혜택을 누리고 있다. 클렘슨(Clemson)대학교의 다보 스위니(Dabo Swiney) 감독은 자신의 이름을 상표 등록하였으며, 캔사스주립대학교는 풋볼 감독 빌 스나이더(Bill Snyder)의 이름과 사진을 이용할 수 있는 세부적인 라이선스 계약을 체결하였다. USC 감독 스티브 사르키쟌(Steve Sarkisian)은 자신의 이름과 목소리, 서명, 혹은 사진을 이용하게 승인할 수 있는 권리를 협상을 통해 가졌다. 한편 대학 운동 선수들은 NCAA 규칙 때문에 자신의 이름이나 사진을 셔츠나 게임 프로그램 등의 상품에 이용하는 것에 따른 혜택을 볼 수 없다. 모든 학생 운동 선수들은 NCAA가 자신들의 이름과 사진을 NCAA 경기 프로모션을 위해 이용할 수 있도록 인가하는 양식에 반드시 서명해야 한다.

라이선스 브랜드(licensed brand)는 한 기업이 만들고 다른 기업이 그들의 제품 프로모션에 이용할 수 있도록 판매하는 인지도 높은 이름 혹은 상징을 나타낸다. Walt Disney와 같은 기업들은 옷과 장난감에 캐릭터 이름과 이미지를 이용할 수 있는 라이선스를 다른 기업들에게 판매한다. 인기 있는 어린이 영화의 라이선스 상품들은 백화점과 패스트푸드 식당에서 판매된다. 라이선스를 부여하는 기업들은 라이선스 부여된 이름 혹은 이름이 있는 상품 매출의 일정 비율, 일반적으로 8~12%를 받게 된다. 대학교 및 프로 팀들 또한 자신의 이름과 마스코트 이미지를 상품에 이용할 수 있는 라이선스를 판매한다.

브랜드 인지도 수준. 브랜드 인지도(brand recognition)는 일반적으로 다섯 개의 단계가 존재하는데, 무인지(nonrecognition), 거부(rejection), 인지(recognition), 선호(preference), 고집(insistence) 단계로 구분된다. 무인지 단계에서는 소비자는 일반적으로 브랜드를 식별할 수 없다. 새로운 운동 장비가 좋을 수는 있지만 소비자들이 그 브랜드를 알거나 신뢰하지 못하기 때문에 매출이 높지 않다. 거부 단계는 소비자가 그 브랜드 때문에 상품을 구매하지 않을 때 발생한다. 소비자는 품질이 좋지 않다고 알려져 있거나 안전 문제로 인해서 리콜이 있었던 브랜드를 갖고 있는 스포츠 상품을 거부할 것이다.

인지 단계에서 소비자는 브랜드를 인지는 하지만 구매 결정에 거의 영향을 주지 않는다. 선호 단계에서 소비자는 브랜드를 가치 있는 것으로 여기게 된다. 소비자는 구매가 손쉬운 경우 기꺼이 자신이 선호하는 브랜드를 구매하지만, 그렇지 않을 경우에는 다른 브랜드를 구매할 수도 있다. 고집 단계에서 소비자는 브랜드의 가치를 높게 평가하여 그 브랜드의 구매가 가능하지 않다 하더라도 다른 브랜드를 구매하지 않는 단계에 이른다. 소비자들은 원하는 브랜드를 구매하기 위해서 온갖 노력을 기울이거나 경쟁사 브랜드를 구매하지 않고 원하는 브랜드를 구매할 수 있을 때까지 기다리게 된다. 콜라를 마시는 대부분의 소비자들은 특정 브랜드, 예를 들어 Coca-Cola 혹은 Pepsi를 선호한다. 일부 운동 선수들은 Nike 운동화만 착용할 것이다. 기업들은 소비자 충성도를 형성하기 위해서 브랜드 인지도의 마지막 단계인 고집 수준에 도달하기 위해 노력한다.

다수의 유명 브랜드 식당, 주유소, 호텔은 쉽게 알아볼 수 있는 로고를 갖고 있다. 교통량이 많은 고속도로를 주행하고 있는 사람들은 이러한 잘 알려진 로고를 표시한 표지판들을 찾는다. 여행객들은 자신이 좋아하는 식당이 조금 더 가면 있다는 것을 안다면 차를 몰고 좀 더 먼 거리를 갈 것이다.

4.2 사람이 상품이다

핵심 문제 • 스포츠 이벤트의 핵심은 무엇이며, 왜 비용이 높은가?

학습 목표 • **4.2.1** 스포츠의 핵심을 정의한다.

4.2.2 스포츠 및 엔터테인먼트 이벤트의 고비용을 설명한다.

핵심 용어 • 블루칩 선수(blue chip atheletes) 부가 수당(fringe benefit) NCAA

Opening Act

스포츠 잡지를 보고, 스포츠용품점에서 쇼핑을 하고, 스포츠 TV 채널을 틀어보면 스포츠 세계에서의 광고의 엄청난 힘을 목격하게 될 것이다. 스포츠 기업의 상품과 로고를 착용하고 있는 테니스 스타나 여러 회사명으로 뒤덮인 경주용 자동차를 볼 때, 당신은 광고가 프로 스포츠가 운영되도록 하는 연료임을 깨닫게 될 것이다. 사람들이 자사 제품을 구매하고 자사 서비스를 이용하기를 바라는 기업들은 매일 광고에 수백만 달러의 돈을 지출하고 있다.

협력 학습 왜 기업들이 자사의 판촉 욕구를 충족하기 위해서 스포츠 세계로 관심을 두는가? 어떻게 기업들은 어떤 팀 혹은 운동 선수 개인을 후원하는 결정을 내리는가? 파트너와 같이 여러 아이디어들을 생각해 보라.

4.2.1 스포츠의 핵심

매년 스포츠 및 엔터테인먼트 이벤트에 많은 돈이 지출된다. 마케팅 전략은 대학 및 프로 스포츠에서 최고의 블루칩 운동 선수들을 끌어모아야 한다. 블루칩 선수(blue chip athletes)들은 매우 뛰어난 운동 능력을 갖고 있으며 경기장 안팎에서 원만한 성격과 리더십을 보이는 유망한 선수들을 지칭한다.

스포츠에 있어서 핵심은 승리이다. 기업에게 있어서 핵심은 수익이다. 승리하는 팀은 구단주, 경기 개최지 및 관련 기업들에게 수익을 안겨준다. 성공적인 팀은 최고의 성적을 가져다 줄 수 있는 우수한 선수에 의존한다.

선수 영입은 대학 및 프로 팀들의 미래 성공에 있어서 가장 중요한 요인이다. 대학 선수들의 영입 과정은 매우 경쟁이 심하다. 주요 대학들의 감독들은 최고의 고등학교 선수들을 끌어모으기 위해서 풋볼 및 농구 캠프를 주최한다. 이러한 캠프에 참가하여 감독에게 좋은 인상을 심어준 선수들은 대학의 운동 선수 장학금 수여에 있어 유리한 위치를 선점하게 된다.

NCAA 규정

전미대학경기협회(National Collegiate Athletic Association, NCAA)는 미국의 대학들이 그들의 경기 프로그램을 규율하는 자발적 조직이다. NCAA는 대학의 선수 영입 과정을 규제하며, 학생 선수들의 최선의 이익, 교육, 운동 참여에 열성적인 1,250개 이상의 기관, 컨퍼런스, 조직, 개인들로 구성되어 있다. NCAA는 다음의 네 가지 주요 목표를 갖고 있다.

1. 학업 증진
2. 기회 제공
3. 삶의 기술 개발
4. 지역 사회 강화

고등학교 선수들은 주요 대학들로부터 운동 선수 장학금을 받을 수 있지만, 현재 이들은 대학 입학에 따른 어떠한 추가적인 금전적 보상이나 기타 혜택을 받을 수는 없다. 영입 과정에 지나치게 열성적인 동문과 감독들은 자신이 소속된 대학의 순수성을 위협한다. 영입 규정 위반의 경우로는 영입 선수들에게 뇌물을 제공하고, 영입 선수의 가족들에게 인센티브를 주며 선수들이 영입될 수 있도록 성적표를 조작하는 사례 등이 있다. 영입 규정 위반에 대한 NCAA 처벌은 다음과 같다.

- 제공되는 장학생의 규모 제한
- 포스트시즌 출전 금지
- 선수 출전 정지
- 경기 몰수
- 해당 학교 운동 프로그램 폐쇄

운동 선수에 대한 보상 문제

설립된 이후 NCAA는 학생 선수들은 아마추어이며 스포츠 경기에 출전하는 데 따른 대가를 지급받지 않아야 한다는 규칙하에 운영되었다. NCAA는 선수들에게 불법으로 돈을 지급한 팀들을 처벌하고 해당 선수들을 출전 정지시켜 왔다. NCAA는 때때로 규정을 위반한 대학의 승리 경기를 몰수하기도 하였다.

대학 스포츠는 항상 많은 수익을 올리는 산업은 아니었다. 심지어 오늘날의 대학 스포츠 프로그램은 대부분 손해를 본다. 하지만 NCAA 디비전 I 풋볼 및 농구는 엄청난 수입을 올린다. 〈*USA TODAY*〉 기사에 따르면, 25개의 가장 잘 나가는 대학 스포츠 프로그램은 1년에 8,200만 달러에서 1억 6,400만 달러의 수입을 올린다.[3]

현재 대학 선수들은 대학 교육에 대한 장학금과 보조금을 받고는 있지만, 출전에 따른 대가를 지급받지는 않는다. 수업과 훈련, 이동, 경기를 오가는 동안 이들은 추가 수입을 올리기 위한 파트타임 일을 할 수 있는 시간이 없다. 최고의 대학 선수들 중 일부는 대학 졸업 이전에 대학 스포츠 경기 출전 자격을 반납하고 프로 팀과 수백만 달러의 계약을 체결하려는 유혹을 받는다. 일부 주에서는 대학 선수들에 대한 연봉 제의가 주 의회 안건에 오르기도 하였다.

AP 통신의 최근 조사에 따르면, 6개 주요 컨퍼런스의 대학들은 매년 선

왜 일부 사람들은 대학과 계약을 체결한 선수들이 출전에 따른 보수를 지급받아야 한다고 생각하는가?
Photodisc/Getty Images

수들에게 장학금으로 10만 달러를 지불한다.[4] 이는 운동 선수가 아닌 학생들에게 지불하는 돈의 6~12배에 이른다. 전미대학선수연합(National College Players Association)과 드렉셀대학 스포츠 경영학부의 조사에 따르면, 경비 전액에 대한 장학금 지원을 받는 풋볼 선수나 농구 선수들에게 3,000~3,222달러의 필수품 구매 비용은 장학금에 포함되지 않는다. 2014년 8월 NCAA는 탑 파이브 컨퍼런스(ACC, Big Ten, Big 12, Pac-12, SEC)의 대학들이 선수들의 생활비 지불을 허용하는 안을 투표를 통해 결정하였다. 일각에서는 각 농구 및 풋볼 선수들이 생성하는 시장 가치와 수입이 12만 달러에 상당하다는 점을 고려하였을 때 이러한 추가적인 특전은 합리적이라고 주장하기도 한다.[5]

4.2.2 성공을 위한 비용

time-out

미국에서는 6~16세 어린이 4,500만 명이 청소년 스포츠에 참여한다. 물론 이러한 참여자들 중 2,000만 명은 교외 스포츠에 참여하고 있으며, 2,500만 명은 경쟁이 심한 교내 스포츠에 참여하고 있다. 평균적으로 부모는 자녀의 스포츠 참여에 671달러의 돈을 지출한다. 20%는 자녀의 스포츠 참여를 위해서 1,000달러 이상을 지출한다.[6]

주요 대학들은 지식과 기술이 풍부한 감독들에게 의존하여 자신들의 팀을 성공으로 이끌어 주기를 기대한다. 대학들은 또한 최고의 선수들이 대학을 위해 승리를 거두고 팬들과 후원 기업들을 끌어모아줄 것을 기대한다. 이벤트 담당자는 해당 이벤트에 방문객들을 끌어모으기 위해서 유명 연예인들을 섭외하기도 한다. 스포츠와 엔터테인먼트 사업에서 최고의 선수나 연기자를 확보하는 비용은 매우 높을 수 있다.

감독의 확보 및 유지

엘리트 대학의 풋볼 감독은 어렵고 스트레스가 많은 직업으로 자신의 일에 대해 높은 보상을 받는다. 앨라바마대학 감독 닉 사반(Nick Saban)은 5백만 달러 이상의 연봉과 추가 보너스를 받는 계약을 체결함에 따라 NCAA 풋볼 역사상 가장 높은 연봉을 받은 감독으로 기억될 가능성이 높다. 2013년 앨라바마가 AP 통신 탑 25 투표에서 1위를 차지하였을 때, 사반은 20만 달러의 보너스에 BCS 타이틀 경기에 대해 11만 달러를 지급받았다. 오하이오주립대학은 2012년 시즌을 무패로 마감하였으나, 이전 시즌 NCAA 규칙 위반으로 볼 게임(bowl game) 출전이 금지되었다. 그럼에도 불구하고 오하이오주립대학 감독인 어반 메이어(Urban Meyer)는 팀을 AP 통신 탑 25

에서 3위에 올려놓아 15만 달러의 보너스를 지급받았다.[7] 부가 수당(fringe benefit)은 기본 연봉 이외에 받게 되는 인센티브를 의미한다. 부가 수당은 특별 성과에 대한 보너스, 의료 보험, 법인 차, 무료 여행 등을 포함할 수 있다. 더불어 최고의 감독들은 제품 프로모션, TV, 라디오 쇼 출연 및 기타 수입을 얻을 수 있는 사업에 참여 기회를 얻을 수도 있다.

스타 선수의 확보 및 유지

감독들은 최고 선수 영입에 대한 책임이 있다. 영입은 대인 판매(personal selling), 금융, 마케팅 정보 관리에 대한 지식을 필요로 한다. 코칭 스태프는 젊은 선수와 그의 부모들이 집에서 멀리 떨어져 있을 수도 있는 대학 소속이 되도록 설득할 수 있는 카리스마적인 리크루터(recruiter)들을 보유해야 한다. 정직과 진실성은 성공적인 리크루터가 되기 위해 갖춰야 하는 특성이다. 운동 선수의 교육의 중요성을 강조하는 대학 리크루터들은 부모의 관심과 지지를 얻는다. 운동 선수와 그의 가족들은 영입 선수들의 복지에 개인적인 관심을 갖는 감독들을 선호한다. 영입 과정 자체는 비용이 많이 들며, 블루칩 선수와 계약을 성사시키는 일은 어려운 일이다. 리크루터들은 전국을 돌아다니며 자신이 담당하는 대학을 최고의 유망주들에게 마케팅한다. 이들은 모든 유망 선수들에 대한 꼼꼼한 기록들을 유지해야 하며, 거래를 성사시키기 위해서 충족되어야 하는 구체적인 요구들을 판단한다.

전미풋볼연맹(NFL)은 프로 드래프트 지원을 위해서는 선수들에게 고등학교 졸업 후 3년간의 대기 기간을 요구한다. 전미농구협회(NBA)는 선수가 프로 세계에 입문을 위해서는 최소 19세 이상, 고등학교 졸업 후 1년이 경과되어야 함을 규정한다. 하지만 일부 대학 컨퍼런스 리더들은 교육을 원하지도 않는 10대 선수들이 대학에 진학하는 것은 의미가 없다고 말하고 있다.

Big Ten 컨퍼런스 회장인 짐 딜라니(Jim Delany)는 대학 스포츠가 프로 스포츠의 테스트 장소인 '마이너 리그'가 되어야 한다고는 생각하지 않는다. 프로 팀들은 현재 적극적으로 최고의 고등학교 선수들의 영입을 시도하고 있다. 르브론 제임스(LeBron James)는 2003년 NBA 드래프트에서 1순위로 선택되어 18세의 나이에 고등학교를 졸업하자마자 Cleveland Cavaliers에 영입되었다. 현재의 자격 규정은 2005년 수립되었다. NBA 팀과 주요 스포츠용품 기업들은 젊은 선수들과 수백만 달러의 계약을 체결하기를 고대하고 있다. 따라서 대학 감독들은 최고의 선수를 확보하는 데 있어서 자신들이 라이벌 대학뿐만 아니라 프로 팀들과도 경쟁하고 있음을 알고 있다. 최고의 선수 영입은 수요와 공급의 경제 원리와도 밀접한 연관이 있다. 최고 성적을 내는 선수의 공급은 제한되어 있는 반면, 그러한 선수에 대한 수요는 매우 높다.

고등학교 선수가 대학 혹은 프로 무대에 오를 가능성은 매우 작다. 고등학교 풋볼 및 농구 선수들의 58%가 자신이 대학 장학금을 확보할 것이라고 생각하지만, 100명의 고등학교 선수들 중 98명은 어떠한 종류의 대학 스포츠에도 출전하지 못할 것이다. 100명의 고등학교 선수들 중에서 1명 미만이 디비전 I 대학의 장학금을 수여받는다. 16,000명의 고등학교 선수들 중 1명만이 프로 팀에 입단한다.[8] 프로 무대에 입성하지 못하게 될 15,999명의 고등학교 선수들에게 스포츠 마케팅과 같은 관련 분야 진출은 하나의 옵션이다.

연예인 섭외 비용은 이벤트 결산 결과에 어떠한 영향을 주는가?
© Debby Wong/ Shutterstock.com

최고 연예인을 위한 대가 지불

콘서트, 로데오, 주와 카운티에서의 박람회, 시즌 축하 이벤트는 참여 관람객 수를 확대하기 위해 때때로 최고의 연예인들을 섭외한다. 인기 있는 공연자는 한 번의 공연에 5만 달러에서 10만 달러를 주최 기관에 요구한다. 이벤트 기획자는 해당 이벤트의 비용을 충당하기에 관람객 수가 충분히 많을지 판단해야 한다. 장소가 협소할 경우 수익을 내기 위해 티켓 가격을 50~150달러로 책정할 필요도 있다. 대형 스타디움에서 개최되는 콘서트는 많은 관객수에 개최 비용이 분산되기 때문에 티켓 가격은 더 낮을 수 있다. 무대에 가까운 좌석은 더 비싼 가격을 지불할 수 있는 관람객들을 위한 옵션이다.

음악가와 마찬가지로 높은 시청률의 시트콤에 출연하는 연예인들 또한 높은 연봉을 요구한다. 쇼의 후원 기업들은 광고 송출을 위해 TV 방송국에게 돈을 지불하며, 자신이 좋아하는 쇼를 보기 위해서 채널을 고정한 많은 수의 팬들에게 접근할 수 있기를 희망한다. 유명 시트콤 〈*The Big Bang Theory*〉의 스타들은 에피소드당 35만 달러를 벌었으며, 시즌 8에서는 에피

Social Media Marketing

많은 연예인들이 자기 프로모션을 위해서 소셜 미디어를 이용한다. 연예인들은 매일 트윗 올리기, 상태 업데이트, 사진 포스팅을 통해 자신들의 존재감을 높인다. 이들은 활동, 계획, 향후 공연에 대한 정보를 공유함으로써 팬들에게 최신 정보를 준다. 팬들은 여러 방식으로 정보에 접근한다. 예를 들어, 일부는 Instagram을, 일부는 Twitter를 이용한다. 따라서 시장에 대해 잘 아는 연예인들은 자신의 모든 팬들에 접근하기 위해서 여러 플랫폼을 활용한다.

레이디 가가(Lady Gaga)는 소셜미디어를 효과적으로 활용하는 방법을 알고 있다. 그녀는 출시 예정 앨범, 투어, 비디오에 대한 힌트, 티저, 수수께끼를 트윗하여 팬들의 추측을 불러일으킨다. 어떤 트윗은 곡을 만드는 과정에 대한 정보나 자신의 사생활 사진을 담고 있기도 하다. 레이디 가가가 사진을 트윗하거나 포스팅하면 즉각적으로 뉴스가 만들어진다. 소셜미디어는 레이디 가가가 대스타로 오르는 데 상당히 기여하였다. 그녀의 콘서트는 판매 즉시 매진된다.

Think Critically

연예인들이 어떻게 소셜 미디어 사이트를 활용하고 있는지 알기 위해서 온라인 검색을 하라. 팬들이 어떠한 종류의 정보를 얻기를 원하는가? 연예인들은 자신의 인기를 높이기 위해서 소셜 미디어를 어떻게 이용할 수 있는가?

소드당 50만 달러를 받기 위한 협상을 하기도 하였다. 이러한 협상은 1990년대 인기 높았던 시트콤인 〈*Friends*〉에 출연한 배우들의 요구와 유사하다. 〈*Friends*〉 출연자는 에피소드당 1백만 달러를 요구하여 관철시켰다.

여성 스포츠 마케팅

최근까지 스포츠 마케팅은 여성 스포츠 산업에서는 상당히 저조하였다. 많은 팬들이 1년에 2번 여자 피겨스케이팅이나 여자 체조와 같은 경기를 보기 위해 채널을 고정하지만, 이러한 경기는 대부분 제한된 마케팅 수요를 갖고 있는 아마추어 경기였다.

미국 여성 축구팀이 1991년 월드컵 축구 챔피언십에서 우승하였을 때에 대부분 스포츠 기사에서 다뤄지지 않았다. 이제 미국 여성 국가대표팀은 세계에서 가장 재능 있는 운동 선수들로 올림픽 게임에서 4개의 금메달을 획득하였다. 2012년 올림픽 대표팀 골키퍼 호프 솔로(Hope Solo)는 세계에서 가장 인지도 높고 재능 있는 축구 선수이다. 솔로가 경기장에서 보여주는 기술은 Gatorade와 Nike의 후원을 받을 수 있도록 하였으며, TV 쇼인 〈*Dancing with the Stars*〉에서 경연자 자리를 차지할 수 있게 만들었다.

WNBA(전미여성농구협회)는 팬들과 방송 중계를 경기장으로 끌어모으고 있다. Chicago Sky는 관중 수가 17% 증가하였으며, Phoenix Mercury는 전년도 평균 관객 수에 비해서 9%가 증가하였다. 두 번의 피닉스 플레이오프 홈 경기에서는 평균 9,560명의 관중을 끌어모았으며, Los Angeles Sparks를 상대로 한 경기에서는 11,110명의 관중들이 입장하여 15번의 시즌 동안 가장 높은 1라운드 플레이오프 홈경기 관중 수를 기록하였다. 관중 수를 더 증가시키기 위해서 피닉스는 특별한 마케팅을 이용하였는데, 남성 팬들에게 홈 게임 무료 티켓을 제공하였다. 피닉스 머큐리에 대한 높은 기대는 원정 경기에서도 관중 기록을 갱신하게 하였다. 상대 팀은 머큐리가 원정을 왔을 때 코트 사이드에 좌석을 더하여 티켓 가격을 인상했다. 이러한 인기도 상승으로 인해서 ABC 스포츠와 ESPN은 WNBA 정규 시즌과 플레이오프 게임을 2022년까지 중계하기로 합의하였다.

연봉 격차. 여성 프로 스포츠가 점점 인기를 더해가고 있지만, 남성 프로 선수들이 받는 연봉에 비하면 연봉 수준이 매우 낮다. WNBA 선수들의 평균 연봉은 75,000달러에서 80,000달러 사이이며 최고 연봉은 약 107,000달러이다. 신인 선수의 연봉은 4개월 시즌에 대해 37,950달러부터 시작하며, 3~4년의 경력을 가진 베테랑들의 최소 연봉은 55,000달러이다.[9] 40명의 최고 NBA 선수들이 받는 연봉은 350만 달러에서 1,240만 달러이다.[10]

여성 프로 풋볼 선수들은 다양한 이력들을 갖고 있다. 11개 팀으로 구성된 WPFL(여성프로풋볼리그)은 10월에서 2월 초까지 진행되는 10게임으로 구성된 시즌 동안 선수들에게 게임당 100달러만 지불한다. 각 팀 명단은 40명의 선수와 10명의 연습생들로 구성되어 있다. 불행히도 현재 기존 팀 중 2팀만이 남아 있으며 WPFL의 지속 가능성은 매우 낮아 보인다.

마케팅 프론티어. 여성 스포츠의 인기 상승은 새로운 여성 팬들을 끌어모으고 있으며, 이들 중 다수는 전통적인 남성 스포츠에 관심이 없다. 마케팅 담당자들은 이렇게 증가하고 있는 팬 층을 주목하고 있다. 여성은 관심 분야가 남성과는 상이하다. 창의적인 마케팅 담당자들은 이러한 팬 층에 어필할 수 있는 스포츠 관련 상품에 대한 아이디어를 제시해야 한다. 그렇게 할 때 수익성 높은 목표 시장을 확실하게 찾을 수 있을 것이다.

4.3 상품 마케팅 전략

핵심 문제 왜 마케팅 전략은 상이한 상품 수명 주기 단계에 맞게 조정되는가?

학습 목표 **4.3.1** 상품 수명 주기의 단계들을 나열 및 설명한다.
4.3.2 상품이 시장 내에서 포지셔닝되는 방식을 설명한다.

핵심 용어 상품 수명 주기(product life cycle) 침투 가격 전략(penetration price strategy)
상층 흡수 가격 전략(skimming price strategy) 포지셔닝(positioning)

Opening Act

최근의 ESPN 설문 조사에 따르면 축구가 12~24세 미국인들 사이에서 가장 인기 있는 스포츠이며, 히스패닉계 인구 중에서는 가장 인기 있는 스포츠이다. 미국 내 축구는 3,300만 명의 헌신적인 팬 층을 보유하고 있다. 같은 설문 조사에서는 12세 이상의 미국인들 720만 명이 MLS(메이저리그 축구) 팬들이라고 조사되었다. MLS는 미국인의 2.8%만이 팬으로 분류되었고 역사상 가장 낮은 관중 수(경기당 평균 관중 수 13,700명)를 기록하였던 2000년 이후 크게 성장하였다.[11]

미국은 전 세계에서 가장 많은 축구 선수들을 보유하고 있다. 현재 공식적으로 1,800만 명의 미국 축구 선수들이 활동하고 있다. 미국 축구 선수들의 1,400만 명(혹은 78%)은 18세 미만 선수들이다. 최근의 데이터에 따르면 284,000명의 남학생과 209,000명의 여학생이 고등학교 축구에서 경쟁하고 있다. 고등학교 축구 선수가 디비전 I 혹은 II 학교에서 전액 장학금을 받을 확률은 90분의 1이다.[12]

협력 학습 파트너와 협력하여 미국 내 축구의 인기도를 상승시킬 수 있는 마케팅 전략 세 가지를 말해 보라. 마케팅 전략 테스트에 적합한 도시는 어디인가? 그 이유는 무엇인가?

4.3.1 상품 수명 주기

모든 상품에는 수명 주기가 있다. 상품 수명 주기(product life cycle)에는 도입(introduction), 성장(growth), 성숙(maturity), 하락(decline)으로 구분되는 네 단계가 있다. 상품에 대한 마케팅 전략은 이러한 수명 주기의 단계에 따라서 달라진다.

time-out

암표 판매는 티켓을 액면가 보다 더 높게 판매하는 행위이다. 암표상들은 인기가 높아 매진된 스포츠 및 엔터테인먼트 이벤트 티켓을 판매하여 높은 수익을 올린다. 암표 판매는 많은 주에서 불법이다.

도입 단계

상품에 대한 소비자의 관심이 종종 시간이 지남에 따라서 감소하기 때문에 기업들은 반드시 신상품을 시장에 출시해야 한다. **도입 단계**(introduction stage)에서 상품은 시장 내에서 다소 독특하며, 오직 해당 신상품에 대한 하나의 브랜드만 유효하다.

신상품 개발은 신상품을 위한 아이디어 탐색으로부터 시작한다. 이러한 아이디어들 중에서 가장 높은 성공 가능성이 있는 것들만 선택된다. 목표 시장과 상품 믹스를 파악하기 위한 연구가 실시된다. 예상 매출 및 수익뿐 아니라 생산량과 마케팅 비용을 예측하기 위한 재정 분석이 완료된다. 그러고 난 후 상품이 개발되어 테스트된다. 마지막으로 신상품이 시장에 도입된다. 신상품의 시장 도입은 제조업체, 운송업체, 창고, 소매업체, 마케팅 담당자들의 조정 및 일정 수립 활동을 수반한다.

소비자들의 신상품 이용을 독려하기 위해서 기업들은 가격 전략을 이용할 수 있다. 도입 단계에서 적용되는 통상적인 가격 전략에는 상층 흡수 가격 전략과 침투 가격 전략이 있다.

상층 흡수 가격 전략(skimming price strategy)은 도입되는 신상품에 매우 높은 가격을 책정한다. 고가를 정당화하기 위해서 상품의 품질과 특이성이 강조된다. 상층 흡수 전략은 기업에게 보다 높은 수익을 올릴 수 있게 해주지만, 수익의 일부를 노리는 경쟁 기업들의 시장 진입을 유도한다. 이 가격 전략은 평면 스크린 및 플라즈마 TV가 처음 시장에 도입되었을 때 이용되었다. 대부분의 평면 스크린 TV는 1,000달러 미만의 가격으로는 구매할 수 없었다. TV 제조업체들 간 경쟁의 확대는 가격 인하로 이어졌다. 1,000달러가 넘는 가격에 판매되었던 32인치 평면 스크린 TV는 이제 200달러 미만에 구매할 수 있다.

침투 가격 전략(penetration price strategy)은 높은 시장 점유율을 조기에 얻기 위해서 저가 정책을 이용한다. 기업은 소비자 기반을 확보하기 위해서 신상품 혹은 서비스에 낮은 출시 가격을 제시할 수 있다. 이러한 가격 전략은 낮은 수익을 초래하지만 경쟁을 완화시킨다. 아이스하키나 롤러 더비와 같이 어떤 도시에서는 생소한 스포츠에 대해 팬들을 끌어모으고 다른 볼거리와 경쟁하기 위해서 낮은 입장료를 책정할 수 있다.

성장 단계

성장 단계(growth stage)는 상품 수명 주기의 두 번째 단계이다. 이 단계에서는 상품 매출과 수익이 증가하게 된다. 목표 시장은 해당 상품에 대해서 알고 있으며, 이 상품을 정기적으로 구매한다. 성장 단계에서의 광고는 고객 만족에 초점을 둔다. 고객 충성도를 유지하기 위해서 성장 단계에서의 상품은 수정될 필요가 있을 수 있으며, 신 모델을 출시해야 할 수도 있다. 상품 확장 및 개선은 변화하는 소비자 욕구를 충족하기 위해서 이용된다. 성장 단계에서는 경쟁 기업들이 대체 상품을 출시하기 시작하면서 경쟁이 증가한다. 리얼리티 쇼 〈*American Idol*〉의 성장 단계에서 〈*America's Got Talent*〉와 같은 다수의 유사 쇼 프로그램들이 우후죽순처럼 생겨났다. 〈*American Idol*〉의 성공은 시장 점유율 확대를 원하는 TV 방송국들에게 탤런트 쇼 포맷을 어필하도록 만들었다.

성숙 단계

성숙 단계(maturity stage)는 상품 수명 주기의 세 번째 단계이다. 매출이 일정 수준을 유지하거나 성장 속도가 느려지며, 대부분의 목표 시장에서 한 번 정도 해당 상품을 구매한 적이 있다. 이 단계에서는 경쟁의 증가로 인

상품이 성장 단계에 있을 때 기업은 어떤 일이 발생할 것으로 예상할 수 있는가?

해 가격이 중요한 요인으로 대두되면서 할인 가격이 제시될 수 있다. 경쟁자를 물리치고 시장 점유율을 유지하기 위한 프로모션 활동이 증가함에 따라서 마케팅 비용은 상승한다. 이 단계에 있는 상품의 TV 및 라디오 광고는 실제로 경쟁 상품과 비교할 수 있다. 예를 들어, 미네소타주의 Mall of America는 자사의 놀이공원을 기존의 다른 놀이공원과 비교하는 광고를 내보낸다. 이 기업은 연중무휴이면서 상점과 식당이 한 지붕 아래에서 쉽게 이용할 수 있다는 이점을 중점적으로 내보낸다.

하락 단계

상품 수명 주기의 최종 단계는 하락 단계(decline stage)이다. 이 단계 중에 매출은 감소하며, 계속된 상품의 마케팅을 정당화하기에 충분한 수입을 얻지 못할 수 있다. 기업들은 하락 단계에서 여러 선택을 내릴 수 있다. 상품 판매를 중단하거나, 상품을 다른 기업에 판매 혹은 라이선스를 부여하거나, 상품의 할인, 상품의 지역화, 상품의 현대화 및 개선, 상품의 재시도(recommit) 등을 결정할 수 있다. 상품 수명 주기의 하락 단계에서 마케팅 담당자들은 해당 상품과 기업의 미래에 큰 영향을 주게 될 어려운 결정을 내려야 하는 상황에 직면한다.

상품 판매 중단. 기업의 손실을 줄이기 위해서 마케팅 담당자들은 상품 판매를 완전히 중단하는 선택을 내릴 수 있다. 놀이공원은 항상 가장 스릴 있는 놀이기구를 제공해야 한다는 압박에 시달린다. 자이언트 슬라이드와 같이 한때 모든 놀이공원에서의 표준이었던 기구는 철거되고, 더한 스릴을 찾는 방문객들에게 적합한 매력적인 놀이기구로 대체된다.

판매/라이선스 부여. 일부 기업들은 상품 수명 주기의 하락 단계에서 상품을 타 기업에 판매하거나 라이선스를 부여함으로써 손실을 최소화하는 선택을 내린다. 타 기업은 해당 상품의 마케팅에 수반되는 위험을 떠안게 되지만, 라이선스 계약은 기존 기업이 계속해서 매출의 일정 퍼센트를 받을 수 있도록 한다. 의류 디자이너인 미소니(Missoni), 제이슨 우(Jason Wu), 필립 림(Phillip Lim)은 디자이너 의류 라인의 라이선스를 Target에 부여하는 대담한 결정을 내렸다. 이렇게 디자이너 의류를 합리적인 가격에 제공하는 전략은 큰 성공을 거두었다. 이 전략은 또한 디자이너들이 새로운 목표 시장에 도달할 수 있게 도움을 준다.

할인. 하락 단계에서 기업들은 종종 가격을 인하하여 해당 상품이 더 빨리 판매되도록 한다. 상품 개발 비용은 이 시점에서 이미 회수되었으며, 프로모션 예산은 비용 절감을 위해서 감소할 것이다. 할인된 가격만으로 더 많은 소비자들이 경쟁사 상품보다 자사 상품을 구매하도록 독려할 것이라는 희망이 있다. 더 높은 판매량은 기업에게 충분한 수익을 올리게 하여 해당 상품의 판매를 지속시키도록 한다.

전자 제품들은 유행이 빠르게 지나간다. 신기술과 기술의 새로운 이용은 현재 제품의 인기도를 변화시킬 수 있다. 독립형 GPS 내비게이션 장치가 시장에서 인기를 끌었을 때 다수의 운전자들에게는 이 장치가 무조건 가져야 하는 제품이었다. 당시의 GPS 장치는 가격이 수백 달러였다. 오늘날 대부분의 스마트폰이 내장형 내비게이션 시스템을 갖추면서 독립형 내비게이션 장치에 대한 필요성은 감소하였다. 따라서 일부 GPS 제조업체는 이제 자사의 GPS 장치를 100달러 미만에 판매하고 있다.

왜 상품 수명 주기의 하락 단계 중에 할인이 제시되는가?
© Lucky Business/ Shutterstock.com

지역화. 기업은 자사 상품이 가장 인기 있고 수익이 높은 지역에 집중함으로써 지역화를 선택할 수 있다. 스키 장비 및 스키복 제조업체는 하락 단계에 들어선 자사 상품 판매를 위해 콜로라도주와 기타 대중 스키 시장에 집중할 수 있다.

현대화/개선. 상품에 대한 열정은 그 상품을 일정 방식으로 현대화 혹은 개선함으로써 다시 끓어오를 수 있다. '새롭고 개선된' 혹은 '더 효과적인' 것으로 마케팅되는 상품들이 이러한 전략의 사례이다. 기업들은 반드시 어떠한 개선 혹은 현대화가 매출을 증가시킬지 예측해야 한다. 다수의 신규 스포츠 스타디움은 고화질 스코어보드, 넉넉한 공간의 고급 스위트 룸, 더 많은 화장실 등 팬들에게 더 매력적인 편의 시설들을 갖추고 있다. 라이브 음악, 식당, 명예의 전당 전시관 등의 추가적인 볼거리가 또한 더 많은 팬들을 불러 모으기 위해서 제공되고 있다.

재시도. 제품은 본래의 특정 목적을 위해 개발되고 프로모션된다. 매출이 감소하는 동안에 해당 상품에 대한 다른 목적이 발견된다면 그 상품은 재시도될 수 있다. 아스피린은 원래 통증 완화 약으로 프로모션되었다. 이제 아스피린은 심장마비 방지 약으로 프로모션되고 있다. 기존에는 경기장에 있는 운동 선수들에게 활력을 주기 위해 개발된 음료는 건강을 의식하는 소비자들을 위한 청량 음료로 프로모션되고 있다.

또 다른 예시로서, Facebook은 애초에 대학생들을 대상으로 마케팅되었다. 13~18세 사이의 10대 청소년 집단은 최근 Facebook 이용자의 10%만 차지하고 있다. 대신에 10대 청소년들과 대학생들은 이제 친구들과 소통하기 위해서 Twitter, Instagram, Snapchat을 이용하고 있다. 이제 젊은 사람들이 다른 종류의 소셜미디어를 이용하고 있기 때문에 Facebook은 자사 상품을 다른 연령 집단에 재시도할 필요가 있다.

현재 Facebook의 가장 큰 소비자 기반은 18~29세 사이 이용자들이다. 이 연령대의 이용자들 수가 1년만에 74%나 증가하면서 이 연령대 이용자들은 Facebook 슈퍼 유저로 불린다. 이들은 텍스트, 이미지, 음악, 비디오 포스팅 외에도 사람들과의 네트워킹, 채팅, 만남을 위해서 Facebook을 이용한다. 열정적인 슈퍼 유저들은 자신의 Facebook 페이지를 하루에도 여러

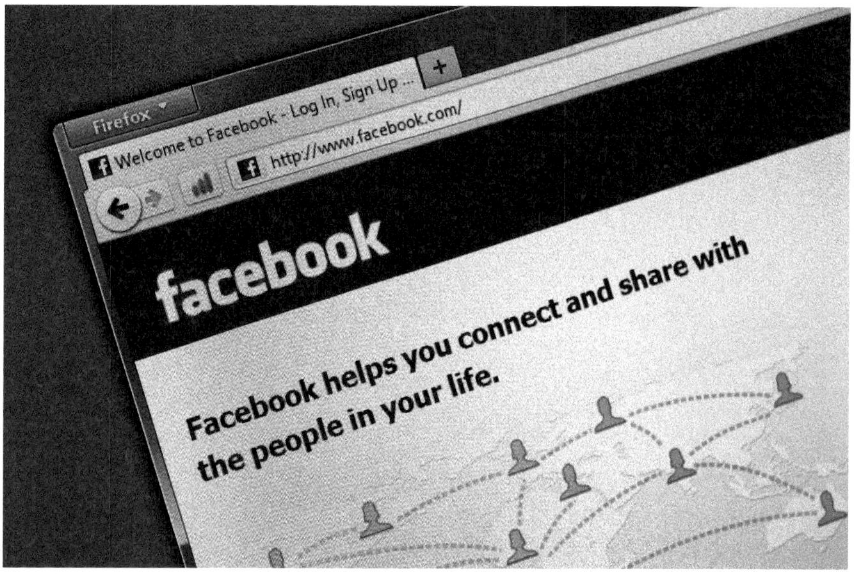

왜 Facebook은 자사의 목표 시장 포커스를 변경하려 하는가?
© iStockphoto.com/pressureUA

번 방문하며, 모바일 기기를 이용하여 빈번하게 포스트를 올린다.

30~49세 사이 Facebook 이용자는 노령화 인구 내에서 흥미로운 세분화된 시장을 구성한다. 이 연령대의 개인들은 Facebook에 올린 사진과 메시지를 통해서 자신의 가족들과 친구들과 연락을 주고받는다. 통계에 따르면 이 연령대의 이용자들은 20대 이용자들보다 자신의 Facebook 페이지 방문 빈도가 낮은 것으로 나타났다.

Facebook은 65세 이상 연령층에게 세 번째로 인기 있는 사이트이다. 45~54세 사이의 이용자는 Facebook 이용자의 12%를 차지한다. 55~65세 사이 이용자는 7%를 차지한다.[13] 이 양 연령층은 Facebook에세 성장 기회를 제공한다. Facebook과 같은 소셜미디어 웹사이트들은 반드시 경향(trends)을 모니터링하고 신상품들이 시장에 출시될 때 사사의 상품을 상이한 세분화 시장에 재시도해야 한다.

4.3.2 상품 포지셔닝

기업들은 자사 상품을 시장 내에서 어떻게 포지셔닝할지를 결정해야 한다. 포지셔닝(positioning)은 자사의 상품 혹은 서비스를 경쟁사 상품 혹은 서비스와 차별화하기 위해서 기업이 이용하는 전략이다. 기업들은 다양한 포지셔닝 전략을 이용할 수 있다. 어떤 기업들은 가격과 품질을 이용하여 자사 상품을 포지셔닝한다. 다른 기업들은 상품 특성과 혜택을 바탕으로 자사 상품을 포지셔닝한다. 차이점을 부각시키기 위해서 자사 상품을 경쟁 상품에 비교하는 것은 시장 내에서 상품을 포지셔닝하는 또 다른 방식이다. 기업은 자사 상품을 하나의 카테고리로 묶은 상품 라인으로 프로모션할 수도 있다. 상품 라인 전체는 품질, 가격, 상품 특성에 의해서 포지셔닝될 수 있다.

기업 포지셔닝 전략

Nike는 브랜드 인지도와 지위를 이용하여 자사 상품을 포지셔닝한다. 다수의 연예인 홍보는 Nike의 지위를 연상시킨다. 이는 자사 상품에 대한 높은 소비자 수요를 창출한다. 인기 있는 농구 스타가 Nike 농구화를 홍보할 때, 소비자 수요를 끓어오르게 만들며 가격도 상승시킨다. 자신이 좋아하는 선수를 따라 하기를 원하는 팬들은 높은 수요로 인해 공급이 부족한 Nike 신발을 1,000달러 넘는 돈을 지불하고 구매하기도 한다.

고급 호텔들은 가격과 관련 서비스를 바탕으로 자사 상품을 시장 내에 포지셔닝한다. Walt Disney와 Universal Studios는 올랜도에 위치한 놀이공원 패밀리 시즌 패스를 판매하면서 재미와 가격 절감을 강조한다. 다른 스포츠 및 엔터테인먼트 조직들은 안전성 기록을 바탕으로 자사를 시장 내에 포지셔닝할 수도 있다. 미국의 스포츠 장비 제조업체인 Riddell의 공식 웹사이트에 올라와 있는 안내문은 이 기업이 모든 풋볼 선수들을 위한 가장 안전한 헬멧의 설계와 제조에 헌신한다고 밝히고 있다. 이러한 포지셔닝 전략은 자녀들을 위한 풋볼 헬멧을 구매하려는 부모들에게 큰 영향을 미칠 수 있다.

대학들은 스포츠 참여를 통해서 자신의 브랜드를 포지셔닝할 수 있다. 모든 학교가 전미 챔피언이 되기를 원하지만, 한 팀만이 1위를 차지한다. 일부 대학들은 최고의 풋볼, 농구, 야구 프로그램으로 알려진 스포츠 컨퍼런스에 연계하여 포지셔닝한다. 다른 대학들은 자신들의 학문적 성과, 진실성, 오랜 역사를 홍보한다. 예비 학생들은 진학할 대학을 선택할 때 이러한 요인들을 호의적으로 고려할 수 있다.

Take a bow

마리아 샤라포바

마리아 샤라포바(Maria Sharapova)는 러시아 테니스 선수이다. 그녀는 17세의 나이에 2004년 윔블던 결승에서 세레나 윌리엄스(Serena Williams)를 꺾고 우승함으로써 큰 관심을 받았다. 그녀의 성공적인 테니스 커리어는 각종 모델 및 후원 계약을 가능하게 하였다. Nike, Porsche, Canon과 같은 유명 브랜드는 테니스 스타 후원의 가치를 잘 알고 있다. 그녀는 또한 자신의 이름을 내건 향수 라인과 '슈가포바(Sugarpova)'라고 하는 사탕 제품 라인을 갖고 있다. 그녀는 전 세계적 인기를 등에 업고 2014년 올림픽 당시 NBC 특파원으로 활약하였다. 테니스 코트 안팎에서 거둔 성공을 바탕으로 샤라포바는 불우한 이웃을 돕는 활동에 매진했다. 2007년 그녀는 마리아 샤라포바 재단을 설립하여 체르노빌 원자력 발전소 사고로 피해를 입은 있는 러시아 인근 벨라루스 학생들을 위한 장학 프로그램을 운영하고 있다. 그녀의 슈가포바 사탕 매출의 일부가 이 재단에 기부된다.

테니스 코트에서의 재능과 사업 감각으로 샤라포바는 가장 부유한 국제 선수 중 한 명으로 이름을 날렸다. 그녀는 최근 한 해 동안 후원, 경기 승리, 보너스, 이벤트 출연료 등으로 2,900만 달러의 수익을 올렸다.[14]

Think Critically

마리아 샤라포바 재단을 위한 기금 모금을 목적으로 마리아 샤라포바와 다른 유명 연예인이 출연하는 Sugarpova 사탕 홍보를 위한 텔레비전 광고(혹은 다른 종류의 광고)를 제작해 보아라.

개인의 포지셔닝 전략

오늘날 경쟁 사회의 군중 속에서 두각을 나타내는 것은 중요하다. 그러한 방법 중에 하나가 일터에서 당신의 위치를 굳건히 하는 고유 브랜드를 개발하는 것이다. 학생이라면 학창 시절 동안 시작할 수 있다. 자신의 행동, 성과 그리고 스포츠 및 학생 기구에 대한 참여를 통해 개인의 브랜드를 포지셔닝할 수 있다. 스포츠에 참여하는 학생들은 여러 변용 가능한 기술들을 습득한다. 팀 구성원으로서의 역할을 배우며, 리더십 기술을 개발하고 규율을 익히게 된다. 능력과 자존감 또한 상승한다. DECA(Distribution Education Club of America), FBLA(Future Business Leaders of America), BPA(Business Professional of America) 등과 같은 학생 조직에 가입하는 학생들은 자기 자신을 성공적인 사업 전략을 배우는 젊은 전문직 성인으로 포지셔닝한다. 이러한 포지셔닝 전략은 그들을 유망한 대학과 기업들의 눈에 띄도록 만든다. 기업 리더들은 DECA, FBLA, BPA의 목표에 대해서 알고 있으므로, 이러한 전문 조직을 통해 리더십 기술을 발휘하는 인재들을 고용할 가능성이 높다.

사례 연구

크로스핏(Crossfit)—최신 경향

최근의 운동 경향은 다이어트 유행처럼 빠르게 지나간다. 크로스핏의 인기는 에어로빅, 재즈사이즈, 요가, 필라테스의 인기를 넘어섰다. LA Examiner의 최근 한 조사에 따르면 운동 경향은 다음과 같이 분류된다.

- 사람들이 운동을 하는 방식의 일반적인 발달 혹은 변화
- 단기간에 인기가 있는 일시적인 유행

크로스핏은 지속적으로 변화하는 운동 중 상위 9개의 경향을 적용한다. 크로스핏과 관련된 고강도 인터벌 트레이닝(interval training)은 다음을 포함한다.

- 체중 조절 운동
- 근력 운동
- 운동 및 체중 감량
- 맞춤형 운동
- 집체 훈련

크로스핏 애호가들은 빠르게 확장되고 있다. 참여자들은 경험 많은 피트니스 지도자들에 의해 교육을 받는다. 노인들은 개별 피트니스 프로그램을 이용할 수 있다.

고위험=고수익

크로프핏 프로그램은 단시간에 걸친 일련의 고강도 운동과 회복을 위한 단시간의 휴식을 포함한다. 많은 크로스핏 참가자들은 특정한 단일 운동 대신에 러닝 머신을 이용한 걷기나 달리기 등의 다양한 운동을 선호한다. 크로스핏 프로그램의 주요 단점은 빠른 페이스와 고강도 트레이닝으로 인한 높

은 부상 가능성이다.

빠르게 사라진 줌바

줌바(Zumba)는 인터벌 유형의 운동과 저항력 훈련을 포함하는 라틴 댄스 운동이다. 줌바는 2010년부터 2013년까지 빠른 성장을 경험하였다. 하지만 인기 하락으로 인해 줌바는 이제 운동의 경향보다는 한때의 유행으로 간주된다. 스피닝(Spinning) 역시 2013년에 순위 20위권의 운동 프로그램으로 자리하였으나, 현재는 순위 밖에 있다. 대중 극기 훈련(boot camp) 또한 2년 만에 순위 20권에서 멀어졌다. 더 많은 미국인들이 체중 감량을 위한 방법들을 추구함에 따라서 운동의 유행들은 앞으로도 계속 성장할 것이다.

Think Critically

1. 크로스핏이 매력적인 운동인 이유는 무엇인가(크로스핏에 대해 상세한 정보를 얻기 위해서 온라인 조사를 실시하라)?
2. 왜 어떤 운동 프로그램은 유행에 불과한 반면, 다른 운동은 오랫동안 인기를 유지하는가?
3. 새로운 운동 트렌드를 홍보할 때 관심을 불러 모으기 위해 어떠한 점을 강조할 것인가?
4. 헬스 클럽, 체육관 등이 미국에서 상승 추세인가 아니면 하락 추세인가(통계를 찾기 위해서 온라인 검색을 실시하라)? 어떠한 것들이 이러한 트렌드에 기여한다고 생각하는가?

CHAPTER 5

경로 관리

© iStockphoto.com/mphillips007

Winning Strategies **Netflix**

Netflix는 1997년 설립되어 연체료 없는 낮은 월 구독료로 무제한 영화 대여 서비스를 제공하기 시작하였다. 2007년에 이르러 영화 및 TV 쇼는 온라인 스트리밍을 통한 즉각적 이용이 가능하였다. Netflix는 개인용 컴퓨터, TV, Wii, Playstation, iPhone 등 광범위한 장치를 통한 이용이 가능해졌다. 2010년에 이르러서 Netflix는 국제적으로 이용되기 시작하였다. 신규 회원들이 전 세계 곳곳에서 추가되었다. Netflix는 현재 세계적인 인터넷 TV 네트워크가 되었다. 최근 한 해 동안에는 40개 국가에서 구독자 수가 3,000만 명이 넘었다.[1]

© Helga Esteb/ Shutterstock.com

Netflix는 최근 DreamWorks와 합작하여 구독자들에게 자체 콘텐츠를 제공하고 있다. 투자자들은 두 기업의 주가가 상승한 것에 대해서 기쁘게 생각하였다. DreamWorks는 〈*Shrek*〉, 〈*Turbo*〉와 같은 히트 영화의 캐릭터로부터 영감을 받은 신규 프로그램을 300시간 넘게 제공하는 데 합의하였다. DreamWorks의 애니메이션 쇼는 Netflix가 영업을 하는 모든 국가에서 제공될 예정이다.

자체 프로그램의 제공은 Netflix의 구독자 수를 급속하게 증가시켰으며, DreamWorks 애니메이션과의 파트너십은 Netflix에게 신규 고객, 특히 어린 자녀를 둔 가구들을 끌어모으는 데 도움을 주었다. Amazon과 Google 같은 경쟁 기업들이 온라인 콘텐츠 유통 채널로서 Netflix와의 격차를 좁히기 위해서 노력을 기울이고 있다.

Think Critically

1. Netflix가 형식, 제품, 비용, 가용성, 이용 편의성 측면에서 Amazon이나 Hulu와 같은 다른 유사 서비스와 어떻게 비교되는가?
2. 어떠한 방식으로 Netflix가 설립 이후 계속해서 자사의 유통 전략을 발전시켜 왔는가? 어떠한 전략이 가장 큰 회원 수 상승을 초래하였다고 생각하는가?

5.1 유통 채널

핵심 문제 어떠한 법적, 윤리적 문제들이 경로 관리 및 전 세계적 유통의 역할에 영향을 주는가?

학습 목표 **5.1.1** 스포츠 및 엔터테인먼트 마케팅에서 경로 관리의 역할을 분석한다.

5.1.2 스포츠 및 엔터테인먼트의 전 세계적 유통 경로를 조사한다.

5.1.3 경로 관리에 있어서 법적, 윤리적 고려사항들을 분류한다.

핵심 용어
- 유통 경로(channels of distribution)
- 중개자(intermediaries)
- 물류(logistics)
- 원형 극장(amphitheaters)
- 장소(venue)
- 대중 미디어(mass media)
- 와해성 기술(disruptive technologies)

Opening Act

브로드웨이 밖에서 제작된 작품 〈*Sleep No More*〉는 각 관람객들에게 뚜렷하게 다른 경험을 제공한다. 연기자와 관객을 구분짓는 전통적인 무대는 제거되었다. 관객에게 좌석을 배정하는 대신에 각 관객에게는 마스크가 주어지는데, 이 마스크는 관객으로서의 각각의 역할을 지정한다. 조용하게 마스크를 착용한 관객들은 공간을 돌아다니는 중에 미지의 것들을 발견하게 된다. 이러한 몰입형 연극 작품에서 관객들은 연기자가 없더라도 조명과 소리가 창조하는 감각적 드라마 세트 내에서 감정적 스토리텔링을 경험한다. 각각의 개인은 각기 다른 각도에서 어떤 행동을 바라보는데, 이는 각각이 우연히 어떤 장면을 목격하게 됨을 의미한다. 이러한 경험은 거리를 걸으면서 부닥치는 것과 같은 인생의 경험과 유사하다. 각 개인은 이러한 특이한 연극 작품의 경험을 바탕으로 무엇을 볼지, 어디로 갈지 스스로 선택하게 된다.

협력 학습 파트너와 함께 당신이 몰입형 작품을 좋아하는지 좋아하지 않는지 그 이유를 정리하라. 그런 후 높은 연령대의 관객이 이런 몰입형 작품을 좋아할지, 좋아하지 않을지 생각하고 그 이유를 정리하라. 당신의 아이디어를 학급 전체와 공유하라.

5.1.1 경로 관리

상품 혹은 서비스에 대해 소비자가 이용 가능하도록 만드는 최선의 방법을 결정하는 데는 유통 경로에 대한 지식을 필요로 한다. 그것이 어떠한 이벤트인 경우, 기획자는 가장 효과적인 장소와 일자, 시간을 선택해야 한다. 그것이 상품인 경우, 기업은 소비자의 손까지 그 상품을 전달하는 최선의 방법을 선택해야 한다. 유통은 마케팅 믹스의 네 가지 요소들 중 하나이다. **유통 경로(channels of distribution)**는 상품 혹은 서비스가 소비자까지 전달되는 데 관여하는 모든 비즈니스를 포함한다. 상품 혹은 서비스를 이용 가능하게 만드는 데 관여하는 비즈니스 혹은 경로 구성원을 **중개자(intermediaries)**라 칭한다. 중개자를 선택하고 관리하는 일은 마케팅 과정의 중요한 일부분이다.

소비자 관심을 끌기 위한 엔터테인먼트 유통 경쟁의 경로

female: © iStockphoto.com/alejandro photography; tv: © iStockphoto.com/adventtr; smartphone: © dencg/ Shutterstock.com: mp4: © StockPhotos Art/Shutterstock.com; tablet: © Oleksiy Mark/Shutterstock.com

경로 수립

유통 경로는 매우 단순하거나 혹은 복잡할 수 있다. 지역 가수가 식당에서 공연을 하도록 주선하는 것은 단순 유통 경로의 예시이다. 식당 주인은 해당 가수에게 직접 연락하여 약속을 잡은 후 그 공연에 대한 보수를 지불하면 된다. 엔터테인먼트는 여러 유통 경로(삽화에 나타난 바와 같이)를 통해 제공될 수 있으며, 한편 사람들이 쓸 수 있는 시간과 돈은 제한되어 있기 때문에 유통 경로는 반드시 소비자의 관심을 끌기 위해 경쟁해야 한다. 소비자는 어떤 유통 경로가 비용 대비 가장 만족을 주는지 결정한다. 소비자는 라이브 음악을 듣기 위한 외출 대신 TV 시청을 위해 집에 남아 있을 수도 있다.

매우 복잡한 유통 경로는 많은 수의 **경로 구성원(channel members)**들을 보유하고 있다. 예를 들어, 미국 기업이 중국 마카오에서 열리는 권투 시합을 유통하려는 것은 복잡한 일이다. 해당 시합 주최자들은 해당 시합의 목표 관중에 대한 데이터 조사를 실시해야 한다. ESPN과 같은 유통 경로 구성원들은 관여 이전에 수익 창출에 충분한 관중 규모인지를 파악하고자 한다.

각 경로 구성원은 상품이나 서비스를 주최자로부터 소비자에게 전달하는 데 있어 특정 역할을 수행한다. 중개 역할을 하는 경로 구성원의 수와 종류는 상황에 따라 다르다. 콘서트나 스포츠 경기의 경우, 중개자는 이벤트 주최자, 시설, 미디어, 운송 기업들을 포함한다.

이벤트 주최자의 역할은 다음과 같다.

- 전체 이벤트의 제작 및 감독
- 탤런트 혹은 운동 선수의 커리어 관리
- 예상 비용 및 수입의 추산과 가격 책정
- 이벤트 프로모션의 주선
- 보안 기업 외주 의뢰
- 경로 구성원과의 계약 교섭
- 미디어, 시설, 특수 장비 관련 일정 수립

이벤트 시설의 역할은 다음과 같다.

- 공간 제공
- 의자, 테이블, 음향 시스템과 같은 일부 장비 설치
- 시설 및 기타 관객 서비스 제공

미디어의 역할은 다음과 같다.

- 위성, 케이블, 공중파 방송, 인터넷, 유료 방송과 같은 다양한 플랫폼 간의 소통 수립 및 관리
- 해당 이벤트의 전송

운송 기업의 역할은 다음과 같다.

- 음향, 조명, 기타 장비의 배달
- 출연진 및 이벤트 요원들의 운송

바람직하지 못한 경로 관리자는 예상 수입보다 더 많은 제작 비용이 소요되는 결과를 낳게 될 것이다. 바람직한 경로 관리자는 적당한 비용에 가장 효율적인 경로 구성원과 협력할 것이다.

효율적 경로

상품을 소비자에게 직접 판매하는 것은 관리의 가장 단순한 경로이지만, 이것은 비효율적인 경로가 될 수도 있다. 소규모 식당에서 공연을 하는 뮤지션의 커리어 관리 과정을 성공적인 라이브 콘서트 제작 과정과 비교해 보자. 식당에서의 공연은 관객에게 도달하는 단순한 방법이며 소수의 경로 구성원을 수반하지만, 이러한 방법은 해당 뮤지션의 재능을 광범위하게 확대시키는 데 있어서는 매우 비효율적이다.

물류(logistics)는 상품 및 서비스의 유통을 기획, 조직, 관리하는 과정이다. 물류는 적당한 상품이나 서비스가 적당한 시간에 적당한 장소에 있을 수 있도록 도움을 주는 과정이다. 물류는 경로 관리의 구성 요소들 중 하나이다. 인터넷을 이용한 물류는 콘텐츠 유통 과정을 매우 효율적으로 만든다. 인터넷은 음악 및 TV 산업을 영구적으로 바꿔놓았다. 소비자들은 이제 자신이 원하는 시간에 자신이 원하는 장소에서 음악과 TV 쇼를 감상할 수 있다.

케이블 네트워크들이 처음으로 TV 쇼 유통을 위한 공중파 TV 네트워크와의 계약 체결 시에 케이블 기업들은 모든 프로그램 편성을 결정하였으며, 소비자들이 시청 가능한 콘텐츠와 시간을 통제하였다. 한때 미디어 중 가장 큰 수입을 창출하였던 케이블 네트워크는 이제 유통 모델로서는 사양길에 들어선 것으로 분석된다. 기술의 발달, 특히 인터넷으로 인해 상품과 서비스에 대한 보다 효율적인 유통이 가능해졌고 앞으로도 지속적으로 발전할 것이다. 인터넷을 통한 물류는 소비자에 의한 통제가 가능하게 하였다.

5.1.2 글로벌 경로

제작자에서 소비자까지 스포츠 혹은 엔터테인먼트 상품을 전달하는 일은 어려운 일이다. 소비자들은 자신이 원하는 시간에 자신이 원하는 장소에서 상품을 이용하길 원한다. 현재 스포츠 및 엔터테인먼트 이벤트의 유통에는 실황 중계 또는 미디어를 통한 이용의 두 가지 주요 경로만이 존재한다. 두 가지 경로 내에서 위치의 선택과 미디어 유형 및 미디어 장치는 지속적으로 발전 성장해 나가고 있다.

오늘날 라이브 쇼의 유통은 과거와 어떻게 다른가?
Photo Courtesy of Dotty Oelkers

실황 이벤트

역사적으로 봤을 때 스포츠 및 엔터테인먼트 이벤트를 전달하는 유일한 방법은 실황으로 제공하는 것이었다. 해당 이벤트 개최 장소로 이동하여 입장료를 지불할 수 있는 자들만이 그 이벤트를 볼 수 있었다. 1세기 로마인들은 광활한 로마 제국 전역에 여러 원형 극장을 건설하였다. **원형 극장**(amphitheaters)은 중앙 무대 영역 주변으로 층별 좌석을 갖추고 있는 타원형의 야외 극장을 형성한다. 이탈리아 로마의 콜로세움(오늘날 그대로의 모습이 담긴 사진 참조)은 거의 2,000년 전에 건설되었다. 콜로세움은 약 70,000명의 관중을 수용할 수 있었던 원형 극장이다. 인간들(종종 노예) 간의 혈투, 혹은 인간과 야생 동물 간의 혈투가 로마 황제와 부자들, 귀족과 보통 시민들을 위한 유혈과 폭력으로 얼룩진 유흥거리로 무대 위에 펼쳐졌다.

콜로세움 내 실황 이벤트를 지켜보는 관중들은 제한되었다. **공연장**(이벤트가 개최되는 시설)의 규모는 수용 인원을 제한한다. 더불어 실황 이벤트는 제작 비용이 비쌌으며, 발생 수입이 제한적이었다. 실황 공연은 계속해서 매력적인 엔터테인먼트의 형태로 남아있다. 잘 제작된 브로드웨이의 실황 공연은 몇 주간 브로드웨이 극장을 관객들로 꽉 채울 수 있다. 개인적으로 당신이 응원하는 팀의 승리를 응원하거나, 당신이 좋아하는 그룹의 공연을 실제로 경험하는 것은 어떠한 종류의 매체를 통한 경험보다 더 재미있다.

미디어 이벤트

거리, 가격 혹은 제한된 가용성으로 인해 팬들이 실황 이벤트에 참석할 수 없다면, 미디어는 차선책을 제공할 수 있다. 기술의 발전은 이벤트를 관객들에게 유통하는 이용자 친화적인 미디어를 만들어 내었다. **매스미디어**(mass media)는 어떤 이벤트가 다수의 사람들, 즉 대중에게 유통되는 방법을 지칭하는 데 이용되는 용어이다. 매스미디어의 예로는 라디오, TV, 인터넷 등이 있다. 매스미디어를 통해 수백만 명의 팬들에게 어떤 이벤트를 유통하는 일은 실황 이벤트 참여 관객들을 대상으로 하는 것을 훨씬 뛰어넘는 상당한 마케팅 기회를 제공한다. 또한 마케팅 담당자들은 실황 이벤트를 유료 시청 채널을 통해서 중계함으로써 비록 소규모이지만 보다 집중적인 관객들에게 어필할 수 있다.

매스미디어는 종종 실황 이벤트를 국제적으로 유통시키는 데 이용된다. 이러한 이벤트를 관객들에게 전달하는 물류 과정은 중요한 요인이다. 실황 이벤트 장소는 비용과 타이밍에 큰 영향을 미칠 수 있다. 예컨대, 미국 기업이 중국 내에서 준비한 이벤트는 많은 유통 경로 구성원들과 높은 운송 비용을 수반한다. 주요 관객이 미국 내에 있는 경우, 해당 이벤트 시간은 물류적 요인으로 작용한다. 중국 동부 연안의 표준 시간대는 미국의 동부 연안의 표준 시간대보다 12~13시간 늦다. 미국의 관객들이 실황 이벤트를 프라임 타임에 시청하기를 원하므로 이벤트는 중국의 아침 시간에 제작될 필요가 있다.

라디오. 한때 사양길에 들어선 것으로 간주되었던 라디오는 스포츠 팬과 음악 애호가들의 마음 한편에 자리잡게 되었다. 라디오는 비싸지 않은 장비를 필요로 하면서 다른 미디어를 이용할 수 없을 때 쉽게 이용 가능하다는 점에서 특수하다. 운전을 하거나 일을 할 때, 혹은 휴대폰 수신이 되지 않는 외진 곳을 방문할 때 라디오를 들을 수 있다.

라디오는 청각 미디어이다. 이는 청취자의 마음속에 이미지를 만들기 위한 행동들이 묘사되어야 함을 의미한다. 좋은 라디오 스포츠 캐스터들은 TV 스포츠 캐스터들과는 비교할 수 없는 청취자와의 유대감을 형성한다. 팬들이 야구장에 있는지 여부를 떠나서 좋은 스포츠 캐스터의 실황 중계는 팬들이 실제 야구장에 있는 듯한 느낌을 갖게 해준다. 라디오는 스포츠와 엔터테인먼트의 효과적인 보급 시스템이다. 인터넷과 위성 기술은 라디오의 가용성에 새로운 차원을 더하였다. 인터넷 기반 Pandora 라디오는 이용자들이 개인적 선호에 따라서 플레이 리스트를 선택하도록 한다. 팬들은 Pandora가 청취자들이 발견하지 못하였던 새로운 음악과 음악인들을 만날 수 있게 도와준다고 생각한다.

TV의 출현 이후 TV 쇼의 시청 시간과 장소는 어떻게 변화되었는가?
© Paul Brennan/ Shutterstock.com

TV. 한때 수천만 가정에서 지배적인 미디어 장치였던 TV는 이제 새로운 미디어 장치에게 시청자들을 빼앗기고 있다. 점점 더 많은 수의 시청자들이 TV에서 스마트폰, 태블릿, 그리고 기타 인터넷 장치 등으로 눈길을 돌리고 있다.

스마트 TV로도 알려진 커넥티드 TV(Connected TV)는 TV가 살아남을 수 있는 한 가지 방법이다. 스마트 TV는 웹 검색, 소셜 네트워킹, 혹은 비디오 스트리밍을 위한 인터넷 연결 기술을 갖추고 있다. 친구들로 가득 찬 거실에서 대형 화면의 게임을 감상하는 것은 소형 장치가 가질 수 없는 매력이다.

스포츠는 TV 방송국에 특별히 매력적이고 수익성이 높다. 스포츠는 세트와 대본, 출연료를 지급받는 연기자를 필요로 하는 엔터테인먼트 쇼에 비해서 더 쉽게 중계가 가능하다. 스포츠 경기는 다음과 같은 이점이 있다.

- 존재하는 어떤 장소든 이용 가능하다.
- TV 카메라가 충분히 촬영할 수 있는 조명을 갖추고 있다.
- 존재하는 팬 층이 확고하다.

미식 축구(풋볼)는 TV와 같은 시각 미디어를 통한 중계에 특히 적합하다. 각 풋볼 경기는 짧은 시간 지속되며, 플레이와 플레이 사이에 선수들이 새로운 플레이를 위해서 모이는 경기장 영역에 카메라의 포커스를 조정하기에 충분한 시간이 주어진다. 축구나 하키와 같은 스포츠는 연속적인 활동이 있으며, 때때로 카메라의 작은 화면은 벌어지고 있는 모든 동작을 따라가서 포착하는 데 어려움을 겪는다. NFL은 실황 경기를 보는 수천만 관중들을 끌어모으는 TV의 원동력으로 성장했다.

TV 콘텐츠 제작자들은 또한 TV 미디어가 생존할 수 있도록 돕고 있다. 영화 산업에서 성공을 거둔 여러 기업들은 TV 콘텐츠 제작에 뛰어들었다. 영화 제작 기업인 Weinstein Company는 각본이 있는 여러 TV 시리즈와 각본 없는 리얼리티 프로젝트를 제작하였다. Weinstein은 짧은 수명을 가진 영화와 달리 TV가 장기적인 히트 작품이 될 수 있는 잠재성을 제공한다고 생각한다. TV가 더 안정적인 유통 경로이지만, 위험이 전혀 없는 것은 아니다. 모든 TV 쇼가 시청자들 사이에서 히트를 치는 것은 아니다.

인터넷. 인터넷이 유통에 미친 거대한 영향은 아무리 강조해도 지나치지 않다. 스포츠와 엔터테인먼트의 기존 유통 경로는 인터넷으로 인해 개선되었다. 케이블과 공중파 TV는 전통적으로 번들 형태로 일정이 짜인 프로그램 편성을 제공하여 미디어의 유통을 통제하였다. 이들은 이제 시청자들로 하여금 원하는 시간에 원하는 것을 시청할 수 있게 하는 Netflix와 Amazon과 같은 인터넷 기반 서비스 제공업체들로부터 치열한 도전에 직면해 있다. 스포츠 및 엔터테인먼트를 유통시키는 새로운 방식들은 지속적으로 발전하고 있다.

미래의 유통 경로

오늘날 시각 미디어는 영화 스크린에서 스마트폰 스크린까지 일정한 종류의 스크린을 이용한다. 영화 감독 스필버그(Steven Spielberg)가 남캘리포니아대학(University of Southern California) 영화 학교에서 강연을 하였을 때, 그는 청중들에게 자신은 미래에 스크린 없는 엔터테인먼트를 꿈꾸고 있다고 밝혔다. 그는 관객 개개인이 능동적으로 참여하는 3차원 환경에 둘러싸이게 되는 몰입형(immersive) 엔터테인먼트의 출현을 예측했다.

스필버그의 미래 비전을 실현시킬 수 있는 낮은 수준의 기술을 이용한 방법이 몰입형 연극이다. 고글과 이어폰을 이용한 가상 현실 시뮬레이션은 3차원 몰입을 향한 일보 전진이지만, 이러한 시뮬레이션도 유통 경로로써 스크린을 이용한다. 미래는 스크린이 없는 환경에서 관객을 둘러싸고 그 관객을 참여하게 할 수도 있다.

5.1.3 유통 경로의 법적, 윤리적 문제들

전통적으로 TV 시청자들은 방송국이 제작한 쇼를 방송국이 지정한 시간에 시청하였다. 시청자가 그 시간을 놓치는 경우, 재방송을 기다릴 수밖에 없었다. 신기술은 소비자들에게 자신들의 시청 시간에 대한 더 많은 통제권

time-out

기존의 공중파 TV 방송국인 CBS는 케이블 네트워크들과 콘텐츠 재방송 권리를 위한 보상 협상을 성공적으로 타결시켰다. 광고 수입이 감소함에 따라서 CBS의 재방송 권리 판매 수입은 증가하고 있다. CBS는 2017년에 재방송 요금으로 연간 10억 달러의 수입을 벌어들일 것으로 예상하였다.[2]

을 부여하였지만, 어떤 경우 이러한 기술은 기존 서비스에 의해 법적인 난관에 부딪히기도 한다.

콘텐츠의 소유권자는 누구인가?

케이블, 위성, 인터넷 서비스는 TV 방송국이 보유한 쇼 콘텐츠를 재방송하기 위해 해당 방송국에 요금을 지불한다. 케이블, 위성, 인터넷 서비스 제공업체는 소비자들에게 구독료를 부과함으로써 수입을 올린다. 이러한 모든 유통 경로는 스포츠 및 엔터테인먼트 콘텐츠 유통을 위한 신기술로부터 경쟁에 직면하고 있다.

어떤 새로운 유통 경로는 **와해성 기술**(disruptive technologies)로 불린다. 와해성 기술은 기존의 통신 경로 형태를 변화시키는 새로운 기술을 의미한다. 신기술은 현재의 유통 모델을 와해시키기 때문에 기존의 미디어 유통업체들로부터 법적인 문제 제기를 받고 있다. 이러한 기술을 이용하여 콘텐츠 소유권자와 기존의 유통업체에게 재방송 요금을 지불하는 것을 회피할 수 있다. 시청자들은 제작 비용이 비싼 TV 쇼를 보기 위해서 채널을 고정한다. 콘텐츠 제작자(작가, 프로듀서, 감독, 연기자 등)들은 대가 없이 작품을 만들 수는 없다. 신기술은 TV 콘텐츠에 대한 대가를 지불할 수 있는 공정한 방법을 반드시 찾아야 한다. 그렇지 않으면 결국 유통업체들이 유통할 수 있는 콘텐츠가 남아 있지 않을 것이다.

Aereo와 같은 미디어 유통 기업들은 이용자들로 하여금 안테나를 통해 공중파 TV 쇼를 송출받을 수 있게 한다. Hopper라 불리는 DISH 네트워크 서비스는 TV 시청자들이 광고를 생략하여 넘길 수 있게 한다. 주요 네트워크들은 이러한 서비스들을 대가 지불 없이 네트워크 창작 혹은 네트워크 소유 콘텐츠를 무단 이용하는 것으로 간주한다. 1984년 역사적인 대법원 판례에 따르면 개인적인 이용을 위한 쇼의 녹화 및 재생은 합법적인 것이었다. Aereo나 DISH와 같은 기업들은 일부 법원에서 시청자들의 개인적 녹화의 확장인 것으로 판시되었다. 한편 최근의 미국 대법원 판례는 TV 방송국의 편을 들어주었는데, Aereo가 콘텐츠 소유권자의 허가나 소유권자에게 대가 지불 없이 콘텐츠를 재전송함으로써 저작권법을 위반하였다고 판시하였다. 누가 콘텐츠에 대한 돈을 지불할지(또한 누가 그로부터 수익을

어떠한 법률적 문제가 신 미디어 유통 전략과 관련이 있는가?
© bikeriderlondon/ Shutterstock.com

올릴지) 판단하는 것은 계속해서 법적인 문제가 될 것이다. NFL과 MLB는 Aereo와 같은 기업들이 계속해서 콘텐츠에 대한 대가를 지불하지 않을 경우 스포츠 경기의 공중파 TV 송출을 중단하겠다고 공표하였다. 이러한 유통 모델이 계속되는 경우, 광고주 혹은 이용자가 자체 콘텐츠 제작에 필요한 안정적인 수입원이 되어야 할 것이다.

불법 복제. 스포츠와 엔터테인먼트를 위한 휴대폰 애플리케이션(앱)은 성장하고 있는 사업이다. 미국 내 앱의 1차적인 유통업자는 Apple의 App Store와 같은 공식적인 판매처들이다. 한편 중국 내에서 주요 유통업자들은 인가되지 않은 불법 복제를 허용하는 앱 스토어들이다. 중국 iPhone 이용자의 3분의 1은 자신의 휴대폰을 탈옥(jailbreak)시키는데, 이러한 탈옥 행위는 Apple이 인가하거나 제공하지 않는 앱에 대해 거의 무제한의 접근성을 부여하는 폰 해킹을 수반한다. 탈옥은 휴대폰을 손상시키거나 작동 불능 상태에 빠지게 하기 때문에 바람직하지 않다. 이러한 일이 발생하면 Apple이 그 문제를 해결해줄 수 없을 수도 있다. Apple은 중국 기업들과 협력하여 깨끗하고 합법적인 앱 유통 경로를 생성하려는 노력을 하고 있다. 중국인들의 콘텐츠 및 소프트웨어의 불법 복제 행위는 계속해서 해결해야 하는 문제로 남아 있다.

5.2 소셜미디어 및 기술 경로 관리

핵심 문제 기술이 경로 관리의 효율성을 어떻게 향상시켰는가?

학습 목표 **5.2.1** 경로 관리 기능에서 기술의 이용을 설명한다.

5.2.2 소셜미디어 및 기술 이용의 효율성을 상품 혹은 서비스의 물리적 유통과 비교한다.

핵심 용어 예측 검색(predictive search) 팟캐스트(podcast) 광대역(broadband)

Opening Act

어떤 사람들은 신기술을 처음 경험할 때 불편한 감정을 느낀다. 새로운 휴대폰 앱은 당신에 대해서 많은 것을 알고 있으며, 당신이 어디에 있는지, 당신이 무엇을 하고 있는지 알고 있다. 〈*New York Times*〉의 기술 전문 기자인 클레어 케인 밀러(Claire Cain Miller)는 스마트폰의 개인 비서 애플리케이션인 Google Now를 처음 이용한 경험을 설명하였다. 그녀의 휴대폰이 교통 상황 때문에 예약된 식당에 제시간에 도착하기 위해서는 15분 내에 출발할 필요가 있다는 알람이 울렸다. 한편 그녀는 자신이 식당 예약을 했는지, 자신이 지금 어디에 있는지, 계획된 일정이 어떻게 되는지 스마트폰에 입력하지 않았었다. Google Now는 그녀의 Gmail 메일함에서 OpenTable 예약을 찾아내고, 휴대폰 GPS를 바탕으로 현재의 위치를 알고 있었으며, 교통 상황을 확인하기 위해 Google Maps를 확인한 것이다. 이런 상황에 대해 "섬뜩함을 느꼈어요"라고 밀러는 말하였다.[3] 하지만 이제 밀러는 이 앱이 자신에게 유용한 정보를 줄 수 있을 것으로 믿는다. 그녀는 '불신에서 의존으로' 상황이 전환되었다. Google 및 다른 테크노 기업들은 이러한 기기들이 이용자의 모든 행동을 예측하는 기능에 사람들이 빠르게 적응하고 익숙해지고 있음을 알고 있다.

협력 학습 두 팀을 구성하라. 개인정보의 수집 및 저장에 대한 제한이 있어야 하는지 토론하라. 이러한 기술의 부정적인 측면은 무엇인가? 그럴 만한 혜택이 있는가? 이유를 설명하라.

5.2.1 기술을 이용한 경로 관리

Google Now와 같은 기술 앱은 예측 검색이라 알려진 기능을 이용한다. 예측 검색(predictive search)은 당신이 물을 것으로 예상되는 문제의 해답을 제공하기 위해서 당신의 개인 데이터를 검색하는 기능이다. 이 기능은 당신의 일정 입력, 소셜네트워크 활동, 이메일, 스마트폰 위치 기반 탐색을 바탕으로 정보를 수집한다. 예측 검색 도구는 스포츠 및 엔터테인먼트의 유통 경로로써의 역할을 수행할 수 있다. 매진된 브로드웨이 쇼 티켓이 구매 가능해진다면, 당신은 예측 검색이 찾아낸 당신의 선호를 바탕으로 즉각적으로 그 티켓의 구매를 추천받을 수 있다. 이는 유통 경로가 어떻게 변화하고 있는지를 나타내는 하나의 예시에 불과하다. 기업들은 계속해서 소비자들이 상품 및 서비스를 얻는 방법을 개선하기 위한 노력을 하고 있다.

기업은 자사의 유통 전략의 일환으로 어떻게 예측 검색 기술을 이용할 수 있는가?

케이블 끊기: 스트리밍 미디어

신기술은 엔터테인먼트 유통 경로의 구도를 현저하게 바꿔놓았다. 과거에는 한 번 TV에 방송된 쇼는 몇 번의 재방송을 거치면 사라지곤 하였다. 오늘날 TV 쇼는 스트리밍 미디어(streaming media)를 통해서 거의 즉각적으로 언제라도 유통될 수 있다. 많은 경우 케이블 네트워크는 스트리밍 온라인 구독 서비스로 대체되고 있다.

케이블 방송을 시청하는 가정의 수는 감소 추세에 있다. 위성 TV는 케이블 방송보다 더 빠르게 시청자로부터 외면당하고 있다. 공중파 TV 네트워크는 케이블 및 위성 네트워크와의 계약 단가를 해당 기업의 구독자 수를 바탕으로 정한다. 구독자 수가 감소하고 있기 때문에 TV 방송국은 이제 온라인 비디오 서비스와의 협력에 관심을 가진다. 케이블 및 전기 통신 서비스 제공업체들은 성장을 위해서 자사의 인터넷 서비스에 더 의존할 수밖에 없는 상황에 처하였다.

온디맨드(on-demand) 프로그램 편성. TV 방송국과 케이블, 인터넷 서비스 제공업체 간의 경쟁이 크게 증가하였다. 시청자를 끌어모으기 위해서

Netflix와 같은 웹 기반 서비스는 자체 프로그램의 제작에 투자하고 있다. 2013년 Netflix는 자체 제작 시리즈인 〈*House of Cards*〉를 방영하였다. 이는 큰 성공을 거두어 구독자 수가 크게 증가하였다. 그 결과 Netflix는 자체 제작 프로그램 제작을 두 배로 늘리려는 계획을 갖게 되었다.

Viacom Media Networks는 미국 내 광고 지원 케이블 네트워크 중 가장 큰 시장 점유율을 갖고 있다. 여기에는 MTV, Comedy Central, BET, Nickelodeon과 같은 브랜드가 포함된다. 각각의 Viacom 브랜드는 자신의 시청자를 바탕으로 자체 콘텐츠를 제작한다. Viacom은 Sony가 선보인 새로운 온라인 TV 서비스와 계약을 체결함으로써 자사의 유통 경로를 확장시켰다. 신규 서비스는 유료 구독자가 케이블 채널을 온라인으로 볼 수 있도록 하고 있다. 이는 Netflix나 Hulu와 같은 주문식(on-demand) 미디어 라이브러리와 유사하다. Sony, Intel, Google 등은 인터넷을 통해 자사의 프로그램을 제공하는 서비스 제공자가 되고자 하는 희망을 갖고 최고의 콘텐츠 제작자(Disney와 Warner Bros 포함)의 뒤를 따르고 있다.

서비스 비용 증가. 인터넷상에서 콘텐츠를 시청하기 위해서 소비자는 초고속 인터넷 서비스인 **광대역**(broadband)을 갖출 필요가 있다. 광대역 인터넷 서비스 제공업체는 인터넷의 통제 주체를 놓고 연방통신위원회(FCC)와 법정 싸움을 벌였다. 광대역 통신 서비스업체는 Netflix와 같은 주요 온라인 고객에게 보다 빠르고 신속한 서비스를 더 높은 가격에 부과하기를 원한다. 소비자는 인터넷 서비스 제공업체(ISP)가 콘텐츠 제작자와 손을 잡고 그들의 파트너십이 아닌 콘텐츠는 아예 차단할 수도 있다는 두려움을 갖고 있다. 또는 ISP가 미디어의 전송을 매우 느리게 하여 콘텐츠 제작자와 소비자에게 파트너십 참여를 강제할 수도 있다. 결과가 어떻게 되었든 간에 광대역 서비스의 수요가 증가함에 따라서 인터넷 서비스의 비용은 상승할 것으로 예상된다.

예상치 못한 시장. 새로운 온라인 서비스는 소비자로서의 연령대가 높은 미국인들을 목표로 기대하지는 않았다. 하지만 온라인 서비스의 이용자 친화성과 낮은 비용은 65세 이상 연령대를 포함한 모든 연령대에 온라인 서비스를 매우 매력적으로 보이게 만들었다. 수입이 낮은 노령의 시청자들은 종종 TV 서비스의 비용을 절감할 방법을 찾는다. 덧붙여 말하면, Nielsen의 설문조사에 따르면, 65세 이상의 미국인들은 하루에 7시간 TV를 보는 것으로 밝혀졌다. 많은 수의 노령 시청자들은 이미 TV 스트리밍에 필요한 초고속 인터넷을 보유하고 있다.

오디오의 부흥

라디오 토크 프로그램이 건재하긴 하지만, 유통 경로는 변화하고 있다. 팟캐스트(Podcasts)는 사후 재생을 위해 인터넷상에 멀티미디어 파일을 유통시키는 방법이다. 기본적으로 라디오인 팟캐스트는 사전 녹음된 라디오 토크 쇼로 구성된다. 팟캐스트는 매우 개인화된 형태의 엔터테인먼트와 정보로 변모하였다. 팟캐스트는 오프라인 청취를 위해 인터넷에서 다운로드 받는 구조이다. 청취자는 자신이 원하는 콘텐츠를 원하는 시간에 무료로 청취할 수 있다. 바쁜 사람들은 팟캐스트를 통해 자신이 좋아하는 스포츠 팀에 대한 최신 뉴스를 전해 듣거나, 자신이 놓쳤던 연예인 인터뷰를 청취하기에 매우 적합하다고 생각한다. 코미디언들은 팟캐스트를 통해 디지털 세계에서 자신의 팬 기반을 확장할 수 있다. 상위 팟캐스트는 수백만 건의 다운로드 수를 기록하고 있다. 팟캐스트가 모바일 기기로 다운로드가 가능해지면서 라디오 쇼는 새로운 젊은 연령대의 청취자를 끌어모았다.

5.2.2 기술 효율성

Amazon 설립자인 제프 베조스(Jeff Bezos)가 드론을 이용하여 택배를 배송할 것이라고 발표하면서 유통 기술은 미래로 급격하게 전환되었다. 한편 택배 서비스는 연방항공국(FAA)으로부터 민간에서의 드론 이용에 대한 승인을 기다리고 있는데, 기타 여러 가지 장애물들에 직면해 있다. 영화 감독들 또한 항공 사진 촬영을 위한 드론에 대한 승인을 기다리고 있다.

유통 경로를 더 효율적으로 만드는 기술은 기업과 소비자들에게 흥미로운 영역이다. 새로운 혁신과 지속적인 개선의 가능성은 무한하다. 팬들에게 미디어를 전달하는 최신 기술들은 이미 적용되고 있다.

time-out

대니 르윈(Danny Lewin)은 Akamai Technologies를 공동 설립한 수학 천재이다. 그가 항공기 사고로 사망하기 전에 Akamai는 웹페이지를 매우 빠른 속도로 전송할 방법을 개척하였다. 그의 혁신은 거의 실시간으로 엄청난 양의 트래픽을 다룰 수 있는 웹페이지를 가능하게 하였다. 르윈의 혁신으로 Akamai는 기업과 소비자들에게 인터넷을 빠르고, 안정적이며 안전하게 만들어 나가고 있다.

소비자 참여

과거 로마인들은 두루마리(scroll)에 적힌 글자와 뉴스로 소통을 하였다. 이러한 두루마리는 공공 장소의 벽에 게시되어 많은 사람들에게 공유되었다. 따라서 어떤 의미에서 소셜미디어는 수천 년간 존재하였지만 다만 그 유통 경로가 변화하였다고 볼 수 있다. 사람들은 벽에 메시지를 쓰기보다는 즉각적인 소통을 위한 기술을 이용한다. 이제 소셜미디어를 통한 채팅으로 마케팅 담당자들은 소비자들에게 쉽게 접근할 수 있다. 적합한 마케팅 도구를 이용하여 상품 정보와 상품 팁과 같은 가치 있는 메시지를 전달함으로써 소비자와 견고하고 참여적인 관계를 형성할 수 있다. 참여적인 소비자는 단골 고객인 경향이 있다. 한편 소비자와의 무의미한 교류는 그 관계를 훼손시키거나 소비자의 이탈을 초래할 수도 있다. 따라서 마케팅 담당자들은 유통 도구로써 어떻게 소셜미디어를 이용할 것인지 신중하게 계획해야 한다.

NASCAR 디지털

NASCAR의 가장 인기 있는 드라이버인 대일 언하트 주니어(Dale Earnhardt Jr.)는 Hendrick Motorsports의 소셜미디어 지휘 센터인 Digital Dashboard를 통해 팬들에게 다가간다. 언하트는 자신과의 독대를 원하는 팬들과의 접속도 가능하다. NASCAR는 Digital Dashboard를 스폰서 모집에 활용할 수 있는 효율적인 핵심 거점으로 여긴다. 스폰서들은 소셜미디어의 추가를 팬들을 끌어모으는 수단으로 이해한다.

비디오 게임

상위 20개의 비디오 게임이 미국 전체 게임 매출의 40% 이상을 차지한다.[4] 출시되는 게임의 수는 감소하고 있는데, 이는 장기적으로 위험한 유통 전략이다. 이는 더 적은 수의 게임 타이틀로부터 얻는 수입으로 모든 게임 개발 비용이 충당되어야 한다는 것을 의미한다. 이러한 전략으로 인해 게임 제작자는 충성도 높은 소비자들이 계속해서 그 게임을 플레이하고 그 게임의 최신 버전을 구매하기를 기대해야 한다.

일반적으로 가격이 비싼 콘솔 기반 게임들은 스마트폰과 같은 작은 모바일 기기에서 플레이할 수 있는 저렴한 온라인 게임에 고객들을 빼앗기고 있다. 사람들은 다른 이들이 플레이하는 게임에 매료되어 온라인 멀티플레이어 게임이 성장하고, 이는 네트워크 효과를 가진다. 온라인상에서 구입하는 캐릭터에 더 많은 생명력을 불어넣는 것과 같은 추가적인 기능은 게임 제작자에게는 추가 수입원이다. 이러한 제작 비용 1백만 달러 미만의 저예산 게임들이 소비자들에게 다가갈 수 있는 길을 모색하고 있다. 크라우드 펀딩(crowd funding, 다수의 투자자)을 통하여 자금을 확보하고 게임을 디지털로 유통시킴으로써 비디오 게임 제작자는 소비자들이 이용 가능한 게임의 수와 종류를 확대시킬 수 있다.

음악을 듣기 위해 가능한 지불 비용

영화 〈*Inside Llewyn Davis*〉에서 1960년대 기타를 둘러멘 포크 가수 데이빗은 가난한 뮤지션이다. 그의 과거 음반은 창고에 쌓여 있고, 현실은 비참하다. 그는 성공을 위해 뉴욕에서 시카고로 오디션을 보러 간다. 그의 노래를 들은 음반 기획자는 데이빗에게 "이 노래는 돈이 될만하지 않아(I don't see a lot of money here)"라고 말하였다. 이는 데이빗이 금전적인 성공을 거둘 것으로 생각하지 않고 있음을 의미하는 것이었다. 인터넷 다운로드의 확산으로 음반 산업이 추락한 이후, 뮤지션들은 새로운 유통 모델을 찾았다. Rabbit Rabbit 밴드는 이 문제에 대한 한 가지 해결책을 찾았다. 이 밴드는 음악 유통을 위해서 Rabbit Rabbit Radio라 불리는 구독 사이트를 이용하면서, 매달 1일 온라인을 통해 구독자들을 위한 신곡을 출시한다. 이 밴드는 또한 동영상, 슬라이드 쇼, 자신들이 존경하는 다른 뮤지션에 대한 정보, 투어 중에 이들이 발견한 식당 등에 대한 의견 등을 게재한다. 구독 비용은 한 달에 2~5달러로, 팬들이 원하는 가격을 지불할 수 있도록 하였다. 이 밴드는 첫 18개월 동안 90만 명의 구독자들을 끌어모았다.[5]

5.3 엔터테인먼트 유통

핵심 문제 경로 관리 전략과 비용은 어떻게 관리될 수 있는가?

학습 목표
5.3.1 엔터테인먼트 유통에서 이용되는 경로 관리 전략들을 분류한다.
5.3.2 비용 최소화를 위한 경로 관리 방법을 설명한다.

핵심 용어
콘서트 영화(in-concert movie) 광역 배급(wide release)
플랫폼(platform) 예술 영화(art-house movie)

Opening Act

영화 〈*Star Trek: The Next Genertaion*〉에서 스타십 엔터프라이즈의 일등 항해사는 '홀로덱(holodeck)'에 들어간다. 홀로덱은 선원들을 위한 다양한 즐길 거리가 있는 방이다. 물질 복사기는 에너지를 가구나 음식, 음료 등으로 변환시킬 수 있다. 참가자는 열차 탑승이나 역사적으로 유명한 전쟁에서의 전투를 시뮬레이션으로 경험할 수 있다. 에너지 물질 변환기는 현 시점까지 개발되지 않고 있다. 그러나 소비자들은 자신들의 엔터테인먼트에 있어서 더 많은 참여를 추구하고 있다. 수동적인 시청은 비디오 게임과 디지털 시뮬레이션을 접하면서 자란 세대에는 더 이상 충분하지 않다.

협력 학습 파트너와 함께 미래 엔터테인먼트 유통에 대한 당신의 생각들을 정리하라. 당신의 생각을 학급 전체와 공유하라.

5.3.1 엔터테인먼트

Channel Management

세계 최고의 엔터테인먼트도 소비자들이 원하는 장소에서 접근 가능하고 수익을 낼 수 있을 만큼 충분한 돈을 지불할 용의가 있지 않은 이상 가치가 없다. 케이티 페리(Katy Perry)는 〈*Katy Perry: Part of Me*〉라는 영화로 박스오피스를 뒤흔들어 놓았는데, 제작에 약 1,200만 달러가 들었으며 전 세계적으로 3,300만 달러의 수입을 올렸다.[6] 이 영화는 다큐멘터리와 콘서트 영화의 조합이었다. **콘서트 영화(in-concert movie)**는 실제 콘서트 공연 영상을 담고 있는 영화이다. 이 영화는 상대적으로 제작 비용이 적게 들었지만 고정 팬들을 확보해 수익 잠재성이 높은 영화의 일례이다.

실황 엔터테인먼트

TV에서의 실황 공연의 유통은 1950년대의 주요 전략이었으나 NBC가 무대 공연을 바탕으로 최근에 제작한 〈*The Sound of Music*〉 이전에는 지난 60년간 거의 실행되지 않았다. 비평가들은 좋아하지 않았지만 프로그램의 시청자 수는 1,860만 명에 달해서, 수년 이래 가장 높은 시청자 수를 기록하였다.[7] 얼마 후 NBC는 〈*Peter Pan*〉 제작을 발표하였는데, 이는 새로운 실황 TV 작품의 전통을 시작하는 것으로 볼 수 있다. 실황 공연은 항상 위험을 수반하며 비용이 많이 드는 모험이다. 사전 제작된 TV 쇼에서처럼 '다시 하는 것(do-over)'이 존재하지 않는다.

녹화 엔터테인먼트

소비자들은 실황 공연의 관람을 선호함에도 불구하고 비용이나 장소 등 여러 가지 이유로 인해 그러지 못할 수 있다. 케이티 페리의 콘서트 영화는 실황 콘서트를 관람할 수 없는 팬들에게 자신의 공연 모습을 스크린으로 감상할 수 있는 기회를 부여하였다. 영화를 통한 콘서트 유통은 성공이 입증되었다. 이러한 방식은 소비자들에게 적당한 가격에 적당한 장소에서 자신이 원하는 상품을 얻을 수 있게 했으며, 높은 수익을 창출시켰다.

지속적인 기술의 발전에 따라서 녹화된 스포츠 및 엔터테인먼트 이벤트를 위해 이용되는 전송 시스템의 유형인 **플랫폼**(platform)이 계속해서 확대되고 개선될 것이다. 소비자의 플랫폼에 대한 만족도(혹은 경제적 효용)는 어떤 플랫폼이 인기를 얻고 폭넓게 수용될지 결정할 것이다. 창의적 발명가와 마케터는 소비자들을 만족시킬 수 있는 방법을 지속적으로 탐색할 것이다.

5.3.2 경로

창작자로부터 소비자에게 엔터테인먼트를 전달하는 데는 다양한 경로 구성원들이 관여한다. 영화 제작자는 전통적인 유통 경로 또는 다른 유통 수단과 함께 해야만 한다. 〈*Some Girl*〉은 상대적으로 저예산 영화였다. 이 영화의 제작자는 전통적인 유통업체의 제안을 거절하였다. 그 대신에 영화 제작자는 요금을 받고 독립 영화를 스트리밍하는 Vimeo의 주문식이며 직접적 방식의 온라인 유통 서비스로 영화를 배급하

실황 TV 쇼인 〈*The Sound of Music*〉의 예상치 못한 성공 이후 NBC의 제작 책임자인 크레이그 제이단(Craig Zadan)은 다음과 같이 말하였다. "소셜미디어가 쇼의 성공에 있어서 중심적인 역할을 담당하였다." Twitter와 Facebook 트래픽은 공연이 계속되는 동안, 그리고 공연이 끝난 뒤에도 지속되었다.[8] 다수의 소셜미디어 의견들이 비판적이었지만, 시청자들은 쇼에 깊숙이 참여하게 되었다.

Social Media Marketing

Think Critically

소셜 미디어가 엔터테인먼트 행사 혹은 쇼의 성공에 어떠한 영향을 줄 수 있는지에 대해서 파트너와 논의하라. 왜 비판적인 의견이 꼭 부정적인 것으로 간주되지 않는가?

기로 결정하였다. 제작사는 Vimeo 회원에게 영화 대여료로 5달러를 부과하기로 결정하였는데, 대여된 영화는 다양한 장치로 시청이 가능하였다. 작은 시장을 대상으로 하는 영화의 경우 유통 비용을 조절하는 방법을 찾는 것이 중요하다.

비용 절감

time-out

Regal, AMC, Cinemark 영화관은 DCDC(Digital Cinema Distribution Coalition)와 합작하여 위성을 통해 영화와 홍보 자료 등을 수신하고 있다. Universal Pictures와 Warner Bros.는 DCDC의 형성을 도왔으며, 다른 스튜디오들 또한 가입이 예상된다.

광고, 제작 및 유통 비용은 영화 스튜디오의 주요 비용이다. 비용 절감 방법 중의 한 가지는 영화의 개봉을 조절하는 것이다. **광역 배급**(wide release)은 영화가 동시에 전국적으로 천 곳 이상의 극장에서 개봉되는 것을 의미한다. 블록버스터 영화와 같은 상업적 주류에서 벗어난 전형적인 독립 영화인 **예술 영화**(art-house movie)는 상대적으로 적은 관객을 대상으로 한다. 예술 영화는 대중적인 어필을 위해서 제작되지 않았기 때문에 제한적 배급(limited release) 방식을 이용하여 유통 비용을 감소시킨다.

1990년대 후반까지 영화는 35mm 거대한 필름을 감은 릴(reel)로 유통되었다. 릴당 운송 비용은 대략 1,200달러에서 3,000달러에 달하였다. 디지털 유통과 위성 유통은 필름 릴을 영화관으로 운송하는 데 비해 훨씬 비용을 줄여준다. 한편 디지털 유통은 최신 디지털 영상 장비를 필요로 하는데, 이 장비는 고가이다. 신 유통 기술의 비용은 대다수 소규모 영화관의 잠재적인 수익을 초과하므로 결국 이러한 영화관들의 문을 닫게 해서 영화관이 아예 없는 마을도 생겨났다.

5.4 스포츠 유통

핵심 문제 스포츠 유통에는 어떠한 전략이 이용되는가?

학습 목표
5.4.1 아마추어 스포츠 및 레크리에이션을 위한 유통 전략을 선택한다.
5.4.2 대학 스포츠의 유통에 있어서 고려사항을 설명한다.
5.4.3 프로 스포츠의 경로 전략을 논의한다.

핵심 용어
비수익적 스포츠(nonrevenue sports)
케이블 번들(cable bundle)
카르텔(cartel)
리그 협약(league agreement)
다채널 비디오 프로그램 편성 유통업체(multichannel video programming distributor)

Opening Act

나이가 80대인 도로시 켈리 보엔(Dorothy Kelly Boen)은 자신의 연령대에 연상되는 흔들 의자의 이미지를 거부한다. 그녀는 한 헬스 클럽에서 근력 운동을 하며, 다른 클럽에서는 수중 에어로빅에도 참여한다. "나는 두 개의 헬스 클럽을 다닙니다. 한 헬스 클럽은 사람들이 좋고 다른 헬스 클럽은 장비가 좋아요."라고 그녀는 말한다. 그녀는 수중 에어로빅 수강생들을 집으로 초대하여 점심을 먹거나 집 수영장에서 수영을 한다.

미국 연방 보고서에 따르면 2050년에 이르면 미국 내 85세 이상 노령 인구가 1,900만 명에 이르게 된다. 이 연령대는 미국 내에서 가장 빠르게 성장하는 시장이다.[9] 활동성을 유지하는 것은 건강을 유지하는 것과 직접적인 관련이 있다.

협력 학습 파트너와 함께 건강을 유지하길 원하는 활동적인 80대에게 어필하는 상품 및 서비스 목록을 작성하라. 이 연령대에 도달하기 위한 유통 경로는 어떤 것이 가장 바람직할까?

5.4.1 아마추어 스포츠 및 레크리에이션

건강, 여가 시간, 돈은 모두 레크리에이션 산업을 주도한다. 사람들은 활력과 건강을 유지하는 데 관심이 있다. 한 연구 결과 청소년의 신체 활동 참여와 이들의 정서적인 건강에는 긍정적 상관관계가 있는 것으로 나타났다. 성인이 된 후에도 레크리에이션 스포츠에 계속적으로 참여한다면 생애 전체에 걸친 건강상의 이득을 얻게 된다.

건강과 재미

매년 스포츠 및 피트니스 산업 연합(Sports and Fitness Industry Association)은 미국 내 스포츠 참여에 대한 보고서를 발간한다. 최근의 연구는 다음과 같은 결과로 제시되었는데, 2000년 이후에 태어난 Z 세대들을 처음으로 추적하였다.

- 미국인의 30%는 건강한 수준으로 활동적이다.
- 수영은 8개 연령층 중 6개의 연령층에서 건강을 위해 최고로 열망하는 활동이다.
- 그룹별 피트니스 프로그램과 관련하여 최고의 도시는 솔트레이크시티, 애틀랜타, 워싱턴 D.C.이다.
- 팀 스포츠 활동에 지출이 증가하였다.[10]

레크리에이션 마케팅의 한 가지 과제는 사람들이 흥미를 가지는 스포츠 및 활동에 능동적으로 참여할 수 있도록 동기를 부여하는 것이다. 장기간에 걸쳐 높은 비용은 사람들의 관심을 저하시키지만, 현명한 마케팅 담당

지역 사회는 건강한 레크리에이션 활동을 어떻게 지원할 수 있는가?
© Lissandra Melo/ Shutterstock.com

자들은 사람들이 활력과 건강을 유지할 수 있도록 이러한 레크리에이션 활동의 공백을 좁힐 수 있을 것이다.

시설 대 황무지

스포츠 시설을 필요한 곳에 이용할 수 있도록 만드는 것은 아마추어 스포츠 마케팅 담당자들과 지역 사회 리더들에게 지속적인 과제이다. 좋은 레크리에이션 스포츠 시설에 대한 낮은 접근성은 일부 사람들이 스포츠에 참여하는 것을 저해시키는 요인이다. 사람들의 레크리에이션 필요와 레크리에이션의 환경적인 영향이 지역 계획 시에 반드시 고려되어야 한다. 배낭여행, 오프로드 드라이빙, 암벽 등반과 같은 야외 활동은 황무지 영역을 파괴할 수 있다. 어떤 식으로든 지역 사회 리더와 시민들은 두 가지 필요 사이에서 균형을 이루고 야외 활동 애호가들에게 황무지를 즐기면서 보호하는 방법을 교육할 수 있도록 지원해야 한다.

5.4.2 대학 스포츠

대학 팀의 승리는 그 학교와 지역 사회와 주에 경제적인 영향을 준다. 예외적인 경우가 비수익 스포츠이다. 비수익 스포츠는 학교의 재정 지원을 받지만 투자 대비 수익을 생성하지는 않는 스포츠이다. 비수익 스포츠의 사례로 축구, 테니스, 소프트볼, 육상, 수영 등이 있다. 점점 더 뚜렷해지고 있는 경향은 조정이나 남자 체조와 같은 스포츠는 대학 팀 명부에서 빠지고 있다는 것이다. 일부 대학들은 이러한 현상을 여성의 운동 참여 증진 및 장학금 증액의 요구에 따른 폐지 조치로 관련지어 주장한다. 운동에 있어서 성 평등은 1972년 통과된 Title IX에 규정되어 있다. 한편 일부 대학들의 주장에도 불구하고 이 법률과 스포츠 팀 폐지 간의 관계에 대한 근거는 없다. 사실 여성이 남성보다 더 많이 대학 조정 경기에 참여하고 있기 때문에, 조정 프로그램의 삭감은 방향이 잘못된 것이다. 다른 한편 풋볼과 농구는 과거 어느 때보다도 많은 지원을 받고 있으며, 어떠한 삭감 위험도 없다.

연방 법률은 대학교의 대표 팀 스포츠에 어떻게 영향을 주는가?

© John Kropewnicki/ Shutterstock.com

풋볼 규칙

2000년대 중반 Disney 계열사인 ESPN은 ESPN과 ESPN2에서 중계할 수 있는 대학 풋볼 경기보다 더 많은 수의 경기에 대한 중계권을 소유하였다. ESPN이 중계하지 않는 경기의 경우에도 독점 계약에 따라 그 경기의 다른 전국 네트워크를 통한 재판매가 금지되어 있었다. 대학 스포츠 TV(College Sports Television, CSTV)는 ESPN이 독점적 지위를 누리고 있다고 비난하며, 미국 법무부의 조사를 의뢰하였다. 대학들은 ESPN이 대학 경기 중계권을 사들여서 다른 TV 네트워크들의 중계를 방해한다고 여겼다. 어떠한 혐의도 ESPN에 제기되지 않았으나, CSTV는 정부 조사가 ESPN 정책 변화를 초래할 것으로 기대하였다. ESPN은 현재 대학 스포츠 경기를 다른 네트워크들과 공유하고 있다. ESPN은 또한 대학 스포츠 중계를 전문으로 하는 신규 채널 ESPNU를 개시하였다. ESPNU는 이제 Disney의 케이블 번들에 있어서 중요한 부분이 되었다. 케이블 번들(cable bundle)은 TV 구독 서비스 업체에 의해서 월 정액으로 패키지 판매되는 TV 채널 그룹을 의미한다.

대학 팀 랭킹

대학 풋볼 팀의 프리시즌 랭킹은 어떤 경기를 TV에 방송할지에 영향을 준다. TV로 중계되는 경기는 해당 팀과 대학에 더 큰 매출을 가져다 준다. 랭킹은 광고주와 대회 스폰서 기업들에게 영향을 준다. 한 기업이 NCAA 라이선스 대회의 후원을 결정하면 기업은 최소한 참가 팀의 교통 및 참가 비용을 모두 지불해야 한다. 후원 기업들은 만석 관객과 대규모의 TV 시청자 수를 확보하여 티켓 매출, 상품 매출, 관련 이벤트로부터 최대 매출의 달성을 원한다. 컴퓨터, 태블릿, 스마트폰과 같은 새로운 유통 경로의 등장은 시청자들에게 최고 팀들이 경쟁하는 장면을 볼 수 있는 더 많은 기회를 제공한다.

ESPN은 대학 리그의 결승 경기를 모든 유형의 풋볼 팬들에게 어필할 수 있도록 중계되기를 원했다. 그렇게 하기 위해서 ESPN은 6가지 방식으로 경기를 유통시키기 시작하였다. ESPN은 대부분의 사람들이 ESPN을 통해 경기를 시청할 것으로 예상하였으나, 아래 표와 같이 ESPN 계열의 네트워크 전체를 통해서 보충을 하였다.[11]

ESPN	ESPN2	ESPNews	ESPN Goal Line	ESPN Classic	ESPN3
정규 풋볼 경기 중계	타이틀 토크, 분석가 및 코치 출연	기존과는 다른 카메라 앵글로 심도 있는 실황 중계	생중계와 리플레이를 갖춘 분할 스크린과 실시간 통계	시청자가 현장음을 들을 수 있도록 실황 중계음을 제거할 수 있는 시청자 오디오 통제 시스템	각 팀의 라디오 중계 및 실시간 팬 반응을 포함한 온라인 서비스

5.4.3 프로 스포츠

미국 내에서 TV 중계되는 모든 실황 경기의 대략 절반이 ESPN에 의해 제작된다. ESPN은 1억 가정으로부터 케이블 요금으로 매년 60억 달러 이상을 벌어들인다.[12] 압도적인 우위에도 불구하고, ESPN은 시청자들이 케이블 TV를 떠나는 것을 경험하고 있다. ESPN은 이를 자사의 사업 모델에 대한 실제적인 위협으로 간주하여 새로운 팬들과 접촉하기 위한 여러 가지 방법들을 탐색하고 있다.

전 세계 중계

ESPN은 월드컵 시작 6개월 전에 새로운 팬들을 끌어모으려는 목적으로 2분짜리 동영상으로 2014년 FIFA 월드컵 중계를 시작하였다. 월드컵 축구 토너먼트는 전 세계 팀들이 참여한다. 월드컵은 전 세계 시청자들에게 중계되며, 시청자 수는 슈퍼볼의 시청자 수를 뛰어넘는다. 축구는 전 세계적으로 가장 인기 있는 스포츠인 한편, 미국 풋볼은 전 세계에서 13번째로 인기 있는 스포츠 순위에 올라 있다.[13]

정치적 풋볼. 슈퍼볼을 개최하는 일은 미국의 어떤 도시에 있어서도 큰 성과(그리고 중요한 프로젝트)이다. 슈퍼볼을 미국 내 가장 큰 도시권에서 개최한다는 것은 모든 것이 규모가 크다는 것을 의미한다. 슈퍼볼 XLVIII은 뉴욕의 타임스퀘어에서 약 9마일 떨어진 뉴저지의 MetLife 스타디움에서 개최되었다. 이 경기 기간 동안에 호텔 숙박비와 TV 광고 가격은 가장 비싼 가격으로 기록되었다.

이 스타디움이 슈퍼볼 개최지로 선정되었을 때, 스타디움에서 고속도로 건너편에 위치한 엔터테인먼트 몰(mall)인 American Dream의 건설을 포함한 여러 가지 논란과 문제들이 있었다. American Dream은 12층 높이의 실내 스키장, 실내 워터 파크, 놀이 공원, 상점, 식당을 포함하고 있었다. 이 몰은 2004년 시공되었는데, 반복된 지연으로 인해 슈퍼볼 기간 전에 개장하겠다는 약속에도 불구하고 계속 미뤄졌다. MetLife 스타디움에서 경기를 갖는 NFL의 New York Giants와 New York Jets는 이 몰에 대해 소송을 제기하였다. 양 팀은 몰이 결국 개장한다면, 게임 당일 몰의 일부를 폐쇄하여 교통 혼잡을 피할 수 있게 되기를 원하였다.

슈퍼볼 개최지 선정은 또한 뉴저지 스타디움의 자금 조달에 대한 조사를 재개하도록 만들었다. 이 스타디움은 주정부 자금 없이 Jets와 Giants 구단주의 개인 자금을 가지고 건설되었다. 이 스타디움에 대한 뉴저지와의 협상에서 NFL 구단주들은 고급 스위트 룸, 티켓 매출, 혹은 기타 매출원에 대한 과세 금지를 요구하였고, 원하는 결과를 얻어냈다. Jets와 Giants는 이제 임대료로 약 630만 달러를 뉴저지 스포츠 당국에 지불한다. 이들은 주차, 프리미엄 좌석, 혹은 콘서트와 스폰서십에 따른 1억 달러의 매출을 공유하지 않아도 된다.[14] 일부는 이것을 뉴저지와 주민들에게 좋은 협상이었다고 보지는 않지만, 구단주들은 지역 내 모든 이들이 스타디움 내 스포츠와 엔터테인먼트의 유통으로부터 혜택을 입으며, 특히 슈퍼볼이 개최되면 더욱 혜택이 많다고 생각한다.

time-out

각 NFL 팀은 선발 쿼터백들을 위해 정확히 준비된 12~20개의 공을 갖고 있다. 장비 디렉터는 왁스를 제거하고, 공을 적시고, 공이 젖어 있는 동안 솔질을 하고, 고속의 버퍼를 이용하여 문지르는 준비 작업에 수 시간을 소비한다. New York Giants의 엘리 매닝(Eli Manning)은 경기에 사용하기 전에 모든 공들을 시험해 본다.

경기의 유통

현재 존재하는 팀들보다 프로 스포츠 팀을 원하는 미국 내 도시의 수가 더 많다. 다양한 리그들은 리그 구단주에게 돌아오는 이득을 바탕으로 팀의 수와 팀의 연고지를 통제한다. 리그 내 개별 팀들은 개별적으로 운영되는 기업이지만, 이들은 자유 시장에 있을 때처럼 상호 경쟁 관계를 갖지는 않는다. 그 대신에 각 팀은 카르텔의 구성원이다. **카르텔(cartel)**은 상품의 생산, 가격 결정, 마케팅 등을 통제하기 위해 형성된 개별 기업들의 연합이다. 프로 스포츠의 경우, 카르텔은 여러 독자적인 스포츠 팀들을 하나로 묶어서 리그 협약에 의해 통제한다. **리그 협약(league agreement)**은 마케팅 믹스를 통제하고 팀의 연고지와 리그 내 허용되는 팀의 수를 포함하여 프로 스포츠 게임의 유통을 규제한다. 경기를 하기 위해서는 상대 팀이 있어야 하기 때문에 이들은 리그 내에 남거나 새로운 리그를 시작해야 한다. 연방 독점 금지법은 대부분의 산업에서 카르텔을 금지하고 있지만, 특별법에 따라 프로 스포츠 리그는 이러한 법률 적용에서 제외된다.

리그 협약은 스포츠 경기의 유통에 어떻게 영향을 주는가?

© Rob Marmion/ Shutterstock.com

유통 결정 방식. Comcast의 NBC 스포츠와 ESPN은 미국골프협회(USGA) 토너먼트 TV 중계권 확보 경쟁에서 21st Century Fox에 밀렸다. 2026년까지 효력을 발휘하는 계약의 재정적 조건은 공개되지 않았지만 이 계약은 USGA가 받아 왔던 4천만 달러의 중계권료의 상당한 인상을 초래한 것으로 알려졌다. Fox사는 스포츠 중계에서의 선호 채널이 되기 위해서 많은 노력을 기울이고 있다. Fox사는 24시간 전국 스포츠 네트워크인 Fox Sports 2를 개시하였다. USGA는 오랫동안 지속되어온 NBC와 ESPN과의 관계 종료 결정의 이유 중에 하나가 중계권료 인상이라고 밝혔다. 또 다른 이유는 Fox사가 더 젊은 연령대까지 포괄하기 때문이다.

유통 확보. Houston Rockets 농구 팀과 Houston Astros 야구 팀은 자체적인 TV 유통 시스템의 수립에 따른 재정적 이득을 볼 것으로 예상된다. 이 팀들은 NBC Universal과 계약을 체결하여 Comcast SportsNet Houston(CSN Houston)을 개시하였다. CSN Houston은 지역 TV 시청 시장 내 220만 명의 시청자들 중 대략 40%만이 이용 가능하다. 이 지역 내 시청자의 약 60%는 경기를 시청할 수 없게 되었다. 기존에 경기를 시청하였던 텍사스 내 다른 지역과 주변 주의 시청자들도 새로운 시스템하에서는 경기를 시청할 수 없게 되었다. 기존의 폭이 더 넓었던 채널은 다음의 최소 3가지 요인으로 인해서 제한을 받았다.

- Astros가 성적이 저조하였기 때문에 시청자 관심이 저조하였다.
- CSN Houston은 DirecTV와 DISH 네트워크와 같은 다른 유통업체들에게 높은 요금 인상을 원하였다. 수요가 낮은 상태에서 이들 다른 유통업체는 높은 요금 인상 요구를 거절하였다.
- Rockets 경기의 유통에 대한 지역적인 제한은 텍사스 내 다른 주요 도시 시장에서의 경기 시청을 제한하였다. 그에 비해 NBA 농구 팀인 Dallas Mavericks와 San Antonio Spurs의 시청 영역은 매우 넓다.[15]

CSN Houston은 경기의 폭넓은 유통을 확보할 수 없게 되자 파산 보호 신청을 하였다. 많은 이들은 미국에서 가장 큰 케이블 네트워크인 Comcast가 Astros와 Rockets에게 팔린 CSN Houston 네트워크의 주가를 지나치

Take a bow

리치 파커

NASCAR에서 가장 많은 승리를 기록한 Hendrick Motorsports가 리치 파커(Richie Parker)를 고용하였을 때, 어떤 이들은 다음과 같이 물었다. "그가 할 수 있는 것이 무엇인가?" 8년이 지나고 5번의 챔피언십이 끝난 후 이제 질문은 다음과 같이 바뀌었다. "그가 할 수 없는 것이 무엇인가?" 차량 엔지니어로서 파커는 컴퓨터를 이용하여 지미 존슨(Jimmie Johnson), 캐세이 카네(Kasey Kahne), 제프 고든(Jeff Gordon), 대일 에른하트 주니어(Dale Earnhardt Jr.) 등을 위해 차대와 차체 구성품들을 직접 설계한다.

리치 파커의 일생은 엔지니어링에 대한 연구 그 자체였으며, 그는 자신에게 던져진 모든 난관을 성공적으로 극복해냈다. 그는 팔이 없이 태어났으나, 자동차에 대한 사랑과 문제해결 능력과 설계 재능은 그를 뛰어난 엔지니어로 만들었다. 파커는 다음과 같이 말하였다. "내가 할 수 없는 것들이 인생에 많은지 모르겠어요. 내가 아직 하지 않은 것들이 있을 뿐입니다."[16]

Think Critically

리치 파커에 대해서 온라인 조사를 실시하여 그에 대한 추가적인 정보와 동영상을 찾아 보아라. 왜 리치 파커가 일반인과 장애인 모두에게 큰 영감을 주는 역할 모델인가?

게 높이 책정하였으며, 완전한 유통 장악 전략을 개발하지 않았다고 생각한다.

논스탑 유통

Channel Management

NFL을 좋아하는 팬들에게 있어서 NFL 네트워크는 다채널 비디오 프로그램 편성 유통업체나 매일 24시간 지역 통신 기업을 통해서도 이용 가능하다. **다채널 비디오 프로그램 편성 유통업체(multichannel video programming distributor)**는 케이블이나 위성 유통업체를 나타낸다. NFL 네트워크는 프로 풋볼을 모든 각도에서 다루는 TV 및 라디오 프로그램을 제공하며, 프로 풋볼 훈련 캠프의 내부 모습, 이전 시즌 최고 경기의 하이라이트 장면, NFL 치어리더가 되는 방법에 대한 팁도 같이 제공하고 있다.

사례 연구

유통시킬 것인가 말 것인가, 그것이 문제이다

40여 년이 넘도록 연방통신위원회(FCC)는 어떤 실황 스포츠 경기의 지역 중계가 허용되지 않을 경우에도 케이블 혹은 위성통신 업체와 같은 다채널 비디오 프로그램 편성 유통업체들의 재송신을 통제해 왔다. 이 규칙은 현장 티켓 판매의 보호를 통해 리그와 대학, 심지어는 고등학교를 지원하려는 취지를 갖고 있다. TV 중계가 없다면 사람들은 개별적으로 방문하여 해당 경기를 관람하게 될 가능성이 더 높을 것이라고 기대했다. 또한 리그가 매출 수익을 잃게 되면 멀리 떨어져 있는 방송국에 방송 중계권의 판매를 거부할 수 있다고 예측하였다. 이는 스포츠의 대중적 보급을 보장하는 규칙의 취지와는 어긋난다. 40년이 지난 후 FCC는 이 규칙을 삭제하여 유통 여부를 당사자들에게 일임하였다.

목표된 방송 통제

스포츠 리그의 통제 정책은 어떤 경기를 지역적으로 통제할 것인지를 정한다. 리그 정책은 경기에 대한 권리를 보유한 리그와 중계권을 구매하는 주체 간의 계약을 통해서 발효된다.

NFL은 경기 시작 72시간 전에 85% 미만의 좌석이 판매되었을 경우 팀의 홈 지역에서의 게임 중계를 불허하는 리그 규칙을 따르고 있다. FCC는 NFL 중계의 통제를 지지하는 규정의 삭제를 제시하였지만, NFL은 이러한 변화에 반대하였으며, 오히려 중계 방송을 공중파 TV에서 케이블이나 유료 TV 플랫폼으로 옮길 것이라고 위협을 가하였다. FCC는 스포츠 리그의 방송 통제 정책의 삭제를 권고하는 것이 아니라 FCC의 해당 정책에 대해 지지하는 규정의 삭제를 원한다고 함으로써 자신의 입장을 명확하게 밝혔다.

FCC는 스포츠 팬 연합(Sports Fan Coalition), 전미소비자연맹(National Consumers League), 공적 지식(Public Knowledge), 팬들의 리그(League of Fans) 그리고 미디어 액세스 프로젝트(Media Access Project)와 같은 단체들

에 의해 스포츠 방송 통제 규정의 삭제를 위한 동기를 부여받았다. 이 단체들은 FCC의 행동을 촉구하는 연합 청원서를 제출한 바 있다. 이들 단체들은 스포츠 중계와 관련하여 다음과 같이 믿고 있다.

- 스포츠 경기의 티켓 가격이 역사상 가장 높다.
- 이 규칙은 팬들의 이익에 반한다.
- 지역 스포츠 경기를 관람할 수 있는 여유로운 사람의 수가 줄고 있다.

규정 삭제는 또한 여러 스포츠 경제학자와 수천 명의 개인들의 지지를 받았다. NFL, 야구 커미셔너(Baseball Commissioner), 전미방송협회(National Association of Broadcasters), 그리고 네트워크 TV 계열사들은 규정 삭제를 반대하는 의견서를 FCC에 제출하였다.

Think Critically

1. 왜 스포츠 리그가 팬들이 원할 경우에도 FCC 규칙의 삭제에 강력하게 반대하는가?
2. 왜 팬들은 FCC 지원 중단을 지지하는가?
3. 스포츠 리그가 누가 무료 TV로 경기를 시청하는지를 통제할 수 있어야 된다고 생각하는가?
4. 방송통제의 중단이 지역 사회에 경제적인 영향을 미칠 것이라고 생각하는가? 당신의 답변에 대해서 설명하라.

CHAPTER 6

수요와 공급의 경제학

Winning Strategies

시리얼 스타

마케팅 담당자들은 오랫동안 연예인 홍보가 상품 판매에 도움이 된다는 것을 인지해 왔다. Wheaties®의 시리얼은 이러한 마케팅 전략의 성공적인 활용 사례의 전형이라고 할 수 있다. Wheaties는 1921년 우연히 만들어졌다. 한 남자가 아침을 준비하다 오트밀과 유사한 밀기울 믹스를 실수로 스토브에 떨어뜨렸다. 이 밀기울이 바삭한 플레이크로 요리되어 나왔다. 이 남자는 플레이크를 너무나 맛있게 먹고 Washburn Crosby Company에 이것을 추천하였다. Washburn Crosby는 이 발견을 금메달 통밀 플레이크(Gold Medal Whole Wheat Flakes)로 광고하였다. 이후 이 이름은 Wheaties로 변경되었으며, General Mills가 Washburn Crosby를 인수하였다.

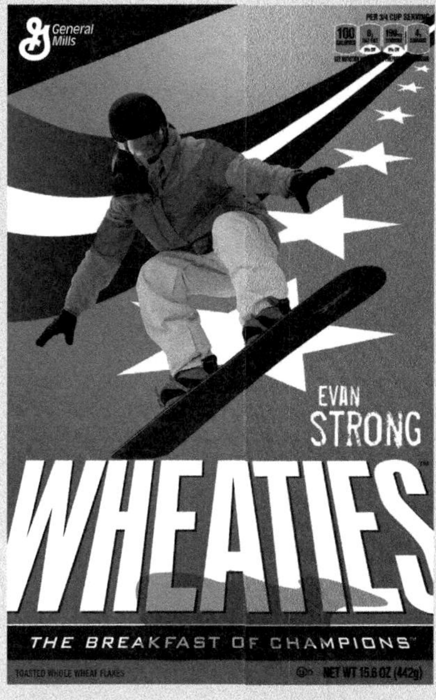

AP Images/PRNewsFoto/General Mills

Wheaties를 홍보했던 최초의 스타는 라디오의 허구 캐릭터이자 전형적인 미국 소년 잭 암스트롱(Jack Armstrong)이었다. 1934년에 루 게릭(Lou Gehrig)의 사진이 포장지에 나온 후, 그때부터 운동 선수가 계속 포장지 표면에 사진으로 나왔다. 야구, 비행, 테니스, 스케이트, NASCAR, 농구, 수영, 육상, 체조, 하키, 골프 종목의 스타들이 시리얼 박스에 모습을 드러냈다. Wheaties 박스에 얼굴이 나오는 것은 대다수의 운동 선수들의 인생 목표이다. 그것이 영광이자 성공의 상징으로 생각되기 때문이다.

1999년 Wheaties는 여성 스포츠 선수들을 모델로 한 5박스의 패키지 시리즈 판매를 개시하였다. 이 선수들은 미국 여자 국가대표 축구 선수들로 미아 햄(Mia Hamm)과 브랜디 체스테인(Brandi Chastain)이 포함되어 있었다. 이는 General Mills가 영구적으로 이들을 예우하고 이들의 업적을 기리기 위함이었다.

Think Critically

1. 스타 운동 선수의 이미지를 시리얼 포장지 표면에 나오도록 하는 것이 Wheaties에 어떠한 이득을 가져다 주는가? 그것이 운동 선수에게는 어떠한 이득을 가져다 주는가?
2. 실제 인물들의 모습을 시리얼 포장지에 나오도록 할 때 Wheaties는 어떤 위험을 부담하는가?
3. 어떠한 종류의 비전통적 운동 선수 및 스포츠 선수들이 Wheaties의 시리얼 포장지에 모습을 보일 수 있는가?

6.1 수요와 공급

핵심 문제 수요와 공급 법칙이 어떻게 스포츠와 엔터테인먼트 이벤트에 영향을 주는가?

학습 목표 **6.1.1** 수요와 공급, 가격 간의 관계를 설명한다.

6.1.2 정부가 가격 책정에 미치는 영향을 논의한다.

핵심 용어

수요의 법칙(law of demand)	가격 담합(price fixing)
공급의 법칙(law of supply)	유인 상술(bait and switch)
희소성(scarcity)	가격 차별(price discrimination)
균형 상태(equilibrium)	

Opening Act

경제학자들은 프로 스포츠 팀의 경제적 가치는 해당 팀의 사회적, 심리적 중요성에 부응하지 않는다고 생각한다. 대부분의 구단주들과 스포츠 팬들은 그렇게 생각하지 않을 것이다. 기존 팀이 연고지를 옮기거나 신설 팀이 승인되기 위해서는 리그 소속 구단주들과 관계 기업들, 또한 팀이 위치하게 될 도시에 금전적인 이득이 존재해야 한다. 누군가는 이득을 보고 다른 누군가가 손실을 본다면 성공할 수가 없다.

협력 학습 그룹별로 프로 스포츠 팀이 들어오는 지역 사회가 얻을 수 있는 혜택과 기타 금전적 이득을 생각해 보라. 생각해 낸 목록을 다른 그룹과 나누고 논의하라.

6.1.1 수요와 공급의 법칙

Pricing

소비자들은 자신의 필요와 욕구를 충족시키기 위해서 상품을 구매한다. 콘서트, 스포츠 이벤트, 항공편, 호텔 룸은 특정한 소비자의 필요와 욕구를 충족시킨다. 따라서 이러한 상품에 대한 소비자의 수요가 존재한다. 수요(demand)는 소비자가 구매할 의사 및 능력이 있는 상품의 수량과 가격 간의 관계를 의미한다. 소비자들은 때로는 시장조사를 통하고 친구들이나 가족들과 상의하여 자신의 필요를 충족시키는 상품 및 서비스를 선택한다.

생산자(producers)는 자원을 이용하여 상품 및 서비스를 개발하는 기업을 의미한다. 생산자는 또한 소비자가 구매할 가능성이 높은 상품 및 서비스의 종류에 대한 정보를 수집하기 위해서 연구를 실시한다. 공급(supply)은 생산자가 판매할 의사 및 능력이 있는 상품의 수량과 가격 간의 관계를 의미한다. 야구장, 특별 이벤트 센터, 주변의 식당 및 호텔들은 스포츠 및 엔터테인먼트 이벤트에 대한 소비자의 수요를 바탕으로 건설된다.

가격-수요 관계

기업이 생산할 의사가 있는 것과 소비자가 구매할 의사가 있는 것 간의 균형을 찾는 일은 마케팅 담당자들이 직면하는 중요한 과제이다. 마케팅 믹스, 즉 상품, 가격 결정, 프로모션, 유통의 적절한 조합을 결정하려는 시도에는 반드시 다양한 요인들이 고려되어야 한다.

만약 소비자들이 원하는 상품에 대해서 알고 있고 그 상품이 바로 구매 가능하다면, 이들은 가격이 낮을 때 해당 상품을 더 많이 살 의사가 있을 것이다. 이러한 가격과 수요 간의 역의 관계는 **수요의 법칙**(law of demand)을 통해 설명 가능하다. 수요의 법칙은 가격이 상승할 때 수요가 감소하고, 가격이 하락할 때 수요가 증가하는 것을 의미한다.

Redbox는 소비자들에게 영화관에서 영화를 보는 일의 좋은 대안을 제공

time-out

Redbox는 영화와 비디오 게임의 대여를 원하는 소비자들에게 인기 있는 선택이 되었다. Redbox는 미국 전역에 35,000곳이 있으며, 최초 설립 이후 30억 건이 넘는 대여를 기록하고 있다. Redbox는 12평방피트의 영업 공간만을 필요로 하는 완전 자동화된 비디오 대여점이다.[1]

소비자 수요는 상품 제조사에 어떠한 영향을 주는가?
© iStockphoto.com/georgeclerk

한다. 영화관에서 비싼 티켓 가격을 지불하거나 온라인 대여 서비스 가입을 위해 가입비를 지불하지 않고도 소비자들은 식품점이나 그 외의 장소에서 Redbox 가판대를 통해 영화를 대여하고 집으로 돌아가 편안히 영화를 시청할 수 있다. 이렇게 상대적으로 저렴하며 편리한 서비스는 영화 대여의 수요 증가를 초래하였다.

가격-공급 관계

스포츠 이벤트나 영화 등의 상품 생산자들은 이윤 창출을 위해 영업을 한다. 생산자들은 이윤 창출이 가능하다면 시간, 자금, 재료 등의 소유 자원을 투자할 의사가 있다.

스마트폰은 최초 시장에 도입된 이후 인기도가 상승하였다. 소비자들이 영화를 보고 게임을 할 수 있게 하는 다양한 스마트폰 애플리케이션의 등장은 스마트폰의 인기를 더욱더 상승시켰다. 스마트폰의 가격은 상대적으로 높은 수준을 유지하고 있으므로 수익성이 크다. 이러한 수익성 때문에 더 많은 수의 스마트폰 제조사들이 시장에 뛰어들었다. 스마트폰 생산자들은 더 높은 시장 점유율을 기록하기 위해서 수백만 달러의 자금을 상품 개발에 계속적으로 투자할 것이다. 또한 계속해서 변화하고 있는 기술 발전은 스마트폰 제조사들에게 최신의 더 나은 스마트폰을 시장에 출시할 수 있는 기회를 제공하면서 소비자 수요를 높게 유지하고 있다. 스마트폰에 대한 높은 수요가 계속되는 이상 스마트폰의 가격 또한 높게 유지될 것이다. 가격과 공급 간의 관계는 **공급의 법칙**(law of supply)을 통해 설명 가능하다. 공급의 법칙은 가격이 상승할 때 공급은 증가하고, 가격이 하락할 때 공급은 감소하는 것을 의미한다.

마케팅 담당자들은 때로는 소비자들에게 광고를 통해서 신제품 정보를 제공함으로써 수요와 공급 법칙이 주는 영향의 균형을 유지하고자 한다. 정보를 제공받은 소비자들은 자신들의 필요와 욕구를 충족시키게 될 상품 구매를 위해 자신들의 제한된 자원을 어떻게 이용할지 결정한다. 생산자들은 소비자들의 구매 습관에 대해서 인지하고, 또한 그에 따라서 생산을 조정해야 한다.

희소성

소비자들이 스포츠 및 엔터테인먼트 상품 및 이벤트에 쓸 수 있는 시간과 돈은 한정되어 있다. 생산자들 또한 상품 및 이벤트의 생산에 이용할 수 있는 자원이 한정되어 있다. 자원의 부족을 **희소성**(scarcity)이라 한다. 소비자와 생산자는 무제한의 필요와 욕구 충족을 위해 자신의 한정된 자원을 어떻게 이용할지 결정해야 한다.

균형 상태

공급–수요 곡선

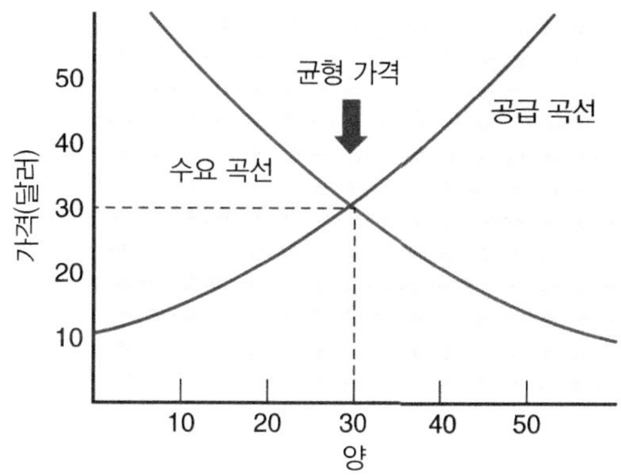

수요와 공급의 경제학은 그래프상의 곡선으로 표현이 가능하다. 공급 곡선은 상이한 가격에서 얼마나 많은 양의 상품이 공급될지를 나타낸다. 상품 가격이 상승할 때 생산자들에는 더 많은 양을 생산할 유인이 생긴다. 수요 곡선은 상이한 가격에서 소비자들이 얼마나 많은 양의 상품을 구매할지를 나타낸다. 일반적으로 소비자들은 더 낮은 가격에 더 많은 양을 구매할 것이다. 가격이 지나치게 높을 경우, 소비자들은 대체 상품을 구매하거나 상품을 아예 구매하지 않을 것이다. **균형 상태**(equilibrium)는 수요 곡선과 공급 곡선이 만나는 점을 의미한다. 균형 상태는 상품과 서비스에 대한 최선의 공급량과 가격을 나타낸다.

스포트라이트를 받는 콘서트

인기 있는 콘서트는 높은 소비자 수요에 따라서 ~~공공~~ 실제 이벤트 몇 개월 전, 판매 개시 후 몇 시간 이내에 매진이 된다. 팬들은 티켓 판매가 시작되기 전에 티켓 판매점에서 줄을 서서 몇 시간을 기다린다. 보다 충성심이 높은 팬들은 야외에서 캠프를 치고 밤새워 기다려 티켓을 가장 빨리 구매하기도 한다. 높은 수요와 제한된 공급 좌석 수는 티켓 가격을 높인다. 수요가 충분히 많을 경우 이벤트 기획자는 추가 공연으로 공급을 늘릴 수도 있다.

환경이 수요와 공급에 미치는 영향

환경 친화적인 오늘날의 세상에서 기업들은 환경적으로 건전한 관행과 상품들이 소비자 수요에 영향을 주고 있다는 사실을 깨닫고 있다. 환경을 보호 및 보존하려는 노력의 일환으로 다수의 소비자들은 환경 친화적이거나 '녹색' 상품에 더 높은 가격을 지불할 것이다. Senda Athletics는 사회적 의식을 갖고 있는 공 판매업체이다. 이 기업은 제조사와 협력하여 환경 친화적으로 채취된 고무로 만든 축구공을 공급한다. 스포츠 의류 업체인 Brooks는 재활용 자재로부터 만든 러닝화를 제조한다. 이 운동화는 자연 분해되는 중창(mid-sole)을 갖추고 있다. 이러한 종류의 상품에 대한 소비자 수요가 증가함에 따라서 기업들은 계속하여 이러한 상품을 공급할 것이다.

인터넷과 수요와 공급

인터넷은 상품의 수요와 공급에 상당한 영향을 미친다. 소비자들은 이제 전 세계적으로 판매되는 상품에 대한 접근이 더 용이해졌다. 스포츠 기념품의 판매량은 개인들이 상품을 사고팔 수 있는 온라인 경매 시장인 eBay와 같은 사이트들 때문에 증가하였다. 예를 들어, 복고풍의 운동 셔츠 구매에 관심이 있는 개인들은 진귀하거나 거의 찾아볼 수 없는 소장품을 온라인에서 찾을 수 있다. 복고풍 셔츠에 대한 소비자 수요는 부과되는 가격에 영향을 줄 것이다. 셔츠가 높은 가격에 판매되고 있다면, 다른 이들도 자신들이 소장하고 있는 복고풍의 스포츠 셔츠를 판매할 유인을 갖게 될 것이며, 따라서 공급이 증가할 것이다.

6.1.2 정부가 가격 책정에 미치는 영향

미국은 사기업 체제라고도 불리는 자유 기업 체제(free-enterprise system)를 갖추고 있는데, 이러한 체제는 소비자와 기업들이 내리는 독자적인 결정을 바탕으로 한다. 정부는 제한된 역할을 수행하지만, 사기업 체제에서도 일정한 정부 개입이 요구된다. 정부는 직접 혹은 간접적으로 독점 금지법, 과세, 다양한 소비자 보호법을 통해서 상품에 부과되는 가격에 영향을 준다.

경쟁은 어떻게 소비자에게 이득을 주는가?
Ian Dagnall/Alamy

경쟁의 혜택

독점 금지법은 경쟁을 독려하고 하나의 기업이 전체 시장을 장악하는 독점 시장(monopoly)을 회피하는 역할을 수행한다. 경쟁의 증가는 기업과 소비자 모두에게 이득이 된다. 자유 시장에서의 경쟁은 수요와 공급 법칙에 의한 가격 결정을 유지하도록 한다. 혁신적인 기업들은 자신들의 상품과 서비스를 개선함으로써 경쟁에서 앞서간다. 경쟁은 또한 기업으로 하여금 소비자의 변화하는 욕구를 충족시키는 새로운 상품과 서비스를 개발하도록 하는 유인을 제공한다.

과세

과세(taxation)는 정부가 경제 활동을 촉진 혹은 억제하기 위해서 이용하는 또 다른 전략이다. 알코올 음료 혹은 담배와 같은 상품에 대한 세금 인상은 이러한 품목들의 가격 상승을 초래한다. 더 높은 가격은 정부에게 필요한 세입을 제공할 뿐만 아니라 판매량도 억제할 것이다. 가솔린에 부과된 세금은 주 정부에게 고속도로 개선 비용을 제공한다. 도시들은 새로운 스포츠 경기장 건설 자금 마련을 위해서 호텔세를 적용한다.

다른 한편으로는 세금 감면(tax reduction)이 생산과 판매량을 촉진하기도 한다. 에탄올 생산 기업에 대한 세금 감면은 대체 연료원의 생산을 촉진하는 데 도움이 된다. 세금 감면은 또한 연료 효율이 더 좋은 자동차를 생산하는 제조업체에게도 부여된다. 일부 도시에서는 프로 스포츠 팀 유치를 위해서 세금 공제(tax credit) 혜택을 제공하기도 한다. 도시 및 주 정부는 해당 지역 내 영화 제작을 장려하기 위해서 영화 제작사들에게 세금 공제 혜택을 부여한다.

불법적인 가격 책정

가격 담합(price fixing)은 관련 기업들이 높은 가격을 부과하기로 공모할 때 발생한다. 모든 경쟁 패스트푸드 기업들이 햄버거 가격을 20달러로 정하는 카르텔(상호 경쟁을 하지 않기로 하는 기업들 간 합의)을 형성하였다고 하자. 소비자들이 패스트푸드 식당에서 햄버거를 사먹으려면 20달러를 내는 것 외의 다른 선택권은 없다. 가격 담합은 미국 내에서는 법으로 금지되고 있는 관행이다.

유인 상술(bait and switch)은 또 다른 불법적인 관행이다. 유인 상술은 저가에 광고한 상품이 '품절'되어, 더 비싼 다른 상품을 소비자에게 판매하려고 시도하는 상술을 의미한다. 예를 들어, 스포츠 의류 판매점이 큰 세일 가격에 인기 높은 러닝화(먹이)를 광고한다. 소비자들이 이 러닝화를 사려고 하나 이 러닝화가 모든 판매점에서 품절되었기 때문에 '더 높은 품질의' 더 비싼 운동화(스위치)의 구매를 설득당하게 된다. 광고되는 가격이 허위일 수는 없다.

가격 차별(price discrimination)은 어떤 개인, 집단, 혹은 기업에게 동일 상품 혹은 서비스를 구매하는 다른 개인, 집단 혹은 기업에 비해 더 높은 가격을 부과할 때 발생한다. 가격의 변화에는 반드시 유효한 이유가 있어야 하는데, 다양한 지역으로 유통되는 비용의 차이나 판매량, 혹은 변화하는 시장 조건 등이 그러한 이유이다.

6.2 가격 책정 전략

핵심 문제 • 어떠한 요인들이 스포츠 혹은 엔터테인먼트 이벤트의 가격 결정에 영향을 주는가?

학습 목표 • **6.2.1** 기업들이 매출 증가를 위해서 이용하는 가격 책정 전략을 논의한다.

6.2.2 가격 결정을 위한 다섯 가지 단계를 정리한다.

핵심 용어 • 운영비(operating expenses) 가격선(price lines)
가산액(markup) 특매품 가격 책정(loss-leader pricing)

Opening Act

2013년 여름 키드 락(Kid Rock)은 색다른 가격으로 팬 친화적인 콘서트 투어를 도입하였다. '20달러에 즐기는 최고의 밤($20 Best Night Ever)' 투어는 대부분의 티켓에 20달러의 싼 가격을 책정하여 더 많은 팬들이 콘서트를 관람할 수 있도록 하였다. 키드 락은 비싼 티켓 가격에 맞서 싸우기 위해서 자신의 출연료 삭감을 감수하기로 결정하였다. 월마트에서 콘서트 티켓을 구매하였다면, 주차비와 티켓 서비스 요금을 지불할 필요가 없었다. '$20 Best Night Ever' 콘서트를 관람하러 온 팬들은 또한 합리적인 가격의 음식과 티셔츠를 구매할 수 있었다. 가격이 60달러에서 350달러에 이르는 1,000장의 플래티넘 티켓 또한 각 키드 락 콘서트별로 판매되었다. 키드 락은 각 공연별로 큰 금액의 출연료 대신 티켓, 상품, 음식 매출의 일정 퍼센트를 받았다.[2]

협력 학습 파트너와 함께 '$20 Best Night Ever' 투어로 인해 키드 락에게 돌아간 재정적, 비재정적 이득을 파악해 보자. 이것이 왜 위험한 전략이 될 수 있는가?

6.2.1 가격 결정의 고려사항

가격(price)은 소비자가 상품 및 서비스에 대해 지불하는 금액이다. 가격 결정(pricing)은 상품과 서비스의 가치를 수립하여 소비자에게 전달하는 과정이다. 상품 및 서비스에 부과되는 가격을 결정할 때 기업들은 상품의 비용, 운영비, 또한 원하는 이윤을 반드시 고려해야 한다. 소매업체의 경우 상품의 비용은 그 소매업체가 판매하는 상품을 제조한 제조사에게 지불된 비용을 포함한다. 운영비(operating expenses)는 상품에 들

순수 경쟁은 가격에 어떠한 영향을 주는가?
© Pavel L. Photo and Video/ Shutterstock.com

어가는 비용 외의 기업 운영과 관련된 모든 비용을 의미한다. 운영비에는 에너지 요금, 급여, 고용보험 및 급여 관련 세금(의료보험 및 사회 보장 세금) 등이 포함된다. 운영비를 충당하고 이윤을 내기 위해 상품 혹은 서비스의 비용에 추가되는 금액을 **가산액**(markup)이라고 한다.

가격은 또한 수요와 공급 법칙에 따라서 결정됨을 상기할 필요가 있다. 상품 혹은 서비스를 공급하는 유일한 기업이 존재하는 독점(monopoly)적 상황에서는 해당 상품에 대한 소비자 수요가 높은 경우 독점 기업은 높은 가격을 부과할 수 있다. 경쟁이 있는 경우 기업이 매출을 보장하기 위해서 자사의 상품 혹은 서비스를 차별화하는 것이 중요하다. 순수 경쟁(pure competition)의 상황에서는 다수의 기업들이 동일 상품을 판매하며, 소비자는 브랜드 간 큰 차이를 인지하지 못한다. 이러한 유형의 시장에서는 기업들이 소비자를 얻기 위한 경쟁으로 인해 가격이 하락한다. 수요와 공급의 법칙에 의해 결정되는 시장 가격이 기업의 상품 비용과 운영비를 충당하고 이윤 창출을 감안하기에 충분하지 않다면, 그 기업은 해당 상품 판매를 중단할 것이다.

가격 책정 정책

정찰제(one price policy)는 모든 소비자를 대상으로 콘서트, 풋볼 경기, 혹은 러닝화와 같은 상품에 대해 동일 상품, 동일한 가격을 책정하는 것을 의미한다. 유연 가격 정책(flexible pricing policy)은 소비자들이 가격 범위 내에서 가격을 협상할 수 있도록 한다. 예컨대 자동차 판매점은 일반적으로 소비자들이 더 나은 가격을 협상할 수 있는 여지를 남겨둔다. 스포츠 장비 제조사들은 일반적으로 구매량을 바탕으로 가격을 협상할 수 있는 여지를 남겨둔다.

가격선(price lines)은 가격, 품질, 특성들을 바탕으로 한 상품의 구별되는 범주를 나타낸다. Ralph Lauren은 고품질, 고가의 가격선으로 Polo 브랜드를 갖고 있으며, 그보다 더 낮게 책정되는 대체 가격선으로 Chaps 브랜드를 갖고 있다.

지리적 가격 결정(geographic pricing)은 지리적 위치에 따른 가격 변화를 가능하게 한다. 지리적 가격 결정에 영향을 주는 요인들에는 유통 비용, 지역 내 경쟁, 지역 세제 또는 규제가 포함된다. 일반적으로 제조사가 소매업체에 더 가깝게 위치하는 경우, 유통 비용은 더 낮으며, 이는 소비자들에게 부과되는 가격을 낮게 유지할 수 있도록 한다.

time-out

온라인에서는 오프라인 매장에서보다 더 많은 가격 변동 경향을 보이는데, 그 이유는 온라인 소매업체들이 하루 또는 심지어 분단위로 상품의 인기도나 동일 상품에 대해 오프라인 매장에 비한 쉬운 접근성을 바탕으로 가격을 쉽게 갱신할 수 있기 때문이다.

다양한 가격 책정 전략

소매업체는 전체 매출 증가를 위한 노력으로 광범위한 가격 결정 전략을 이용한다. 마케팅 담당자들은 소비자들에게 구매 유인을 주기 위한 적절한 전략을 선택해야 한다.

심리적 가격 책정. 소매업체가 심리적 가격 결정을 적용하고자 할 때 소비자들로 하여금 환상을 자아낸다. 홀수–짝수 가격 책정은 심리적 가격 책정의 일례이다. 0.95달러 혹은 0.99달러 같이 홀수로 끝나는 가격은 소비자들에게 더 싼 가격을 제공한다는 환상을 심어주기 위해서 이용된다. 예를 들어, Netflix가 무제한 DVD 대여 서비스에 한 달에 7.99달러를 부과하였을 때, 소비자들은 이 가격이 불과 1센트 차이밖에 나지 않지만 8달러에 비해 더 저렴한 것으로 인식하였다.

명성 가격 책정. 명성 가격 책정을 통해 소모업체는 상품에 대해 평균 이상의 가격을 부과하여 지위와 고품질을 추구하는 소비자들을 목표로 한다. Nike와 Under Armour와 같은 스포츠 의류 제조사는 사사 상품에 대해 수월한 품질을 나타내는 의미에서 더 높은 가격을 결정한다.

판매량 가격 책정. Walmart와 같은 상점들은 매일 낮은 가격을 광고한다. Walmart는 공급업체로부터 받게 되는 판매량 가격 결정 정책으로 인해서 매입 상품에 대해 더 낮은 가격을 지불한다. Walmart는 이러한 절감 금액을 소비자들에게 전가한다. 그 결과 Walmart가 겪게 되는 높은 판매량은 계속해서 Walmart가 낮은 가격을 제시할 수 있도록 한다.

일부 스포츠 팀들은 팬들이 시즌 티켓 패키지를 구매할 때 더 낮은 가격을 제시한다. 시즌 티켓의 판매는 팀에게 도움이 되는데, 매진 경기 가능성

소매업체는 매출 증가를 위해서 어떻게 가격 책정 전략을 이용하는가?
© Barry Blackburn/ Shutterstock.com

이 더 높아지기 때문이다. 팬들은 시즌 티켓 구매 비용이 동일한 티켓을 개별적으로 구매하는 비용보다 더 적게 들기 때문에 이득을 본다.

프로모션. 더 많은 소비자들을 매장으로 유인하기 위해서 소매업체는 할인 이벤트를 크리스마스나 3월의 광란(March Madness)과 연계하는 특별 이벤트 프로모션(special event promotions)를 이용할 수 있다. 다수의 기업들은 판촉 가격 결정(promotional pricing) 전략을 이용한다. 판촉 가격 결정 전략의 예로 50% 할인, 하나를 사면 다른 하나를 절반 가격에 살 수 있는 할인, 또한 12개월 무이자 할부 이벤트 등이 있다. 일부 기업들은 특매품 가격 결정(loss–leader pricing)을 이용하기도 한다. 특매품 가격 결정은 더 많은 소비자 방문을 유인하기 위해서 상품 생산 비용 아래로 가격을 인하하는 것이다. 상품 판매에 따라서 해당 상점이 손실을 보게 되지만, 특매품 가격 책정에 의해 유인된 소비자들은 훨씬 더 높은 가산액이 붙는 상품을 추가적으로 구매하게 될 것이다. 추가적인 판매로부터 창출되는 수입은 특매품 가격 결정으로 인한 손실을 충당할 것이다.

일부 상점들은 쿠폰과 리베이트를 통해 단골 고객들을 유인한다. 소매업체는 12월에 구매를 한 소비자에게 1월에 이용할 경우 25% 할인받을 수 있

Social Media Marketing

점점 더 많은 수의 기업들이 자사 상품 및 서비스 판매 촉진을 위해서 소셜미디어 마케팅에 의존하고 있다. 소비자와의 소통을 위한 Twitter와 Facebook의 이용에는 많은 비용이 든다. 소비자와의 소통(한 번에 140문자)이 완비된 신규 Twitter 계정을 개시 및 관리하는 대가로 소셜미디어 마케팅 기업은 고객 기업에게 한 달에 2,000~4,000달러의 비용을 요구할 것이다. 이러한 요금은 콘텐츠 생성을 포함한다. 신규 Facebook 계정을 원하는 고객 기업에게는 생성과 관리를 위해 한 달에 2,500~5,000달러의 비용이 부과될 것이다. 기획 및 목표를 포함하는 소셜미디어 마케팅 전략은 더 많은 비용이 소요될 것이다.[3]

Think Critically

왜 기업들은 자사의 상품 및 서비스 판매를 촉진하기 위해서 소셜 미디어 마케팅 기업들에게 관심을 보이고 있는가? Twitter와 Facebook과 같은 소셜 미디어 사이트의 개설 및 관리를 위해서 높은 비용을 지불하기 전에 기업들이 고려해야 할 점은 무엇인가?

는 쿠폰을 제공할 수 있다. 이러한 유형의 판촉은 소비자들이 일반적으로 매출 수준이 낮은 달에 재방문을 하게 함으로써 더 많은 상품을 구매하도록 유도할 것이다. 리베이트(rebates)는 소비자가 환불을 위해 우편 발송하는 상품에 대해 제공된다. 일부 제조사는 상품에 대한 즉각적 리베이트를 제공하기도 한다.

수량 할인. 에너지 바(power bar)의 가격을 각각 2달러, 또는 3개를 한꺼번에 구매 시 5달러의 가격으로 판매할 수 있다. 소비자들은 에너지 바를 다량으로 구매함으로써 돈을 절감한다. 테마 파크는 일일 방문객들에게 60달러, 3일 방문객에게 120달러를 제시함으로써 일일 입장료를 40달러로 낮출 수 있다. 테마 파크가 시즌 패스를 160달러에 판매한다면, 방문객들은 더 많은 금액을 절감할 수 있다.

보상 판매 가격. 소비자들이 신규 구매 시 기존 상품에 대한 보상 판매 가격을 제시받을 수 있다. 보상 판매 가격은 신규 상품의 비용을 절감하도록 한다. 일부 스포츠 상품 판매점은 재단장 후 재판매 가능한 골프 클럽과 같은 중고 스포츠 장비에 대한 보상 판매 가격을 부여한다. 운동을 시작하는 개인들은 스포츠 실력이 향상됨에 따라서 초보 시절의 기존 장비를 반납하고 더 높은 등급의 장비를 구매하고자 한다. 보상 판매 가격은 신규 혹은 고품질 장비 구매를 위한 비용 효율적인 방법이다.

6.2.2 가격의 결정

상품 혹은 서비스에 부과되는 가격의 결정에는 다섯 가지 단계가 있다.

1. 가격 목표를 수립하라. 우선 벌어들이기를 원하는 이윤 금액 혹은 비율을 결정해야 한다.
2. 상품 혹은 서비스 비용을 결정하라. 빵과 토핑이 포함된 핫도그는 평균 50센트의 비용이 든다. 평균적으로 판매자는 핫도그를 2.5달러에 판매한다. 하루에 100개의 핫도그를 판매한다면, 연간 73,000달러의 이윤을 창출할 것이다. 매일 250개의 핫도그를 판매한다면 연간 182,500달러의 이윤을 벌어들일 것이다. 쉬지 않고 일하는 핫도그 판매자의 평균 연간 총소득은 약 10만 달러이다. 한편 이러한 금액은 판매업자의 라이선스, 장비, 대여, 에너지, 상품 부패 비용을 반영한 후에는 훨씬 작아진다. 핫도그 수입은 칠리, 사우어크라프트, 치즈와 같은 토핑의 추가 비용을 부과함으로써 증가시킬 수 있다. 예컨대 각 토핑에 50센트를 추가하여 책정할 수 있다.

기업이 자사 상품 및 서비스의 가격 책정을 할 때 어떠한 요인을 고려해야 하는가?

© iStockphoto.com/starmaro

3. **상품이나 서비스의 소비자 수요를 추산하라.** 높은 가격을 매기기에 수요가 충분히 높을 것인가? 낮은 가격 결정이 상품의 유통과 안정적 이윤의 창출을 위한 충분한 수요를 생성하게 될 것인가? 다수의 핫도그 판매자들은 스포츠 경기, 퍼레이드, 카니발과 같이 수요가 상대적으로 높은 특별 이벤트 동안에 판매를 한다. 하나의 매우 성공적인 이벤트에서 벌 수 있는 잠재 수익은 일일 500달러에서 5,000달러에 달할 수 있다.
4. **경쟁사를 연구하라.** 소비자들로 하여금 경쟁사가 제시하는 상품 및 서비스와 당신의 상품 및 서비스가 구별될 수 있게 해야 한다. 더 나은 상품 혹은 서비스에는 더 높은 가격이 부과될 수 있다.
5. **가격 전략을 결정하라.** 신중하게 당신의 상품 혹은 서비스를 평가하여 매출을 발생시키기 위한 적절한 가격을 결정하라. 영리한 가격 전략은 경쟁 및 소비자 경향 분석을 포함하는 좋은 마케팅 정보를 기반으로 한다.

6.3 시장 조건

핵심 문제 경기 순환(business cycles)은 무엇이며, 경기 순환이 스포츠 및 엔터테인먼트 이벤트에 대한 소비자 지출에 어떠한 영향을 주는가?

학습 목표 **6.3.1** 경기 순환을 정의하고 스포츠 및 엔터테인먼트 산업에 미치는 영향을 설명한다.

6.3.2 소비자 경향에 대한 모니터링의 중요성을 논의한다.

핵심 용어 경기 순환(business cycle) 중수기(shoulder period)
인플레이션(inflation)

Opening Act

"모든 것은 돌고 돈다"라는 속담에는 어떠한 진실이 숨겨져 있다. 의류 산업은 인기 있는 스타일이 15년 혹은 30년 후에 다시 유행하는 것을 보여주는 적절한 예시이다. 이와 유사하게 스포츠 및 엔터테인먼트 산업 또한 소비자 경향을 바탕으로 경기 변동을 경험한다.

권투는 아직 인기 있는 스포츠이긴 하지만 많은 이들이 흥미를 느끼는 종합 이종 격투기에게 팬들을 빼앗기고 있다. 몇 세대 전 대학생들은 애교심에 모교의 풋볼 경기에 응원을 갔다. 오늘날 학생들은 그러한 경향을 덜 보이고 있는데, 다른 흥밋거리들이 많기 때문이다. 한때 소멸 위기까지 갔던 자동차 영화관은 미국 전역에서 다시 유행하고 있다. 스포츠 및 엔터테인먼트 마케팅 담당자들은 소비자의 지출을 위한 경쟁이 오늘날 '유행에 민감한' 시장에서 점점 더 어려워지고 있음을 인지하고 있다.

협력 학습 유행의 변화에 따른 수익성 유지를 위해 스포츠 및 엔터테인먼트 마케팅 담당자들이 자사의 상품을 소비자들에게 더 매력적으로 만들기 위해 할 수 있는 것들은 무엇이 있는지 파트너와 논의하라.

6.3.1 경기 순환의 영향

Marketing-Information Management

경기 순환(business cycle)은 경제 순환(economic cycle)이라고도 하며, 경기의 상승 및 하강을 나타낸다. 순환(cycle)으로 지칭되기는 하지만 잘 규정된 패턴이 존재하는 것은 아니다. 각각의 경기 상승과 하강의 지속 기간과 정도는 상당 수준 상이할 수 있다. 스포츠 및 엔터테인먼트

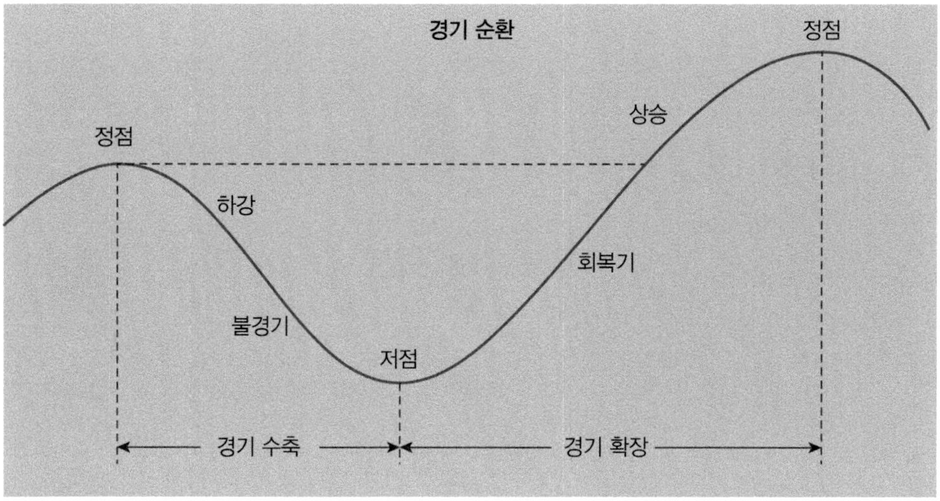

기획자들은 기획을 함에 있어서 직면하는 시장 조건에 대해서 인지하고 있어야 한다.

확장

경기 순환에서의 상승 구간을 확장(expansion)이라 한다. 확장 단계 중에는 상품과 서비스에 대한 수요가 증가한다. 이 기간은 높은 잠재 수익성이 있는 성장 기간으로, 시장 진입을 위한 경쟁을 촉진한다. 정점(peak)은 경제 성장의 최상위 점을 나타낸다.

수축

경기 순환에서의 하강 구간을 수축(contraction)이라 한다. 이 기간 동안에 경제는 하강 국면에 접어들며, 실업률이 증가하여 소비자 수요는 감소한다. 수축 기간의 최하위 점을 저점(trough)이라 칭한다. 수축의 강도에 따라서는 불경기(recession) 혹은 경기 침체(depression)라 하기도 한다.

인플레이션(inflation)은 상품 및 서비스 가격이 소비자 소득보다 더 빠르게 상승할 때 발생한다. 인플레이션과 실업률 증가의 조합은 스포츠 및 엔터테인먼트에 지출할 수 있는 재량 소득(discretionary income)이 적어짐을 의미하는 것일 수 있다. 소비자들의 경기에 대한 전망과 경제적 안정성은 소비자들이 스포츠와 엔터테인먼트에 지출하는 금액에 영향을 준다. 고용 상태에 있는 소비자들도 지출에 대해서 더 신중하고, 허리띠를 더 졸라매려 할 것이다. 지출은 생활 필수품에 대해서만 이루어질 것이다. 개인들은 실제 경기를 관람하기 위해 돈을 지출하기보다는 TV로 관람하는 선택을 할 수 있다.

기업 대응

경기 순환이 하강 혹은 성장 기간인지 여부와 관계없이 스포츠 및 엔터테인먼트 기업들은 반드시 경기 순환이 발생시키는 소비자 수요의 변화에 대응해야 한다. 스포츠 및 엔터테인먼트 기업들은 일반적으로 불경기 때 더 큰 타격을 입는다. 소비자들이 지출을 줄이면서도 몇몇 유형의 스포츠 및 엔터테인먼트를 즐기고자 하는 경우, 여러 흥밋거리들이 소비자의 돈을 끌어들이기 위해 경쟁한다. 기업들은 자사 예산을 긴축적으로 운영하고, 생산과 공급을 감축하며, 긴축 재정을 의식하는 소비자들에게 저비용의 대체 상품을 제시해야 한다.

여행 및 관광 산업은 연료 및 항공권 가격이 상승할 때 타격을 입는다. 가격 상승은 확장 중인 경제를 수축 경제로 빠르게 전환시킬 수 있다. 호텔은 경기 하강 시기에 객실 점유율 유지를 위한 전략을 만들어야 한다. 에너지 가격 상승이 타격을 가할 경우에도 소비자들은 여행을 가고 휴가를 즐길 수 있지만, 목적지와 지출 규모는 그에 맞게 검소해질 것이다. 따라서 영리한 여행객들은 저렴한 패키지를 찾는다. 각각의 여행에 교통 및 숙박 비용을 지출하는 대신 많은 출장 여행자들은 업무 출장과 가족 여행을 결합하는 선택을 한다. 이들은 낮에는 업무 회의에 참석하고 밤에는 가족들과 함께 인근 지역의 스포츠 및 엔터테인먼트 이벤트를 관람할 수 있다. 호텔은 이러한 업무 출장 여행자들을 목표로 한 저렴한 주말 객실 요금을 제공할 수 있다.

기업들은 또한 경기가 개선의 조짐을 보이는 경기 회복 기간 동안에도 대응할 수 있다. 기업들에게는 회복 단계 동안에 직원을 충원하고 생산량을 증가시키려는 유인이 발생한다. 소비자들은 경제에 대한 신뢰도가 높을 때 스포츠와 엔터테인먼트에 돈을 쓸 의사가 더 강력해질 것이다. 관련 업계에 있는 기업들은 수요 증가에 부응하기 위한 준비를 마쳐야 한다.

왜 기업들은 계절적 순환에 대해서 인지할 필요가 있는가?

© Tatiana Popova/ Shutterstock.com

계절적 순환

일부 기업들에게 상품과 서비스에 대한 수요는 계절에 따라서 변동한다. 예를 들어 겨울 동안 스키 리조트는 성수기(high season)인 반면, 테마 파크는 비수기(off season)이다. 중간 수준의 수요가 있는 시기를 **중수기(shoulder period)**라 한다.

플로리다주 올랜도는 여행 및 관광 산업에 크게 의존한다. Universal Studios와 Walt Disney World와 같은 호텔과 놀이 공원은 연중 지속적으로 소비자를 끌어모아야 한다. 마케팅 담당자들은 학기 중과 같은 전통적인 중수기와 비수기 동안에 관광객들을 모집하기 위한 전략을 수립하는 데 어려움을 느낀다. 할로윈, 무도회, 시니어 데이(senior day), 마디그라 등과 같은 특별 판촉 이벤트는 놀이 공원과 호텔의 수익성 유지에 도움을 준다. 회원 수 19만 명이 넘는 DECA와 같이 다수의 회원으로 구성된 기구들은 컨벤션 도시 및 인근 놀이 공원에게는 매력적인 목표 시장이다. 전미 DECA가 주관하는 뉴욕 익스피리언스(New York Experience)와 '스포츠 및 엔터테인먼트 경영 컨퍼런스(Sports and Entertainment Management Conference)'는 방문객들을 뉴욕시나 올랜도와 같은 관광지로 끌어모으는 인기 있는 이벤트이다. 치어리딩과 음악 캠프는 전통적인 비수기에 매출을 발생시키는 특별 이벤트의 다른 사례들이다. 스포츠 및 엔터테인먼트 마케팅 담당자들은 변화하는 계절적 수요에 의해서 발생하는 변동을 안정화하는 데 도움되는 창의적인 계획들을 수립해야 한다.

6.3.2 소비자 경향이 미치는 영향

성공적인 스포츠 및 엔터테인먼트 마케팅 기업들은 최신 소비자 경향과 사고방식에 대해서 인지할 필요가 있다. 날씨로부터의 보호를 위해 천장을 설치했던 야구장은 이제 팬들이 실외에서의 경기를 선호함에 따라 천장을 개폐식으로 만들고 있다. 리얼리티 프로그램은 현재 시청자들 사이에서 인기를 끌고 있으며, 시트콤에 비해 제작 비용이 훨씬 적게 든다. 그러나 시청자들이 〈*Big Bang Theory*〉나 〈*NCIS*〉와 같이 과거 인기 있었던 프로그램의 복귀를 원하기까지 이러한 경향은 얼마나 지속될 것인가? 스포츠 및 엔터테인먼트 세계에서의 경향은 소비자 수요에 의해 좌우된다.

레트로 TV

레트로(Retro, 복고풍)는 TV 방송에서도 유행하고 있다. 〈*Leave It to Beaver*〉, 〈*The Andy Griffith Show*〉, 〈*The Golden Girls, Everybody Loves Raymond*〉, 〈*Friends*〉와 같은 과거 인기 있었던 시트콤들만 방영하는 케이블 채널이 있다. 레트로 쇼의 팬들은 '예전의 좋았던 날들'을 되살리며 그러한 시트콤에 출연한 스타들을 감상하며 성장한 좋았던 추억들의 회상을 원한다. 인기 쇼의 재방송은 TV 방송국 입장에서는 더 적은 비용이 들어간다.

게임 쇼

과거의 게임 쇼도 다시 큰 인기를 끌면서 복귀하고 있다. 기존의 인기 있었던 게임 쇼를 방영하는 게임 쇼 채널이 현재 존재한다. 주요 TV 방송국들은 〈*Let's Make a Deal*〉, 〈*The Newlywed Game*〉, 〈*Hollywood Squares*〉 등 기타 과거에 인기 있었던 게임 쇼들만 방영하는 특집 방송을 하기도 한다. 〈*The Price Is Right*〉나 〈*Wheel of Fortune*〉과 같은 게임 쇼는 폭넓은 시청자층으로 인해서 수십 년간 방영되고 있다. 〈*The Price Is Right*〉는 젊은층과 중년층, 노인층 모두에서 가장 높은 시청률을 기록하는 게임 쇼이다. 밥 바커(Bob Barker)는 이 쇼를 35년 동안 진행해 왔으며, 2007년 코미디언 드류 캐리(Drew Carey)가 이 쇼의 진행을 이어받았다. 양 진행자들의 높은 호감도는 이 쇼의 성공을 이끌어내는 데 기여하였다. 소비자 수요를 충족하기 위한 새로운 게임 쇼들이 제작되고 있다.

time-out

시청률 조사 기간(Sweeps Week)은 연간 네 차례 있다. 방송국들은 이 기간 동안 시청자들을 끌어모으기 위해서 온갖 노력을 다하는데, 방송국들이 광고주에 부과하는 요율은 이 기간 동안 기록된 시청자 수를 바탕으로 하기 때문이다.

리얼리티 TV

지난 십 년 동안 점점 더 많은 수의 시청자들이 리얼리티 TV 쇼의 매력에 빠지게 되었다. 리얼리티 TV는 자주 무명의 참가자를 대본 없는 상황에 처하게 한다. 리얼리티 TV는 탤런트 쇼에서 하우스 플리퍼(house flipper, 싼 값에 사들인 주택을 단기간에 고가에 되파는 단기 주택 투자자–옮긴이)까지 폭넓은 주제를 다룬다. 리얼리티 TV의 확장적인 특성은 광범위한 사회경제적 집단과 연령대, 모든 교육 수준별 집단들에게 리얼리티 쇼를 매력적으로 느끼게 만든다. 리얼리티 쇼가 지속되는 이유는 시청자들에게 어필하는 다양한 흥미로운 주제들과 TV 방송국 입장에서의 저렴한 제작 비용에 기인한다.

시청률의 중요성

신규 TV 쇼들은 성공에 대한 큰 기대를 갖고 방영된다. 한편 일부 시리즈는 낮은 시청률로 인해서 몇 번 방영된 후 종영되기도 한다. 조기에 실패가 드러난 쇼들은 손실을 줄이기 위해서 편성 일정에서 빠르게 제외된다. TV 방송국들은 타 방송국의 더 흥미롭고 매력적인 쇼에 시청자들을 빼앗기는 것을 바라만 보지는 않는다.

지역 TV 방송국의 뉴스 프로도 시청률이 측정되는 시청률 조사 기간에는 변화된 모습을 보인다. 뉴스 쇼는 때로는 시청률 조사 기간 동안에 방영하기 위해서 가장 흥미로운 소비자 고발 소재를 아껴둔다. Nielsen 시청률은 TV 방송국들이 추구하는 전략에 뚜렷한 영향을 미친다.

사회 문화적 문제

사회 문화적 문제들은 소비자 사고방식, 라이프스타일, 견해, 인구 통계의 경향을 포함한다. 자주 외식을 하는 라이프스타일은 비만을 초래할 수 있는데, 이는 기업이 진출할 수 있는 새로운 시장을 창출한다. 예컨대 체중 감량 상품에 대한 수요는 비만의 유행으로 인해 증가하게 되었다. 기업들은 상점 혹은 식당에 있어서 최선의 영업 시간, TV 중계 경기에 있어서 최선의 중계 시간, 또한 특별 시리즈의 최선의 방영 시간 등을 결정하기 위해서 소비자들이 선택하는 라이프스타일을 반드시 인식하고 있어야 한다.

기업들은 또한 노인 인구의 증가나 인종 다양성의 증가 등 변화하는 인구 통계에 특별한 관심을 가져야 한다. 스포츠 및 엔터테인먼트 기업들은 과거의 성공이 미래의 수익을 의미한다고 가정할 수 없다. 오늘날 젊은 소비자들(때때로 Z세대로 칭하기도 함)을 당연히 받아들여서는 안 된다. 이

Take a bow

트루에트 캐시

트루에트 캐시(S. Truett Cathy)는 Chick-fil-A, Inc.의 창립자이자 회장이다. 트루에트 캐시와 그의 형제 벤(Ben)은 1946년 Dwarf Grill(이후 The Dwarf House로 개명됨)을 열었다. 조지아주 애틀란타시에 위치한 이 식당의 성공으로 인해서 캐시는 애틀란타 쇼핑 센터에 최초의 Chick-fil-A 식당을 개장하였다. 캐시의 리더십 덕분에 현재 39개의 주와 워싱턴 D. C에 1,700개의 Chick-fil-A 식당이 존재한다. Chick-fil-A는 40년 연속 연간 매출 증가율에 있어서 타의 추종을 불허하는 기록을 갖고 있다. 성공적인 기업 설립 외에도 캐시는 지역 사회와 지역 사회 젊은이들에 대한 강한 의무감을 갖고 있다. 캐시는 1984년 윈세이프 재단(WinShape Foundation)을 설립하여 장학금 및 기타 청년 지원 프로그램을 제공하고 있다. 이 재단은 또한 조지아주 롬 인근 베리칼리지(Berry College) 학생들에게 리더십 및 지역 사회 참여에 대한 체험 교육을 제공하고 있다. 긍정적인 가정 환경에서 장기적인 양육을 제공하는 윈세이프가 운영하는 위탁 가정은 여러 주에서 수립되었다.

캐시의 사업적인 성공은 성실성, 겸손, 가정 중심의 원칙을 바탕에 두고 있다. 모든 Chick-fil-A 식당은 직원들에게 가족과 함께 할 시간을 주기 위해서 일요일에 예외 없이 문을 닫는다. Chick-fil-A 식당 창업 비용은 5,000달러로, 다른 패스트푸드 식당의 프랜차이즈 비용보다 훨씬 저렴하다. 한편 Chick-fil-A 식당 창업에 관심이 있는 예비 창업주들은 엄격한 심사 과정을 통과해야 한다.

Think Critically

왜 Chick-fil-A가 그렇게 큰 성공을 거두었는가? 왜 Chick-fil-A는 신규 음식점의 운영을 희망하는 자들을 대상으로 엄격한 선정 과정을 거치는가? 트루에트 캐시의 자선 활동이 그의 음식점 사업에 도움이 되었다고 생각하는가? 그 이유는 무엇인가?

들은 베이비 부머 세대, X세대, 혹은 Y세대(1978년 이후 출생한 세대)에 소속된 개인들인만큼 엔터테인먼트 옵션에 충성심을 보이지 않는다.

스포츠 및 엔터테인먼트 기업들은 반드시 사회 문화적 경향을 긴밀하게 지켜보고 자금을 현명하게 투자해야 한다. 상품 및 서비스를 디자인할 때 경향은 중요한 요인이다. 계속 변화하는 소비자의 필요와 욕구를 평가하는 것은 상품 혹은 서비스의 성패를 판가름하는 핵심이 된다.

사례 연구

어서 내려오세요, 당신이 우리의 다음 도전자입니다.

관심 지속 시간이 짧고 때로는 TV 프로그램 편성에 대한 논쟁이 일어나기도 하는 시대에 한낮 시간에 방영되는 게임 쇼는 전 연령대 팬들에게 놀랄 정도로 높은 인기를 유지하고 있다. 〈*The Price Is Right*〉 게임 쇼는 헐리우드의 CBS Television City에서 녹화된다. 매일 아침 사람들은 진행자로부터 "어서 내려오세요(Come on down)!"라는 요청을 받기 위해 스튜디오 바깥에서 긴 줄을 서서 대기한다.

다양한 시청자층

〈*The Price Is Right*〉(방청객이 제시된 물건의 가격을 알아맞히는 프로그램 – 옮긴이)는 세대에서 세대로 전해 내려오는 진정한 가족 쇼이다. 이 쇼의 충성도 높은 다수의 팬들은 어린 시절 부모나 조부모와 이 쇼를 시청하면서 이 쇼와 애착 관계를 형성하였다. 쇼는 19세에서 95세에 이르는 수천만 명의 다양한 팬들을 보유하고 있다. 대부분의 게임 쇼는 20세에서 45세 사이 도전자들이 출연하는 반면, 모든 연령대와 다양한 인종, 성별이 〈*The Price Is Right*〉의 도전자로 출연한다. 팬들은 스튜디오의 325개의 객석 중 한 자리를 차지하기 위한 마음에 연중 대부분 매주 3일씩 새벽 3시에 페어팩스가에 긴 줄을 서서 기다린다. 도전자들은 휴가 일정을 쇼 녹화 시기에 맞춘 다세대 그룹들인 경우가 많다. 이들은 자신들의 출신 마을이나 가문을 나타내는 셔츠를 입고 CBS 스튜디오에 나타난다.

다른 지역 기업들 또한 이 게임 쇼의 높은 인기로부터 혜택을 본다. 스튜디오 건너편에 위치한 Farmer's Daughter 호텔은 출연을 원하는 도전자들이 자주 숙박하는 곳이기도 하다. 한때 데스크 직원들은 투숙객들을 대상으로 스튜디오 관객으로 선정되는 확률을 높이는 방법에 대한 야간 수업을 진행하기도 하였다.

〈*The Price Is Right*〉는 TV 역사상 가장 오랫동안 방영된 게임 쇼이며, 밥 바커(Bob Barker)는 최장기 쇼 진행자 기록을 보유하고 있다. 현재는 드루 캐리(Drew Carey)가 이 쇼의 진행을 맡고 있다. 바커는 쇼의 성공을 이 쇼의 중심적인 주제, 즉 '가격의 예측 시 인플레이션 추정하기'에 기인한다고 보았다. 물건을 구매하는 누구나 〈*The Price Is Right*〉에 참여할 수 있다.

이 쇼의 팬들은 관람 티켓 요청이나 게임 참가를 위해 Facebook을 통한 온라인 요청을 할 수 있다. Twitter, YouTube, Instagram, Pinterest와 같은 다른 형태의 소셜미디어는 팬들이 쇼에 계속 관심을 가지도록 만든다. 다른 게임 쇼들이 나타났다 사라지는 동안, 〈*The Price Is Right*〉는 미국의 여러 세대를 거치면서 문화적인 시금석으로 자리잡아 왔다.

Think Critically

1. 〈*The Price Is Right*〉가 수십년 동안 인기를 유지하고 있는 이유는 무엇인가?
2. 어떠한 종류의 가족 가치가 〈*The Price Is Right*〉와 연관이 있는가?
3. 어떠한 연령대가 〈*The Price Is Right*〉의 목표 시장을 구성하는가? 이들이 어떠한 공통적 특성을 갖고 있는가?
4. 〈*The Price Is Right*〉의 목표 시장을 고려할 때, 어떠한 종류의 광고가 쇼 중간에 방영될 가능성이 높은가?

CHAPTER 7

스포츠 및 엔터테인먼트 프로모션

© Songquan Deng/ Shutterstock.com

Winning Strategies 삼성전자

삼성전자

Galaxy 11의 기술에 대한 동영상은 YouTube에 업로드된 이후 3주 만에 1,200만 건의 조회수를 기록하였다. 4분짜리 미래적인 이미지의 이 동영상은 삼성전자의 Galaxy 모바일 기기 프로모션을 위한 '은하계를 테마로 한' 시리즈의 일환이었다. 삼성전자는 세계에서 가장 큰 스마트폰 제조업체이다.

© iStockphoto.com/danlefeb

이 비디오 시리즈는 외계인의 지구 침략에 대한 이야기를 담고 있다. 지구를 구할 수 있는 유일한 방법은 지구의 축구 스타들이 축구 경기에서 외계인을 상대로 해서 이기는 것이다. 지구의 '드림팀'은 전 세계에서 모인 13명의 선수들로 구성된다. 비디오에 나오는 출연자들은 실제 최상위에 랭크되어 있는 축구 선수들이며, 이 중에는 세계 최고의 축구 선수들 중 한 명인 리오넬 메시(Lionel Messi)가 포함되어 있다. 이들 선수들은 모두 합해 약 2억 명의 Facebook 및 Twitter 팔로워를 보유하고 있다. 이들은 모두 비디오 시리즈에 대한 댓글을 다는 계약을 체결하였다.

이 이야기는 1년의 기간에 걸쳐서 진행되었으며, 새로운 동영상이 수개월에 한 번 업로드되었다. 이 시리즈는 드림팀이 외계인 팀을 상대로 경기를 하면서 끝이 났다. 이 시리즈는 전통적인 광고라기보다는 브랜드화된 콘텐츠로 간주되었다. 모든 축구 선수들과 연기자들이 Galaxy 기기를 착용한 모습이 두드러지게 동영상 화면에 포착된다. 전화를 걸고 대화를 녹음하고 사진과 동영상을 촬영하는 데 이용되는 Galaxy 기기인 '스마트워치'가 반복적으로 모습을 보였다.

삼성전자의 스포츠 마케팅 매니저인 강훈 씨는 "모바일 기술이 점점 더 진보하고 있으며, 때로는 이해하기 매우 어렵다. 축구 동영상을 통해서 우리는 감성적인 방식으로 우리의 핵심 기능과 핵심 기술을 보여주기를 원했다."라고 밝혔다.[1] 강씨는 극적인 배경에서 삼성 기기를 선보이는 것은 전통적인 광고에 비해 더 효과적으로 소비자들과의 관계를 형성할 수 있다고 생각한다.

Think Critically

1. 동영상 시리즈의 목적이 무엇이라고 생각하는가?
2. 어떠한 특성이 삼성의 동영상을 전통적인 광고에 비해서 더 효과적일 수 있게 만드는가?

7.1 스포츠 및 엔터테인먼트 프로모션

핵심 문제 프로모션의 목적은 무엇이며, 그 네 가지 요소는 무엇인가?

학습 목표 **7.1.1** 프로모션의 목적을 설명한다.

7.1.2 프로모션의 중요성과 네 가지 요소를 요약 정리한다.

핵심 용어 미디어(media)
공보(publicity)
광고(advertising)
대인 판매(personal selling)
판매 촉진(sales promotion)

Opening Act

최근 Twitter는 3가지 기본적인 광고 포맷으로부터 9억5천만 달러의 수입을 올렸다. 가장 빈번하게 이용되는 첫 번째 유형이 프로모션용 트윗이다. 광고주는 다른 평범한 트윗과 비슷한 트윗을 올린다. 그러나 광고주는 특정 핵심 단어나 관심을 담고 있는 인터넷 검색 혹은 트윗을 바탕으로 특정 이용자들에게만 트윗이 전송되도록 한다. 광고주는 이용자가 이 광고를 리트윗하거나 호감을 표현했을 때 Twitter에 돈을 지불한다.

두 번째 또 다른 광고 유형은 광고주들이 소셜미디어 사이트에서 논의되고 있는 가장 인기 있는 주제 목록에 추가되기 위해 일정 수수료를 Twitter에 지불한다. 세 번째 유형은 광고주들이 자신들의 광고가 각 이용자의 '팔로우할 신규 계정' 목록의 상위에 보이도록 Twitter가 추천하는 데 돈을 지불한다. Twitter의 성장에 따라 새로운 광고 포맷과 파트너십이 추가되고 있다. Twitter는 마케팅 담당자들의 광고를 입찰을 통해 모바일 앱에 게재하는 MoPub을 인수하였다.

협력 학습 그룹별로 Twitter를 통한 프로모션으로부터 이득을 보게 될 종류의 상품 혹은 서비스에 대해서 브레인스토밍하라. 당신의 생각을 학급 전체와 공유하라.

7.1.1 프로모션의 목적

프로모션(promotion)은 소비자들이 어떤 상품, 서비스, 혹은 이벤트에 대해서 인지하도록 하는 과정이다. 프로모션의 1차적인 목적은 새로운 고객을 확보하고 기존 고객의 충성도를 유지하도록 설득함으로써 매출을 증가시키는 것이다. 최고의 프로모션은 소비자들의 관심을 불러일으키는 메시지를 전달한다.

프로모션의 목표

프로모션의 주요 목표는 매출을 증가시키는 것이다. 관련 목표들은 다음을 포함한다.

- 소비자의 이용률 증가
- 소비자 충성도 유지
- 팬 기반 확립
- 잠재적 소비자 교육
- 주저하는 최초 구매자의 저항 극복

스포츠 이벤트 프로모션 담당자는 종종 여러 그룹별로 특별 가격을 제시한다. 어른을 동반하는 어린이에게 절반 가격을 제시하는 프로모션은 젊은 팬 기반을 촉진하는 한편 어른의 참여율도 증가시킨다. 한 스포츠 팀의 오랜 서포터들에게 프로모션 담당자는 시즌 티켓을 업그레이드해주거나 주차료 할인을 제시할 수 있다. 프로모션 캠페인에 돈을 쓰기 전에 기업은 자사가 달성하고자 하는 목표가 무엇인지, 또한 목표로 하길 원하는 시장이 어떤 것인지에 대해서 정확히 알고 있어야 한다. 목표 시장이 파악되고 나서 기업은 마케팅 정보를 이용하여 목표 시장에 도달하기 위한 최선의 미디어 및 메시지를 결정해야 한다. 미디어(media)는 메시지를 목표 시장에 전달하는 데 이용되는 소통 경로이다.

새로운 팬 확보하기: 사례

브로드웨이 쇼는 일반적으로 연극 관람객들에게 송부되는 직접 우편이나 택시에 부착되거나 Telecharge와 같은 웹사이트에 올린 광고를 통해서 프로모션한다. 이러한 프로모션은 연극의 주제에 관심을 가질 사람들을 대상으로 한다. New York Yankees를 주제로 한 연극 〈*Bronx Bombers*〉의 프로모션은 스포츠 팬들을 대상으로 하였다. 프로모션 노력은 다음을 포함한다.

- ESPN 및 MLB 네트워크상에 나타나는 광고
- Yankees의 오랜 실황 중계자 존 스털링(John Sterling)이 출연하는 스포츠 토크쇼에 방송되는 라디오 광고
- 뉴욕의 스포츠 바에서 볼 수 있는 컵 받침
- 리틀 리그 팀들에게 적용되는 할인된 단체 입장권

여러 사람들의 말에 따르면 이 프로모션은 일정 수준 성공을 거두었다. 이전에 브로드웨이 쇼를 한 번도 관람하지 않았던 스포츠 기자들과 프로 선수들은 앞으로 더 많은 쇼를 관람하고 싶다고 밝혔다.

9.1.2 프로모션의 네 가지 요소

프로모션 가격이 지나치게 비싸면서 질은 낮은 상품의 단점을 극복할 수는 없다. 한편 적절한 요소의 배합을 이용하면 프로모션은 좋은 상품의 매출을 증가시킬 수 있다. 프로모션의 네 가지 요소는 광고, 판매 촉진, 공보, 대인 판매이다.

광고

광고(advertising)는 상품 제조사 혹은 판매사에 의해 소비자에게 전달되는 소통의 유료 방식이다. 효과적인 광고는 시청자의 관심을 사로잡고 상품의 장점을 명확하게 설명한다. 효과적인 광고는 또한 소비자들에게 그 상품의 구매 가능한 장소를 알 수 있도록 한다. 광고는 여러 형태를 취할 수 있으며, 거의 모든 미디어에 발생하고, 수백만 명의 사람들에게 도달한다.

time-out

야구 경기를 중계하는 한 라디오 스포츠 아나운서는 삼진을 잡는 투구를 다음과 같이 표현한다. "투수가 코너를 페인트칠하였습니다." 코너의 페인트칠하기는 Pro Painter의 후원을 받는다. 그렇게 함으로써 이 아나운서는 동작에 내포되는 일종의 재빠른 광고 유형으로서 '드롭 인(drop-in)'을 이용하고 있는 것이다.

판매 촉진

판매 촉진(sales promotion)은 제한된 시간 동안 소비자의 상품 구매를 독려하기 위해 제공되는 추가적인 인센티브이다. 판매 촉진의 예로 무료 배포, 쿠폰, 기업명이 인쇄된 물품, 제품의 무료 샘플, 헬스 클럽과 같은 곳의 회원 가입 특별 기간 등이 있다. 무료 배포와 무료 샘플 제품과 같은 판매 촉진은 소비자들을 상대로 한다. 다른 판매 촉진은 특정 제품의 판매 계약을

조건으로 하는 무료 진열용 선반을 제공하는 것과 같이 판매업체를 상대로 할 수도 있다.

공보

공보(publicity)는 부정적이거나 긍정적인 사안에 관계 없이 어떤 기업과 그 기업의 상품, 서비스, 혹은 이벤트에 대한 미디어의 관심으로, 광고와는 달리 무료이다. Amazon.com의 CEO이자 설립자인 제프 베조(Jeff Bezo)는 CNS의 찰리 로스(Charlie Rose)가 TV 쇼 〈*60 Minutes*〉의 한 코너를 위해 자신을 방문하였을 때 공보에 관한 대박을 터트렸다. 뉴스 주제는 소비자들에게 드론을 통해 구매 물품을 배달한다는 Amazon의 미래 계획에 대한 것이었다. 이 코너를 사이버먼데이(cyber monday, 추수감사절 연휴 이후 첫 월요일) 전날 방영한 것 또한 Amazon에 매우 이득이 되었다. 여러 언론사에서 이 이야기를 다루었으며, 기자들은 연중 가장 큰 온라인 쇼핑의 날에 이 주제에 대해서 하루 종일 다루었다.

대인 판매

대인 판매(personal selling)는 판매자와 소비자 간의 대면 소통을 의미한다. 대인 판매는 소매점 판매 직원과 소비자 사이, 혹은 스포츠 의류 제조사의 대표와 대학 기념품점 매니저와 같이 판매업체와 기업 구매자 사이에서 발생할 수 있다. 대인 판매의 장점은 판매자가 구매자가 제품 구매를 주저하게 하는 어떠한 우려에 대해서도 즉각적으로 대처할 수 있다는 것이다. 지식이 풍부한 판매 담당자는 정보를 제공하고, 제품을 시연하고, 유사 제품과 비교하고, 제품에 대한 개인적 경험에 대한 이야기를 해주는 등 제기될 수 있는 어떠한 질문에도 대답할 수 있다. 종종 판매를 위해서 대인 간의 상호작용이 필요할 때가 있다. 판매가 성사되지 않았다 하더라도 소비자가 공손하고 전문가적인 대우를 받았다면 그 소비자는 향후 구매를 위해서 다시 판매점을 방문할 가능성이 있다.

대인 판매는 상품의 판매 증가에 어떻게 도움을 줄 수 있는가?

7.2 광고 및 판매 촉진

핵심 문제 효과적인 광고 및 판매 촉진의 구성 요소에는 어떤 것들이 있는가?

학습 목표 **7.2.1** 효과적인 광고의 구성 요소들을 설명한다.

7.2.2 판매 촉진의 다양한 종류들을 설명한다.

핵심 용어
- 카피(copy)
- 간접 광고(product placement)
- 시각적 머천다이징(visual merchandising)
- 도달 범위(reach)
- 노출 빈도(frequency)
- 네이티브 광고(native advertising)
- 소비자 대상 판매 촉진(consumer sales promotion)
- 기업 대상 판매 촉진(trade sales promotion)

Opening Act

〈*200 Cartas*(200장의 편지)〉라는 영화는 뉴욕에 살면서 푸에르토리코를 자주 방문하는 푸에르토리코 사람들을 조명한 영화이다. 이 영화는 가족 친화적인 로맨틱 코미디 영화로서 자신이 사랑에 빠졌다고 생각하는 마리아 산체스라는 이름의 여성을 찾고자 하는 한 남자의 이야기를 다루고 있다. 남자 주인공은 사랑을 찾기 위해서 푸에르토리코에 사는 마리아 산체스라는 이름을 가진 200명의 여성 모두에게 편지를 보낸다. 이 영화는 후원 기업의 제품들을 영화 장면에 삽입함으로써 일부 자금 지원이 되었다. 후원 기업들 중 하나인 Banco Popular는 자동 현금 지급기(ATM)에 이 영화의 프로모션 광고를 실었다. Banco Popular는 또한 뉴욕시의 국립 푸에르토리코인의 날 퍼레이드에서 영화를 홍보하는 장식 차량을 후원하기도 하였다. 이 퍼레이드는 푸에르토리코인 관람객들을 표적화(targeting)할 수 있는 인기 있는 방식이다.

협력 학습 파트너와 함께 〈*200 Cartas*〉 광고가 소비자들을 표적화할 수 있는 방법들을 연구하고 논의하라. 영화 제작자는 이러한 광고가 효과적인지 여부를 어떻게 판단할 것인가?

7.2.1 광고

광고는 자유 기업 체제에서 강력한 역할을 수행한다. 광고는 경쟁을 촉진하며, 그에 따라서 혁신도 촉진된다. 광고는 소비자들이 새로운 상품과 서비스에 대해서 인지하도록 하며, 결과적으로 구매로 이어진다. 광고는 또한 소비자들의 여러 대체 상품들 간의 비교에 도움을 주며, 기업들이 경쟁기업을 물리치기 위한 제품 개선을 유도한다. 일부 기업들은 수천만 달러, 심지어는 수십억 달러를 자사 제품 광고에 지출한다. 광고는 오늘날 가장 성공한 것으로 평가받는 여러 브랜드들을 만드는 데 일조하였다.

광고는 신제품을 시장에 소개하기 위해 이용하는 프로모션의 통상적인 형태이다. 성공적인 상품 혹은 서비스는 특정 시장에 어필하기 위해서 면밀히 조정된다. 광고는 목표 시장에 집중한다. TV 쇼를 위한 목표 시청자는 종종 광고 시청을 통해서 결정할 수 있다. '수요가 높은(highly sought after)'이라는 표현은 기업이 원하는 소비자들의 인구통계적 속성을 묘사하는 데 종종 이용된다. 광고는 수요가 높은 인구층(예를 들어, 25세에서 34세 사이 소비자)을 표적화하도록 설계된다.

창의적인 관심 끌기

마케팅 담당자들은 자신들의 창의적인 재능을 이용하여 목표 시장에 전달하게 될 적절한 메시지를 선택해야 한다. 마케팅 담당자들은 카피(copy)를 쓰는데, 카피는 메시지를 전달하기 위해서 광고에서 언급되거나 인쇄되는 문구이다. 효과적인 광고는 일반적으로 다음과 같이 AIDA라고 표현되는 네 가지 구성 요소를 갖추고 있다.

- 매력(Attraction): 광고가 목표 소비자의 관심을 포착함.
- 관심(Interest): 광고가 메시지를 제시하기까지 소비자의 관심을 충분히 길게 유지시킴.
- 욕망(Desire): 광고 메시지가 소비자로 하여금 그 상품을 원하도록 함.
- 행동(Action): 소비자는 그 상품을 구매하도록 동기를 부여받음.

창의적인 광고는 목표 관람객들과의 관계를 형성한다. 텍사스주 오스틴에서 South by Southwest Music and Media Conference 주관으로 개최된 한 대회에서는 새로운 광고 유형을 창출하기 위해서 예상치 못했던 후원 기업들이 모여들었다. 〈*Fast Company*〉 잡지가 운영하는 기술 블로그인 Co.LABS는 소매점인 Target과 소매 촉진 대회의 스폰서로 파트너십을 맺었다. 쇼핑객을 위한 모바일 앱 개발에 75,000달러의 상금이 주어졌다. 7명의 결선 진출자들에게 각각 10,000달러의 상금이 수여되었으며, 자신의 앱을 심사위원들에게 보여줄 기회를 부여받았다. 일반적으로 Target의 광고를 〈*Fast Company*〉 잡지나 Co.LABS 블로그에서 볼 수 없다. 그럼에도 불구하고 Target의 광고 목표는 일반적으로 기술, 미디어, 디자인에 대한 지식이 풍부한 〈*Fast Company*〉의 스마트한 젊은 독자층에 대한 접근성을 확보하는 것이었다. 새로운 광고 유형은 전통적인 광고에 대한 대중의 무관심을 극복하고 특정 목표 소비자들과 교류하려는 시도였다.

인터랙티브 광고

효과적인 광고는 소비자들을 참여시키고 소비자들이 특정 행동을 취할 수 있도록 동기를 부여한다. 어떠한 전략이 이용되든 간에 결과를 이끌어내는 것은 항상 어려운 일이다. 소비자들의 참여를 유도하는 한 가지 방법은 소비자들과의 관계 형성을 위해서 인터랙티브(interactive) 디지털 통신을 이용하는 것이다. Doritos 브랜드 칩은 성공적으로 이러한 종류의 광고를 이용하였다. Doritos는 1년에 한 번 개최하는 'Crash the Super Bowl' 경연대회의 탑 10 슈퍼볼 광고주들 중 하나이다. 이 경연은 참가자들에게 최종 우승자로 선정될 경우 슈퍼볼 게임 중에 방영될 광고를 제작하도록 한다. 소비자들이 우승자 선정을 위한 투표를 하도록 독려함으로써 이들을 광고에 참여시키게 된다.

간접 광고

간접 광고(product placement)는 어떤 상품을 영화나 TV 쇼에 통합시키는 것을 의미한다. 간접 광고는 전통적인 광고에 비해서 비교적 조심스러운 형태의 광고이다. 때때로 출연자가 단순하게 어떤 상품을 이용하고 시청자들이 볼 수 있도록 그 상품을 잘 보이는 위치에 노출시킨다. 순간적으로 카메라가 해당 상품의 브랜드명을 줌인할 수도 있다.

기본. 〈*American Idol*〉의 심사위원들이 공연 심사를 할 때 빨간색 Coca-Cola 컵이 각 심사위원 앞에 보인다. TV 쇼의 연기자가 노트북을 열 때마다 시청자는 Apple의 상징적인 컴퓨터 로고를 보게 된다. 누구도 그 제품의 이름을 언급하지는 않지만, 그 제품은 시청자의 마음에 각인된다.

간접 광고는 새로운 발상은 아니다. 1920년대 영화 스튜디오와 제품 제조사는 영화에서의 제품 이용에 대한 교환 거래를 하였다. 1950년대 한 주류 기업은 영화 〈*The African Queen*〉에서 자사 제품을 배 밖으로 내던지도록 하는 데 돈을 지불하였다. 1982년 영화 〈*E.T*〉에서는 사랑스러운 외계인을 Reese's Pieces 초콜릿을 이용하여 숨어있는 곳에서 나오도록 유도하기도 했다.

비용 지불자. 간접 광고가 협상되는 여러 방법에는 다음을 포함한다.

- 수수료 기반
- 브랜드명이 눈에 잘 띄는 디스플레이
- 출연자들이 입는 패션
- 상품 광고 속 영화 프로모션

많은 상품들이 수수료 기반으로 쇼에 간접 노출된다. 기업은 영화 혹은 TV 쇼 제작자에게 자사 상품이 세트에서 잘 보이는 위치에 노출시키는 대

간접 광고는 영화 혹은 TV 프로그램 자금 조달에 어떻게 도움이 되는가?

가로 수수료를 지불한다.

매우 값 비싼 상품이 극의 전개를 위해 필요할 경우 이 상품은 브랜드명이 눈에 잘 띄는 디스플레이를 대가로 무상으로 제공될 수도 있다. 예를 들어, Ferrari와 같이 매우 값 비싼 자동차를 필요로 하는 영화에서 제작사는 이 자동차의 이용(그리고 온전한 반납)을 교환 거래할 수 있다.

영화에서 출연자들의 의상(outfitting)은 간접 광고를 위한 또 다른 기회를 제공한다. 2013년 영화 〈*Blue Jasmine*〉은 부유한 뉴욕의 사교계인 Upper East Side를 묘사하기 위해 여배우 케이트 블란쳇(Cate Blanchett)을 캐스팅하였다. 그녀는 매우 단순하면서도 우아하고 고급스러운 디자이너 의상을 필요로 하였다. 할리우드 의상 디자이너인 수지 벤징거(Suzy Benzinger)는 프랑스 패션 브랜드 샤넬의 수석 디자이너인 칼 라거펠드(Karl Lagerfeld)에게 연락하였다. 라거펠드는 벤징거가 요청한 샤넬 자켓을 즉시 보냈다. 아카데미 여우 주연상을 수상한 블란쳇은 영화 전반부에 샤넬 재킷을 빈번하게 입으면서 많은 영화 관람객들에게 샤넬의 의류 라인을 노출시켰다.

간접 광고는 상호 이익이 될 수 있다. 기업은 자사 제품의 영화 속 간접 광고를 대가로 영화 프로모션을 자사 제품 광고에 포함하기로 합의할 수 있다. 제품과 영화가 동일 시장에 어필한다고 가정하면, 양 당사자들은 파트너십으로부터 이익을 볼 것이다. 패스트푸드 식당은 이러한 파트너십의 바람직한 사례를 보여준다. 애니메이션 영화 캐릭터들이 종종 장난감으로 제작되어 어린이들을 위한 세트 메뉴에 포함된다. 이 패스트푸드 식당은 자사 광고에 영화 캐릭터를 홍보할 것이다.

시각적 머천다이징

간접 광고 및 소매점에서 제품이 디스플레이되는 방식은 프로모션의 성공에 있어서 중요하다. **시각적 머천다이징**(visual merchandising)은 상품 프로모션을 위한 3차원의 디스플레이를 생성하는 과정이다. 감각적 경험을 통해 소비자의 관심을 사로잡는 것은 소비자에게 구매 동기를 부여할 수 있는 매우 좋은 방법이다. 시각적 머천다이징은 또한 미디어에서 새롭게 중요성이 부각되고 있다. Toyota의 Highlander에 대한 라이브 광고는 TV 시리즈인 〈*Hot in Cleveland*〉 중에 방영되었는데, 이 광고는 시리즈 주요 출연자인 발레리 베르티넬리(Valerie Bertinelli)와 베티 화이트(Betty White)가 출연한다. 유명 연기자의 상품 이용을 보여줌으로써 제품에 생명력을 불어넣어 준다.

효과성의 측정

광고의 효과성은 그 목표에 대비하여 측정된다. 이러한 목표는 특정 퍼센트의 매출 증가일 수 있다. 효과성의 측정을 위해서 기업은 광고가 목표로 하는 인구 집단에 도달하였는지를 알 필요가 있다. 광고의 **도달 범위**(reach)는 선택된 미디어(TV 광고나 잡지 광고 등)를 통해서 메시지를 전달받을 것으로 예상되는 목표 시장 내 사람의 수를 나타낸다. 기업은 또한 **노출 빈도**(frequency)를 알 필요가 있다. 노출 빈도는 목표 집단이 해당 메시지에 노출된 횟수를 의미한다. Nielsen은 기업들이 광고의 효과성을 측정하는 데 도움을 준다. Nielsen은 TV 혹은 온라인 광고와 관련하여 수집된 데이터를 검토하고, 미국 신용카드 거래와 관련하여 수집된 데이터와 대조한다. 두 가지 종류의 데이터를 결합하여 Nielsen은 광고를 구매 행태에 연결시킨다. 즉, 해당 제품의 신용카드 매출이 광고 방영 이후 증가하였다면, 두 데이터 간의 상관관계를 도출할 수 있다. 기업들은 이러한 데이터를 이용하여 자사의 광고 캠페인을 필요에 따라서 조정한다.

광고의 규제

주법 및 연방법에 따라서 광고를 규제하는 것은 소비자들을 기만적인 관행으로부터 보호하는 데 필요하다. 소비자보호국(Bureau of Consumer Protection) 웹사이트에서 언급된 바와 같이, "법에 따라서 광고에서 제기되는 주장들은 진실을 담아야 하며, 기만적이거나 불공정할 수 없으며, 근거를 기반으로 해야 한다."[2]

연방통상위원회(FTC). FTC는 국가 차원에서 미국 내 광고를 감독 및 규제한다. 전통적인 광고 이외에도 FTC는 내용 표시(labeling), 홍보성 이메일, 텔레마케팅을 모니터링한다.

일부 광고는 뉴스와 광고 사이의 구분을 흐리게 만들기도 한다. 네이티브 왜 어린이들이 기만적인 광고로부터 보호되어야 하는가?
© Jaimie Duplass/ Shutterstock.com

광고(native advertising)는 기업이 생성한 온라인 콘텐츠로 사설 형식의 비광고 콘텐츠의 모습을 갖추고 있다. 예를 들어, 잠재적인 유해성을 가진 일반 의약품을 뉴스로 가장한 광고를 통해 프로모션할 수 있다. 다수의 네이티브 광고는 인터넷에서 찾아볼 수 있다. 이러한 광고는 매우 특정한 소비자층을 목표로 하지만, 사설 혹은 뉴스로 가장할 경우 오도될 수 있다. 네이티브 광고가 소셜미디어 사이트에 표시되는 경우 이러한 광고는 공유되거나, '좋아요(like)'를 누르거나, 댓글이 달릴 수 있다. 광고 업계에서는 이러한 종류의 온라인 노출을 '광고'로 통칭하는 것에 반대한다. 더 나은 소비자 보호를 위해 FTC는 광고 업계와 소비자 보호 단체들과 협력하여 네이티브 광고에 대한 규정을 수립 중에 있다. FTC는 소비자들이 편향된 광고와 편향되지 않은 뉴스 기사 사이의 명확한 구분이 있기를 원한다. 소비자 교육의 핵심이 여기에 있다.

미디어 규제. 어린이를 대상으로 한 광고에 특정하게 적용되는 여러 법률들이 있다. 연방통신위원회(FCC)는 어린이 TV 프로그램의 광고 규칙을 시행하고 있다. 광고는 주말에는 시간당 10.5분, 주중에는 시간당 12분으로 제한된다. 상업적인 메시지에 취약한 어린 아이들을 보호할 수 있도록 광고는 반드시 프로그램과는 뚜렷하게 상이해야 한다.

Social Media Marketing

연방통상위원회(FTC)는 이용 약관의 변경에 대한 많은 의견이 제기됨에 따라서 Facebook의 이용자 정책을 검토하였다. 연방통상위원회는 전 세계적으로 12억 명이 넘는 이용자가 있는 Facebook이 웹사이트상의 계정을 가짐으로써 회원들이 광고를 위해 자신의 포스트와 개인 정보를 이용하는 데 동의하는 것에 대해서 명확히 할 것을 지시하였다. 광고주들은 기업의 제품을 칭찬하는 포스트들을 재이용한다. 이러한 포스트들은 광고주들에게 매력적인데, 소비자들이 다른 종류의 광고들보다 친구로부터의 추천 의견을 신뢰하는 경향을 보이기 때문이다.

Think Critically

Facebook 회원으로서 당신의 포스트가 광고에 이용되는 것에 반대하는가? 그 이유는 무엇인가? Facebook이 자사 정책이 회원 수에 미치는 영향에 대해서 우려해야 한다고 생각하는가?

협회. 미국광고대행사협회(4As)는 전국적인 동업자 단체이다. 협회는 전 산업 차원에서 광고 관행을 모니터링하여 광고 산업을 규제하는 데 기여한다. 4As의 회원들은 미국 내 광고 대행사가 제작하는 전체 광고의 약 80%를 제작한다.[3]

광고 대행사 간 경쟁은 광고를 더욱 창의적으로 만든다. 그러나 창의성이 도덕성의 경계를 벗어나서는 안 된다. 대행사들의 비도덕적인 관행들은 광고에 대한 대중의 신뢰를 약화시키며, 모든 광고의 효과성을 약화시킨다. 4As의 표준 관행(Standard of Practice)은 모든 회원들이 다음을 포함하는 광고를 제작하지 않을 것을 명시하고 있다.

- 시각적 혹은 구두상의 허위 혹은 오도하는 진술 혹은 과장된 표현
- 개인의 실제 의견을 반영하지 않은 추천(testimonial)
- 소비자를 오도하게 하는 가격 주장
- 충분한 근거가 없거나 전문가 혹은 과학자 진술의 실제 의미를 왜곡시키는 주장
- 풍속을 교란하거나 소수 인구 집단에게 불쾌한 진술, 제안, 혹은 사진[4]

7.2.2 판매 촉진

판매 촉진은 소비자들에게 상품 혹은 서비스를 구매하도록 추가적인 인센티브를 부여하는 마케팅 노력이다. 판매 촉진은 제한된

시간 동안 잠재적인 소비자의 행동을 유도하는 데 이용된다. 판매 촉진은 매출에 즉각적이고 긍정적인 영향을 미칠 수 있으며, 구매를 망설이는 잠재적 소비자들의 실제 구매를 유도한다.

소비자 대상 판매 촉진

판매 촉진이 최종 소비자를 대상으로 할 때 소비자 대상 판매 촉진(consumer sales promotion)이 된다. 소비자 대상 판매 촉진은 다음을 포함한다.

- 입장권을 일시적으로 절반 가격 인하
- 음료와 핫도그를 포함하는 4경기의 야구장 입장권 등과 같이 특별가로 묶어서 제시되는 가격 패키지 거래
- 특별가를 제공하는 쿠폰
- 경기장 최초 입장 500명에게 포스터나 팀 응원 수건과 같은 특별 선물 지급
- 경연이나 게임을 통해 소비자들에게 상품 수여
- 리베이트(rebate)를 통해 상품 구매 가격의 일부를 환불

무언가를 공짜로 혹은 저렴한 가격에 얻었다고 생각하기를 원하는 소비자들에게 동기를 부여하는 효과적인 방식으로 입증된 다수의 판매 촉진 유형들이 존재한다.

기업 대상 판매 촉진

판매 촉진이 유통 경로 구성원들을 대상으로 할 때 기업 대상 판매 촉진(trade sales promotion)이 된다. 그러한 판매 촉진은 소매업체의 상품 마케팅에 대한 열정을 증가시킨다. 기업 대상 판매 촉진은 다음을 포함한다.

- 상품 판매 혹은 프로모션 참여 시 유통업체 및 소매업체에게 단기 할인을 제공하는 기업 할인(trade allowances)
- 특정 브랜드 테니스 라켓을 가장 많이 판매한 소매업체에게 상을 수여하는 경연과 같은 기업 경연대회(trade contest)

- 상품 판매를 지원하기 위해서 디스플레이 재료를 소매업체에게 무료로 제공하는 구매 시점 디스플레이
- 제품 제조사 대표가 판매점 매출을 증가에 기여하기 위해서 실시하는 판매점 내 시연(in-store demonstrations)

매장 내 공간이 제한되어 있기 때문에 때때로 기업 대상 판매 촉진은 소매점에서 판매되는 상품의 진열 공간을 확보하기 위해 적용되기도 한다. 소매점 내 상품의 위치는 매출에 큰 영향을 미칠 수 있으며, 기업 대상 판매 촉진 활동을 통한 협상 내용의 하나이다.

time-out

Twitter의 소기업 계정 담당 부서 선임 책임자인 Russ Laraway는 Twitter가 소기업들이 공정하게 경쟁할 수 있는 플랫폼이라고 밝혔다. 그가 관리하는 소기업 계정 중에 하나는 Twitter 광고를 활용하여 그 회사의 핵심 고객들을 표적화하여 그 해 가장 큰 매출을 그날 달성하였다.

직원 대상 판매 촉진

일부 기업들은 최고 품질의 서비스를 제공함으로써 경쟁사로부터 차별화를 원하기도 한다. 이를 달성하기 위해서 기업은 자사 직원 교육과 인센티브 제공에 집중한다. 고객 응대의 기대 수준을 뛰어넘는 직원들에게 현금 및 상품 인센티브가 지급될 수 있다. 특별 장려금(push money)은 특정 상품을 판매하거나 권고하는 영업 사원에게 지급되는 추가적인 커미션이다.

7.3 공보와 대인 판매

핵심 문제 왜 공보와 대인 판매가 효과적인 프로모션 형태인가?

학습 목표 **7.3.1** 공보와 다른 종류의 프로모션을 구분한다.

7.3.2 스포츠 및 엔터테인먼트 분야에서 대인 판매 기법을 설명한다.

핵심 용어

- 호의(goodwill)
- 공보 담당자(publicist)
- 기층적 활동(grass-roots efforts)
- 바이럴 캠페인(viral campaign)
- 대중 관계(public relations, PR)
- 바디 랭기지(body language)

Opening Act

Foursquare는 사람들이 흥밋거리를 찾는 데 도움을 주는 스마트폰 앱이다. 이 앱의 이용자가 어떤 장소에서 '체크인(check-in)'하면 특별가 혹은 쿠폰을 받는다. Foursquare가 처음 오픈될 때는 대학생들이 무급 영업 사원으로 활동하였다. 이들은 '홍보 대사'라는 이름을 부여받았는데, 홍보 대사들은 다른 학생들로 하여금 농구 경기를 관람하거나 식당에서 피자를 먹는 경우에 친구들과 함께 체크인을 하도록 독려하였다. 홍보 대사들은 또한 기업과 대학들이 4,500만 명이 넘는 이용자를 보유하고 있는 Foursquare를 활용할 것을 독려하였다. 홍보 대사들에게는 돈이 지급되지 않았으나, 이들은 값진 업무 경험을 쌓을 수 있었다.

Foursquare가 성장함에 따라서 무급 홍보 요원들의 활용에서 벗어나 전문적인 영업 부서를 갖추게 되었다. 영업 사원들은 중소기업과 주요 고객들에 집중한다. 이들은 미국 전역과 세계 시장, 특히 라틴아메리카 시장에서 활동을 한다.

협력 학습 팀과 함께 Foursquare가 전문 영업 사원으로부터 얻을 수 있는 기술의 목록을 작성하라. Foursquare 웹사이트(혹은 기타 유사 사이트)를 방문하여 현재 영업 사원을 채용하고 있는지 확인하라. 이러한 정보를 참조하여 목록을 작성하라.

7.3.1 공보

Promotion

공보(publicity)는 무료이지만 표현되는 메시지는 해당 기업의 통제를 받지 않는다. 공보 메시지는 이 메시지를 전달하는 뉴스 혹은 기타 미디어가 통제한다. 긍정적인 공보는 좋은 프로모션 도구가 될 수 있지만, 부정적인 공보는 기업에게 악영향을 줄 수 있다. 매주 풋볼을 관람하지 않는 다수의 사람들이 슈퍼볼에 대한 공보로 인해 TV를 통해 슈퍼볼 중계를 보게 된다. 이들은 흥밋거리를 놓치기를 원하지 않는다. 경기가 끝난 즉시 팬들은 슈퍼볼에 대한 트윗을 전송하고, 뉴스 미디어가 슈퍼볼 관련 기사를 작성함으로써 더 큰 규모의 공보로 이어진다.

공보는 운동 선수나 스포츠 팀에게 어떤 영향을 미치는가?

© CHEN WS/ Shutterstock.com

선의

공보는 선의(goodwill)를 발생시키기 때문에 스포츠나 엔터테인먼트 기업에게 이익이 될 수 있다. 선의는 기업에 대한 긍정적인 느낌을 의미한다. 자선 기금 모금 이벤트의 성공은 다수의 사람들과 기업들의 도움에 달려 있다. 좋은 일을 위한 기금 모금을 위해 마라톤 이벤트를 개최하는 자선 단체는 사람들이 이벤트에 참여할 수 있도록 유도해야 한다. 종종 마라톤 참가자들은 다른 사람들도 기부할 수 있도록 독려한다. 이 자선 단체는 또한 기업들에 기부를 요청한다. 기업들은 대신에 자신들의 기부 활동이 대중의 관심을 받게 된다. 자선 단체를 지지하는 개인들은 기업들의 기부를 감사하게 생각할 것이며, 그에 따라서 그 기업들을 자주 이용하게 될 것이다. 다른 한편으로 이벤트의 대변인으로서 활동하는 유명한 스포츠 인사가 스캔들에 휘말리게 된다면, 공보는 모든 관계자들에게 부작용을 초래할 수 있다.

피해 통제

스포츠 선수가 체포되면 그 정보는 뉴스 기사에 실리고, TV에서 다뤄지고, 인터넷상에 관련 글이 게재되어 여러 의견이 오고 갈 것이다. 그 선수의 팀은 소속 선수의 체포로 인한 공보를 제어할 수 없게 된다. 선수와 팀의 공보 담당자는 일반적으로 성명(statement)을 발표한다. **공보 담당자(publicist)**는 대중과 뉴스 매체와의 관계를 유지하는 책임이 있는 담당자이다. 이 성명은 미디어에서 소개되고 있는 이야기를 반박, 정당화, 혹은 무시하고 더 긍정적인 문제로 관심을 전환시키기 위해서 피해 통제(damage control)를 시도한다. 기업이나 개인이 명확한 사실을 부정하거나 바꾸려 시도한다면,

문제가 더 심각해질 수도 있다. 실수를 인정한 이후에 더 긍정적인 뉴스로 전환하는 것이 훨씬 타격이 적다.

기층적 공보

알려지지 않은 개인 혹은 사건이 팬들의 집중적인 관심을 받는 경우 종종 기층 활동(grass-roots effort)이 회자된다. 여러 편의 영화가 이러한 대중적 노력을 통해서 큰 수익을 냈다. 인터넷 블로그는 팬들이 자신이 선호하는 영화에 대해 말할 수 있는 효과적이고 저렴한 방법을 제공한다. 바이럴 캠페인(vitral campaign)은 온라인에 올린 짧은 멘션으로도 수백만 건의 댓글이 생성되는 프로모션을 의미한다. 바이럴 캠페인으로 생성된 영화에 대한 입소문이 돌고 돌아 영화를 크게 흥행시킬 수도 있다.

어떤 이야기가 입소문을 탄다고 해서 그러한 입소문이 항상 정확한 정보를 담고 있는 것은 아니다. 기관들은 때때로 실제 존재하지도 않는 기층적 활동으로부터 대중적 이미지가 만들어지기를 원한다. 기만적 기층 집단 혹은 표면상의 조직(front group)은 겉으로 보여지는 것과 다르게 실제로는 숨겨진 후원 기업이나 기업 집단을 위해 활동하고 있을 수도 있다. 표면적 조직은 기만을 이용하고, 허위 정보를 제시하여 대중이 그러한 노력의 배후가 누구인지 알지 못하게 할 수 있다. 정보의 정확성을 확인하지도 않고 Twitter나 Facebook상에서 어떤 이야기를 올리는 사람들은 자신이 인지하지 못한 채 표면적 집단을 위한 기만적인 명분의 프로모션에 이용당할 수 있다.

이미지

어떤 스포츠에 관심 가질 때, 당신은 팀 혹은 선수에 공감했던 과거의 경험이나 느낌, 그들의 이미지를 바탕으로 응원 팀과 운동 선수를 선택하게 된다. 야구, 풋볼, 농구, 축구, 아이스하키가 인기가 많은 이유는 광범위한 프로모션 캠페인이 있기 때문이다. PR(public relation)은 개인 혹은 기관에 대해 대중의 호의적인 의견을 생성하고자 하는 프로모션 분야이다. PR 전문가들은 경기와 선수들에 대한 긍정적인 대중적 이미지를 형성하기 위해서 스포츠 분야에서 열심히 활동한다.

PR 전문가들은 또한 미디어에서 일하는 사람들, 특히 기자들과 긍정적 관계를 형성하기 위해서 노력한다. **미디어 관계**(media relations)는 선제적인 접근을 통해 기자들과 진실된 관계를 형성하는 것을 수반한다. PR 전문가들은 기자들에게 신뢰할 수 있는 뉴스 정보원이 되어야 한다.

긍정적인 미디어 관계 형성에 도움이 되는 것에는 대중이 관심이 가질 뉴스 정보를 포함하고 있는 효과적인 보도 자료(press release)의 작성이 포함될 수 있다. 효과적으로 미디어 관계를 관리하기 위해서 PR 전문가는 어떠한 출판물 및 미디어가 해당 이야기를 다루는 데 가장 관심을 보일지 파악해야 한다. 대부분의 미디어는 한정된 뉴스 시간 및 공간에서 경쟁하는 많은 양의 보도 자료들로 넘친다. 효과적이기 위해서는 보도 자료에 포함된 정보가 다음 요소들을 갖춰야 한다.

- 관심을 사로잡는 제목과 이야기
- 가장 중요한 포인트를 정확하게 밝히고 있는 도입 문단
- 해당 기업 관련 정보
- 정보원으로부터의 인용문
- 연락 정보

온라인 보도자료집의 형성 또한 미디어에 도움이 된다. 보도자료집(press kit)은 다음 항목들을 포함한다.

- 해당 기업, 그 기업의 목적, 핵심 행위자들에 대한 더 심도 있는 정보
- 해당 이야기와 관련된 사진 혹은 동영상
- 최근 해당 기업에 대한 뉴스 보도 링크

이미지 형성. PR은 기업에 대한 긍정적 이미지 형성을 위한 의도로써 미래에 초점을 둔다. 바람직한 PR 형성을 위한 포괄적인 전략은 기업이 원하는 이미지를 규정하는 것을 포함한다. 그러고 나면 기업은 그러한 이미지를 얻기 위해 필요한 단계들을 그려야 한다. 기업은 PR 부서를 설립하거나 외부 PR 기업을 고용하여 바람직한 대중적 이미지를 형성하도록 할 수 있다. 미디어에서 대변인이 해당 기업을 대변하는 역할을 수행하도록 선정할 수

있다. 대변인은 원하는 이미지를 반드시 인지하고 이해해야 한다. 대변인은 서면 혹은 인터뷰를 통해서 전문가적 방식으로 회사의 이미지를 대변해야 한다. PR 직원들이 고위급 기업 간부가 발표할 기업 연설문을 작성하는 경우도 있다.

선수와 선수의 대중적 이미지. 명성과 부의 부정적인 함정을 피하는 데 성공한 다수의 선수들이 있다. 많은 선수들은 자선 운동 및 단체에 자신의 시간과 돈을 기부한다.

- NFL 선수 엘리 매닝(Eli Manning)과 그의 부인 아비(Abby)는 저소득층 학생들을 위한 장학금을 위해 미시시피대학에 1백만 달러를 기부하였다.
- NBA 전설인 샤킬 오닐(Shaquille O'Neal)은 어린 시절 자신을 지원하였던 단체인 Boys and Girls Club에게 보은한다. 1992년 이후 매년 그는 캘리포니아주 베니스에 있는 Boys and Girls Club의 300명이 넘는 아이들에게 장난감과 신발을 선물하였다. 그는 또한 Toys'R U.S와 협력하여 미국 해병대의 Toys for Tots 재단에 도움을 주고 있다.
- 재키 로빈슨(Jackie Robinson) 재단은 야구 명예의 전당에 헌액된 재키 로빈슨을 기념하기 위해서 재정적 어려움이 있는 학구적인 소수 민족 학생들에게 4년 장학금을 제공하여 이들이 자신이 원하는 대학에 다닐 수 있도록 한다.

유명 운동 선수들이 형성한 긍정적인 이미지는 스포츠와 자선 단체 모두에 도움이 될 수 있다. 바람직한 PR은 운동 선수의 높은 연봉보다는 선행에 초점을 맞출 것이다.

대회 이미지. 긍정적인 이미지의 중요성은 개인 선수와 팀을 넘어 확장된다. 스포츠 시설은 훌륭한 서비스, 청결도, 안전에 대한 평판을 유지할 필요가 있다. 팬들은 자신이 안전하고 편안함을 느낀다고 생각한다면 스포츠 경기를 관람하러 갈 가능성이 더 높을 것이다. 팬들은 또한 바람직한 스포츠맨십으로 알려진 도시에서 하는 원정 경기에서 자신의 팀을 응원할 가능

Lambeau 경기장과 같은 스포츠 경기장의 이미지가 왜 팀과 팀의 선수들의 이미지만큼이나 중요한가?
Photo Courtesy of Kathy Kelly Olsen

성이 더 높을 것이다. 친절한 팬들은 팀의 PR에 있어서 보너스와 마찬가지이다.

승패와 상관없이 Green Bay Packers 풋볼 팀은 견고한 팬 기반을 확보하고 있다. 언제든지 Packers의 시즌 티켓을 사기 위해서 96,000명의 사람들이 대기하고 있다. Packers는 리그 내에서 유일하게 지역 사회가 소유하고 있는 NFL 팀으로, 그 자체로서 팬들은 팀을 응원하고 스타디움을 관리하는 것에 대해 큰 자부심을 느낀다. 영하의 날씨에도 많은 수의 팬들이 항상 경기 준비를 위해 경기장에서 눈을 제거하는 등 도움을 준다. Packers의 Lambeau 경기장은 가장 오랫동안 운영되고 있는 NFL 경기장이다. 풋볼 팀의 경기장은 그 팀과 팬들의 개성과 이미지를 반영한다. Lambeau 필드는 미국 전역에서 긍정적인 이미지를 갖고 있다. 이 경기장은 항상 '최고의 팬들'을 보유하고 있는 상위 다섯 개의 스타디움 중에 하나로 랭크된다. Packers 팬들은 Lambeau 필드를 사랑하며 존경받는 내외 이미지를 제시한다.

7.3.2 대인 판매

Promotion

최근 들어 어떠한 대인 상호작용도 요구되지 않는 소셜미디어와 인터넷을 이용한 상품 판매에 많은 관심이 집중되고 있다. 인터넷 판매는 대부분 저가의 복잡하지 않은 상품들로 구성된다. 고가이고 복잡한 상품을 수반하는 거래는 일반적으로 면대면 상호작용을 필요로 한다. 대인 판매(personal selling)는 그 명칭이 말하고 있는 바와 같이 판매원과 잠재적 소비자 간의 대인 소통이다. 이러한 거래는 일반적으로 구매자와 판매자 모두에게 만족을 주는데, 그 이유는 현장에서 질문들에 대한 답변이 제시되며, 정보가 제공되기 때문이다. 사람들은 지식이 풍부하고, 친절하고, 예절 바르고, 진실한 판매원과의 대인 상호작용에 긍정적으로 반응한다.

면대면

대인 판매는 면대면(Face to Face)이다. 때로는 구매자가 최초 접촉을 하며, 때로는 판매자가 과정을 시작할 수 있다. 대인 판매는 종종 판매원이 고객과 접촉하는 소매 판매점에서 발생한다. 한편 대인 판매는 판매 계약을 위해서 한 기업의 영업 부장이 대기업의 이사와 직접적인 접촉을 하는 등 더 높은 수준에서도 나타날 수 있다. 예를 들어, 스포츠 팀이 대기업으로부터의 스폰서십 획득을 원한다면, 대인 판매가 수반될 것이다. 식품 제조업체는 스포츠 팀의 영업 대표가 식품 제조업체 이사에게 제안서를 제출하지 않는 한, 지역 야구 팀 후원에 따른 이익은 고려하지 않을 것이다.

대인 판매는 특별히 해당 고객에게 맞춰진 정보의 전달을 수반한다. 좋은 판매원은 판매를 위해 제품에 대해서 말하는 것보다 그 고객을 알려고 하는 데 더 많은 시간을 할애할 것이다. 판매원은 고객이 직면하는 어려움을 이해할 필요가 있다. 고객과의 밀접한 관계를 통해서 판매 직원은 그 고객의 무언의 언어를 읽을 수 있다. **무언의 언어**(body language)는 말을 하지 않더라도 전달되는 신호를 의미한다. 무언의 언어는 정밀한 과학이 아니다. 얼굴 표현과 태도는 고객이 어떻게 메시지를 받아들이고 있는지에 대한 혜안을 제공한다. 만약 고객이 메시지에 긍정적으로 반응하고 있지 않다면, 그 메시지는 조정되어야 한다. 만약 음식 제조업체가 스폰서십 요청에 긍정적으로 반응하고 있지 않다면, 스포츠 팀의 영업 대표는 전체 시즌 대신에 단일 게임의 스폰서십을 제시하는 등 그 메시지를 수정하여 더 매력적으로 만들 수 있어야 한다.

Take a bow

알렉스와 캐시 로페즈 네그레테

López Negrete Communications의 창립자인 알렉스와 캐시 로페즈 네그레테(Alex and Cathy López Negrete)는 자신들의 집에서 히스패닉을 주로 하는 마케팅 및 광고 사업을 시작하였다. 그들의 초기 고객들 중의 하나가 휴스턴 로케츠(Houston Rockets)였다. 최근에 이들은 200명이 넘는 직원을 갖춘 연 매출 1억 9,350만 달러를 달성한 기업으로 성장하였으며, NBC Universal Motion Pictures Group을 포함해 다수의 인상적인 대기업들을 고객으로 상대하고 있다.[5]

알렉스 로페즈 네그레테는 마케팅 담당자들이 라틴계 인구가 제공하는 사업 성장 기회를 인식하기 시작하였다고 생각한다. 그의 회사는 라틴 아메리카 지역에서 온 사람들의 문화적이고 언어적인 차이를 매우 잘 알고 있다. 로페즈 네그레테에 따르면 그의 업무는 "이들의 문화와 이들을 움직이는 혜안을 이해하는 것이다." 로페즈 네그레테는 고객 기업들이 라틴계 시장에서의 사업을 극대화하도록 지원한다.

Think Critically

광고 대행사를 창업해서 수백만 달러의 매출을 올리는 기업으로 성장시키기 위해서 필요한 기술과 지식에는 무엇이 있다고 생각하는가? 로페즈 네그레테의 성공에는 어떤 요인들이 기여하였을까?

3의 힘

판매를 하려고 할 때 판매원은 그 상품 혹은 서비스의 장점들을 언급한다. 최근의 연구에 따르면 성공적인 판매원과 광고는 소비자에게 구매 이유를 3가지 넘게 제시하지 않는다. 과거에는 광고나 판매 프레젠테이션에서 더 많은 긍정적인 말을 하는 것이 더 바람직하다고 생각하였다. 이 마케팅 연구에 따르면 소비자들에게 3가지 구매 이유를 제시하면 설득되는 반면, 3가지가 넘는 이유를 제시하면 소비자들이 불신하고 해당 상품에 대한 부정적인 태도를 갖게 되는 것으로 나타났다. 대인 판매에서 판매원은 어떤 전략이 소비자에게 구매 동기를 부여하는 가장 최신의 전략인지 이해해야 한다.

사례 연구

당신에 대한 모든 것을 알아 가기

광고주들은 당신의 가장 친한 친구가 되기를 기대한다. 광고주들은 당신의 호불호, 선호 색깔, 선호 음악을 알기를 원한다. 당신의 스마트폰과 인터넷 선택은 광고주들이 당신을 더 잘 알 수 있게 한다. 당신을 더 잘 알수록 광고주들은 당신을 목표로 하는 특별한 광고를 제작할 수 있다. 또한 광고주들은 이러한 광고를 당신이 이용하고 있는 모든 장치로 전송되기를 원하지만, 당신의 프라이버시는 침해될 수 있다.

당신을 추적하기

몇 년 전 디지털 광고주들은 당신의 인터넷 이용을 모니터링하기 위해서 당신의 컴퓨터에 저장된 '쿠키'를 이용하였다. 쿠키는 개인 컴퓨터에 '쿠키 블로커(cookie blocker)'를 설치함으로써 더 이상 광고주들에게 유용하지 않게 되었다. 쿠키는 모바일 앱과 모바일 브라우저에서는 잘 작동하지 않는다. 따라서 광고주들은 소비자 데이터 수집을 위한 다른 방법들을 모색하기 시작하였다. 무선 전화 서비스 제공업체가 그러한 방법들 중 하나가 될 수 있다. Verizon은 자사 고객들의 개인 정보를 광고주들과 공유하기 위한 승인을 얻기 위해서 고객들에게 쿠폰을 제공하고 있다.

광고주들은 또한 Pandora와 같은 인터넷 라디오 서비스를 이용한 맞춤형 광고로 청취자들을 표적화한다. 이 광고는 청취자가 듣고 있는 음악의 종류와 이용하고 있는 장치의 종류를 기반으로 한다. 광고주들은 음악, 영화, 혹은 책의 선택은 소비자의 선호와 정치적 신념에 대한 이해를 조금이나마 가능하게 한다고 생각한다. Pandora는 노래 선곡을 이용하여 선거 캠페인 광고로 청취자들을 표적화한다. Pandora는 청취자의 우편번호를 확보하기 때문에 지역 정치 광고를 해당 지역으로만 내보낼 수 있다. 청취자들은 광고 수신을 거부하기 위해서는 연간 이용료를 지불하거나, 그렇지 않으면 광고가 포함된 무료 Pandora 서비스를 받게 된다.

모바일 앱은 매년 115%씩 증가하고 있기 때문에 광고주들은 모바일 앱이 소비자들에게 도달하기 위한 좋은 방법이라는 것을 알고 있다. 모바일 조사 및 광고 기업인 Flurry와 같은 기업들은 모바일 앱에 소프트웨어를 내장하여 앱 개발자들이 이용 패턴을 추적할 수 있도록 하고 있다. Flurry는 사무실 컴퓨터에서 전화, 가정 컴퓨터와 태블릿까지 모든 인터넷으로 연결된 장치를 통해 개인들을 추적할 수 있다. 개인을 정확히 식별하는 일이 매우 정확하기 때문에 동일 태블릿을 이용하는 배우자에게는 다른 광고를 내보낼 수도 있다.

소수의 사람들만이 얼마나 많은 자신의 개인 정보가 광고주들에 의해 이용되고 있는지 알고 있다. 기술 제공업체들은 프라이버시가 마케팅 산업에서 중요한 요인임에 동의한다. 광고주들은 프라이버시에 매우 민감하게 대응해야 하며, 그렇지 않으면 소비자들이 반발할 수도 있다.

Think Critically

1. 프라이버시 침해가 미국인들에게 어떠한 위협이 된다고 생각하는가?
2. 불법적인 것을 하고 있지 않다면 인터넷상에서 추적을 받는 것에 대해서 신경을 써야 하는가?
3. 당신은 모바일 기기상의 광고에 대해서 반응을 보이는가? 그 이유는 무엇인가?
4. 광고주가 자사 광고로 당신을 타깃팅할 수 있는 최선의 방법은 무엇인가? 즉, 광고주가 당신에게 어떻게 도달할 수 있는가?

CHAPTER 8

프로모션 계획

Photo courtesy of NuBoard Media Group

Winning Strategies NuBoard Media

Photo courtesy of NuBoard Media Group

NuBoard Media Group은 '모든 좌석과 모든 팬'을 추구한다. 플로리다주에 소재한 이 스포츠 마케팅 기업은 이벤트 후원 기업을 위한 경기장 안과 좌석에서의 인터랙티브 프로모션을 제공한다.

Frito-Lay는 Tostitos 피에스타볼을 후원한다. Nuboard는 매년 볼 대회에서 Frito-Lay의 샘플 제공 캠페인을 활성화한다. 새로운 칩과 살사 맛 샘플이 담겨 있는 NuBoard 좌석 팩(seat-Pak)은 경기 관람을 온 모든 팬들에게 제공된다. 70,000개의 Frito-Lay 브랜드의 자연 분해성 팩이 경기장 내 모든 좌석에 부착되어 있는 것을 상상해 보라. 경기 중에 팬들은 팩 안에 든 내용물을 관찰하고 먹을 수 있는 충분한 시간이 있다. 경기가 진행되는 동안에 팬들은 팩 안에서 스마트폰을 통한 참여가 가능한 응모 조각들을 발견한다. 예를 들어, 안내 방송을 통해서 팬들에게 팩 안에 들어 있는 QR 코드를 스캔하여 iPod를 받을 수 있다고 알린다.

전통적인 사인판과 같은 미디어에 비해서 이벤트 후원 기업이 좌석 팩을 제공했다는 사실은 훨씬 더 많은 팬들에게 기억될 수 있다. 대부분의 팩은 기념품으로 팬들이 집으로 가져갈 수 있으며, 이는 게임 이후에도 메시지를 되살릴 수 있도록 한다. 팩에 인쇄된 브랜드 이름은 게임과 관련된 트윗, 온라인 기사, TV 프로그램을 통해서 추가적인 입소문을 탄다. 후원 기업은 팬들로부터 상당한 피드백을 받게 된다. 높은 도달 범위, 노출 빈도, 소비자들의 반응은 후원 기업이 필요로 하는 데이터를 제공한다.

NuBoard의 창립자인 제임스 알레그로(James Allegro)와 그의 형제인 프랭크 알레그로(Frank Allergo), 케빈 릴리(Kevin Lilly)는 후원 기업의 브랜드를 극대화하게 될 창의적이고, 목표가 있고, 효과가 큰 마케팅 기회에 대한 아이디어를 가지고 행동하였다. 이들은 단순한 아이디어를 특허된 대박 마케팅으로 바꿔놓았다.

Think Critically

1. NuBoard의 홍보 매체를 기존의 매체보다 더 효과적이게 하는 특성들로는 무엇이 있는가?
2. 이미 자사 고객들인 사람들과의 유대감을 강화하기 위해서 행사 후원기업이 NuBoard의 홍보 매체를 어떻게 이용할 수 있는가? 좌석 팩에 무엇을 담기를 원하는가?

8.1 프로모션 이벤트 및 이벤트 트라이앵글

핵심 문제 이벤트 트라이앵글(event triangle)은 엔터테인먼트 상의 가치에 어떠한 영향을 주는가?

학습 목표 **8.1.1** 이벤트 트라이 앵글의 구성 요소와 교환 관계를 설명한다.

8.1.2 미디어 방송이 이벤트 트라이앵글에 미치는 영향을 설명한다.

8.1.3 엔터테인먼트 상(award)의 프로모션 가치를 설명한다.

핵심 용어 이벤트 트라이앵글(event triangle)
예약 대리업체(booking agent)
교환 관계(exchange)
트레일러 매쉬업(trailer mash-up)

Opening Act

음악 산업이 어려워짐에 따라서 음악 산업에서의 가장 큰 이벤트가 지속적으로 중요성을 더해가고 있다. 그래미 상(GRAMMY award)은 뮤지션, 후원 기업, 팬들이 한 자리에 모여서 축하의 밤을 가진다. 오랫동안 사랑받는 뮤지션들과 음악 신인들이 인정과 관심을 받게 된다.

음악 산업에서 가장 유명하고 성공적인 스타들인 비욘세(Beyoncé)와 제이 지(Jay Z)는 최근에 그래미 오프닝 무대를 장식하였다. 이벤트가 진행되는 동안 무명의 뮤지션들이 최고의 신인의 명성을 얻었다. 소셜미디어를 통해 차트 상위에 오른 독립 앨범이 영광을 누렸다. 닐슨 시청률 조사(Nielsen Ratings)에 따르면 이벤트 후원 기업은 후원을 대가로 2,850만 명의 시청자들을 확보할 수 있었다.[1]

협력 학습 그룹 구성원들이 참여하였거나 참여하기를 원하는 주요 엔터테인먼트 혹은 스포츠 이벤트에 대해서 그룹별로 논의하라. 하나의 이벤트를 선택하여 그 이벤트를 제작하기 위해 필요한 절차, 비용, 수입원 등을 간략하게 서술하라. 어떠한 기업이 해당 이벤트에 적합한 후원 기업이 될 것인지 논의하라.

8.1.1 적합한 이벤트, 팬 그리고 후원 기업

스포츠 팀이 경기를 하면 이 경기는 이벤트로 간주된다. 최고 뮤지션이 출연하는 콘서트 또한 이벤트이다. 후원 기업은 경기 혹은 콘서트가 진행되는 동안에 자사 상품을 프로모션하기 위해 이벤트 제작자에게 돈을 지불한다. 팬들은 경기 혹은 콘서트를 관람하러 온다. **이벤트 트라이앵글**(event

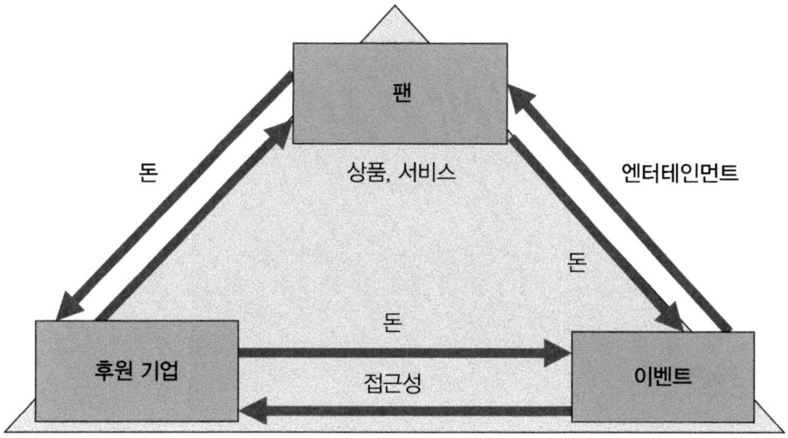

이벤트 트라이앵글

triangle)은 이벤트, 후원 기업, 팬들의 상호작용에 의해서 형성된다. 이러한 상호작용 중에 각 집단은 하나를 주는 대신에 다른 하나를 얻게 된다. 이러한 이벤트, 후원 기업, 팬들 간의 주고받기를 **교환 관계**(exchange)라고 한다.

교환 관계

상기 그림이 나타내는 바와 같이 교환 관계는 이벤트 트라이앵글 내 3개의 집단 간에 발생한다.

- 팬들(fans)은 이벤트 티켓에 대해 돈을 지불하며, 그 이벤트로부터 엔터테인먼트를 얻는다. 또한 팬들은 후원 기업에게 돈을 지불하고 이벤트가 진행되는 중에, 혹은 이벤트 후에 후원 기업의 상품 혹은 서비스를 얻게 된다.
- 이벤트(event)는 엔터테인먼트를 제공하는 대가로 팬들로부터 돈을 받는다. 이벤트는 팬들에 대한 접근성을 제공하는 대가로 후원 기업으로부터 돈을 받는다.
- 후원 기업(sponsors)은 팬들에 대한 접근성을 확보하기 위해서 이벤트에 돈을 지불한다. 후원 기업은 이벤트가 진행되는 동안, 혹은 이벤트 후에 상품과 서비스를 제공하는 대가로 팬들로부터 돈을 받는다.

이벤트 트라이앵글의 모든 3개 그룹이 교환 관계로부터 이득을 얻고 그러한 관계에 대해 만족한다면 이벤트는 성공적인 것으로 간주된다.

경기 및 이벤트 운영

마케팅은 만족스러운 교환 관계를 생성하고 유지하는 과정이다. 이벤트 마케팅은 이벤트를 매개체로 이용하여 만족스러운 교환 관계를 생성하고 유지한다. 이 이벤트는 콘서트이거나 스포츠 경기일 수 있다. 경기와 이벤트 제작은 제작자와 장소, 지역 사회, 미디어, 팀, 기타 이해 당사자 간의 세부적인 조율을 필요로 한다.

경기 운영(game operations)은 스포츠 경기 자체를 제외한 스포츠 경기장 안과 그 주변에서 발생하는 모든 측면에서의 광범위한 계획과 시행을 필요로 한다. 경기 운영은 주차, 좌석 배정, 선수 숙박, 스코어보드와 메시지보드 운영, 마스코트, 프로모션용 경품 등을 다룰 수 있다. 스포츠 경기 중의 하프타임 쇼와 더불어 무료 티셔츠 및 기타 기념품을 팬들에게 던지는 등등의 엔터테인먼트도 경기 운영의 일환이다. 이러한 활동은 팬들과 후원 기업에게 있어서 그 경기를 더 재미있고 매력적으로 만들려는 의도를 가지고 있다. 관람률에 영향을 주는 경기 매력도(game attractiveness)는 팀의 현재 성적, 스타 선수, 홍보 활동, 경기장 편의 시설 등과 관련이 있다.

이벤트는 공공/민간 소유 장소에서 모두 개최된다. 스포츠 스타디움은 스포츠 이벤트 말고도 다른 이벤트를 위해서 빈번하게 이용된다. 51,000명의 팬들이 매니 파퀴아오(Manny Pacquiao)의 권투 경기를 보기 위해서 AT&T 스타디움을 가득 채웠을 때, 기획사인 Top Rank는 권투 경기를 풋볼 경기장에서 개최하기로 하였다. 풋볼 스타디움을 권투장으로 바꾸는 데는 좌석과 조명, 입구, 전자 디스플레이 스크린, 보안 등의 조정을 필요로 한다.

주요 이벤트 제작 기업에서 해당 이벤트에 대한 책임이 있는 자를 이벤트 제작 책임자(executive event producer)라 칭한다. 이 사람은 모든 이벤트 경기 혹은 이벤트 운영을 감독한다. 이벤트 제작자는 계약직으로 고용된 이벤트 코디네이터와 전문가들의 보고를 포함하여 수백 가지의 직접 보고를 받을 수 있다. 팬들의 기대치를 뛰어넘는 경험을 팬들에게 제공하는 것이 이벤트 제작자의 목표 중 하나이다. 또 다른 목표는 후원 기업이 향후 이벤트에서도 참여할 수 있도록 완벽하게 집행된 이벤트를 제작하는 것이다.

8.1.2 미디어 방송

이벤트 트라이앵글의 각 구성원은 미디어 방송의 추가에 의해 영향을 받는다. 이벤트를 방송하는 것은 오디오 및 비디오 콘텐츠가 텔레비전 방송국, 인터넷 및 라디오를 통해서 폭넓은 시청취자들에게 유통될 것임을 의미한다.

방송이 만들 수 있는 차이

대학 혹은 주요 프로 스포츠 경기와 같이 어떠한 이벤트가 많은 관중을 모을 것으로 예상되는 경우, 그 이벤트는 방송될 것이다. 이벤트 센터에서 개최되는 마이너리그 하키 경기는 방송되지 않을 것이다. 대부분의 엔터테인먼트 이벤트는 향후 방송을 위해서 녹화된다.

이벤트. 주요 행사장은 모든 방송 미디어의 기술 및 인력 요건을 감당할 수 있도록 갖춰져 있다. 일부 엔터테인먼트 이벤트는 자체적으로 방송 장비와 인력을 가져온다. 다른 이벤트들은 장비와 인력을 위해서 해당 행사장과 계약을 체결한다. 어떤 식으로든 그 행사장은 방송 준비가 된다.

공연자를 대표하여 행사장과 계약을 체결하는 기업을 **예약 에이전트**(booking agent)라 한다. 콘서트나 기타 이벤트에 대한 계약이 체결되면, 장소 운영 요원들이 이벤트를 위한 시설 요건을 검토할 것이다. NBA Houston Rockets의 홈 구장인 Toyota 센터의 부책임자 스콧 맨리(Scott Manley)에 따르면, 이벤트가 개최되기 약 2주 전에 이벤트 코디네이터는 다음 작업을 수행한다.

- 이벤트의 모든 요건을 확인하기 위해서 예약 대리업체에게 연락을 취한다.
- 책임 할당을 위해서 행사장 요원들과 소통한다.

time-out

슈퍼볼은 때로는 정규 시즌 풋볼 경기와 비교되기도 한다. 슈퍼볼은 중립 지역에서 개최되며, 대부분의 티켓은 팀 팬들이 아닌 기업 계정으로 판매된다. 환상적인 플레이가 펼쳐질지라도 에너지 넘치는 홈팀 경기장에서의 팬들이 만들어내는 것과 같은 열광을 이끌어 내지 못할 수 있다.

- 보안과 같은 이벤트 요건을 세부화한다.
- 모든 정밀 사전 계획을 완료한다.[2]

이벤트는 신중한 사전 계획으로 시계와 같이 진행된다. NBA Orlando Magic의 방송 서비스 엔지니어인 크리스 맨리(Chris Manley)에 따르면, 이벤트 제작자는 농구 경기의 모든 휴식 시간 중에 일어나게 될 일들을 정확하게 구체화하는 대본을 작성한다. 이 대본은 오디오 방송을 통해서 전달될 내용뿐만 아니라 경기장 안팎으로 모든 LED 보드와 사인 보드, 배너에 나타날 것들을 설명한다.

후원 기업. 협상 계약을 통해서 행사장 및 예약 대리업체는 그 이벤트의 후원 기업에 합의하게 된다. 한편 행사장은 후원 기업으로 승인되는 기업의 최종 결정권을 갖는다. 행사장은 그 행사장의 명명권(naming rights)을 가진 후원 기업과 직접적인 경쟁 관계에 있는 후원 기업은 피하기를 원할 것이다. 예컨대 Toyota 센터는 이벤트 후원 기업으로 다른 자동차 제조업체를 승인하지 않을 것이다. 후원 기업들은 중계 방송을 시청하는 시청자들뿐만 아니라 관람 온 팬들에 대한 접근성을 위해서 돈을 지불하는 것이다.

일부 후원 기업들은 자체적인 마케팅 및 홍보 전략의 수립을 위해 이벤트 홍보 담당자(event promoter)와 협력한다. 어떤 후원 기업들은 홍보 계획을 수립하고 실행하는 데 비용을 들여 행사장의 마케팅 부서에 의뢰하기도 한다. 후원 기업은 또한 이벤트 시작 전, 이벤트 동안, 이벤트 후 이용하기를 원하는 종류의 광고를 결정한다. 행사장 내 광고의 옵션들은 고정 혹은 회전 사인 보드, 중앙 사인 보드, 혹은 좌석 구역 전체에 있는 백라이트 사인 보드 등이 포함된다. 후원 기업들은 또한 팬 참여 게임이나 후원 기업의 브랜드가 적힌 티셔츠 무료 제공과 같은 경기 중 프로모션을 진행할 수도 있다.

팬. 스포츠 이벤트 혹은 콘서트가 방송될 때 팬들은 이득을 얻게 된다. 후원 기업들은 방송이 팬들을 위한 티켓 비용을 상쇄시켜주기 때문에 매력을 느낀다. 팬들이 지불하는 티켓 가격은 후원 기업과 이벤트 간의 금전적 교환 관계로 인해서 더 저렴할 수 있다. 또한 팬들은 방송에 있어서 역할을 담당한다. 운동 선수와 뮤지션을 위한 응원과 박수는 쇼의 중요한 일부가 된다. 방송을 시청하는 팬들은 실황 관람객의 흥분을 경험하게 될 것이다. 팬들과의 상호작용은 운동 선수 혹은 연예인들에게 경기나 공연에서 최선을 다할 수 있도록 동기를 부여한다.

8.1.3 최고에게 상을 주기

TV 중계되는 연례 엔터테인먼트 시상식은 시청자의 관심을 위해서 경쟁한다. '빅포(big four)'로 꼽히는 영화의 오스카(Oscars), 음악의 그래미(GRAMMY)상, TV의 에미(Emmy)상, 브로드웨이 공연의 토니(Tony)상은 모두 비슷하게 높은 관심을 받으며, 높은 마케팅 가치가 있다. MTV Video Music 시상식, 영화배우협회(Screen Actors Guild) 시상식, 컨트리음악협회(Country Music Association) 시상식 등의 다른 시상식들도 있지만, 마케팅 가치는 상대적으로 제한적이다.

수상은 매출에 영향

동료들의 인정을 받는다는 것은 어느 산업에서든 높은 수준의 영광이다. 엔터테인먼트 산업에서 인정은 또한 돈과 칭찬, 미디어의 관심, 더 큰 미래 성공 잠재성을 가져오게 된다. 수상 후보로 선정되는 것 또한 수상자로 선정되는 것만큼 이득이 될 수 있다.

오스카상. 가장 유명하고 권위 있는 엔터테인먼트 상은 영화예술과학아카데미(Academy of Motion Picture Arts and Sciences)가 수여하는 상이다. 이 아카데미의 구성원인 6,000여 명의 아티스트들과 전문가들이 오스카상 수상자를 결정한다. 오스카상 수상 후보 선정은 일반적으로 영화 스튜디오, 감독, 스타들에게 많은 대중적 관심을 불러일으킨다. 후보 선정만으로도 상당한 미디어의 관심을 받게 되며, 박스오피스 성적을 크게 향상시킬 수 있다.

오스카상은 전 세계적으로 200개가 넘는 국가에서 방송된다. 아카데미는 ABC 방송국의 오스카상 시상식 방송 권리를 2020년까지 연장하였으며, 이

엔터테인먼트 시상식의 홍보 가치는 무엇인가?
© iStockphoto.com/Sucek

로써 ABC는 오스카상을 45년 연속으로 방송하게 되었다. 1999년 ABC는 시상식 일자를 월요일 밤에서 가장 많이 TV를 시청하는 일요일 밤으로 옮겼다. 슈퍼볼의 선례를 따라서 오스카상 시상식에서는 입소문을 내기 위한 이벤트 전 광고가 방송된다. ABC는 최근에 오스카상 시상식 중 30초 광고 슬롯에 190만 달러를 부과하였다.[3]

시상식에 도착한 스타의 인터뷰를 포함하는 '프리쇼(pre-show)'는 시청자를 끌어모으기 위해 진행된다. 흥미를 자아내기 위한 또 다른 홍보는 아카데미상의 트레일러 매쉬업이다. **트레일러 매쉬업**(trailer mash-up)은 수상 후보에 오른 모든 영화들의 짧은 광고 혹은 트레일러가 하나의 짧은 동영상으로 결합된 것으로, 온라인에 업로드된다.

그래미상. 미국 녹음예술산업아카데미(NARAS)는 12,000명 이상의 가수, 작곡가, 뮤지션, 제작자, 기타 녹음 전문가들이 모인 협회이다. NARAS는 최고의 음악 아티스트들이 주목을 받는 연례 이벤트인 그래미 시상식으로 국제적으로 알려져 있다. 위원회는 수상 후보를 선택하며, 최종 수상자는 회원들의 투표에 의해서 결정된다. 그래미 시상식은 팝, 컨트리, 클래식 등의 30개의 음악 분야와 82개의 하위 카테고리를 포함한다.

에미상. 동일한 12,000명의 회원을 보유한 기관의 3개의 지부에서 에미상을 공표한다. 미국 텔레비전예술과학아카데미(The Academy of Television Arts & Sciences)에서는 밤 시간대의 우수한 방송들을 위한 프라임 타임 에미상을 수여한다. 미국 텔레비전예술과학아카데미는 낮 시간대 방송, 스포츠 프로그램, 뉴스 방송, 다큐멘터리, 기술 및 엔지니어링에 대한 상도 수여한다. 50개국이 넘는 국가의 회원들을 보유한 국제텔레비전예술과학아카데미(International Academy of Television Arts & Sciences)는 미국 외에서 제작된 탁월한 텔레비전 프로그램에 대해서 상을 수여한다. 2013년 에미상은 온라인 스트리밍 서비스와 스페인어권 미디어가 제작한 프로그램을 처음으로 인정하였다.

토니상. 토니상은 미국극장재단(American Theatre Wing)과 브로드웨이 리그(Broadway League)에 의해서 실황 연극의 전문가들과 브로드웨이에서 뛰어난 업적을 낸 사람들에게 수여된다. 토니상은 또한 산업의 예술적인 달성 및 성장에 기여한 지역 극장도 인정하고 있다. 시상식은 1967년 이후 미국에 TV 중계되고 있다. 토니상은 오스카상이나 에미상에 비해서 더 특수한 분야의 시상식인데, 실황 연극을 관람하는 사람의 수가 상대적으로 적기 때문이다. 그러나 최근에는 토니상 시상식에 유명 연예인 호스트를 초청하여 더 많은 관심을 불러모았으며, 브로드웨이 공연 관객 수도 증가하고 있다.

국제 이벤트

칸 국제영화제(Cannes International Film Festival)는 프랑스 칸에서 65년이 넘게 개최되고 있다. 이 영화제의 목적은 전 세계적으로 영화 산업을 촉진하는 것이다. 전 세계 영화 제작자와 판매자들이 영화 구매자들과 함께 칸에 모이며, 매년 수천 편의 영화가 상영된다. 칸 수상작은 장편 영화, 단편 영화 등에 수여된다. 칸의 수상은 잘 알려지지 않은 영화의 홍보에 있어서 보너스나 다름 없다.

8.2 후원과 보증

핵심 문제 스폰서십과 보증의 이득은 무엇인가?

학습 목표 **8.2.1** 후원 기업에게 스폰서십의 이득을 설명한다.

8.2.2 보증을 정의하고 보증의 제한에 대해 논의한다.

핵심 용어

스폰서십(sponsorship)	기업 스폰서십(corporate sponsorship)
로고(logo)	보증(endorsement)

Opening Act

스포츠 의류 분야 미국 대기업인 Nike와 독일 기업인 Puma와 Adidas는 전 세계 프로 스포츠 팀의 유니폼 제공을 위해서 혈전을 벌였다. 프로 스포츠 팀은 전 세계적인 소매, 의류, 상품 라이선싱 사업의 입찰 경쟁에 있어서 경쟁 기업을 이길 수 있는 기회를 제공한다. 입찰에서 승리한 기업은 경기 동안 유명 선수의 유니폼에 뚜렷하게 자사 브랜드를 나타낼 수 있다. 최근 영국의 Manchester United 축구팀은 매년 5억 9,600만 파운드(미화 10억 달러 이상)를 지급받는 계약 기간 10년의 유니폼 협상에 서명하였다.[4] 인지도가 상대적으로 낮은 신발과 의류를 Boston Red Sox에 제공하는 New Balance의 자회사인 미국 스포츠 의류 기업 Warrior Sports 또한 영국 축구 팀들에게 유니폼과 브랜드 상품을 제공하기 위한 입찰 경쟁에 뛰어들었다. 자사 기업 브랜드가 매주 수백만 명에게 보이도록 할 수 있는 권리를 사는 것은 스포츠 의류 기업에서는 홍보 대박이라 볼 수 있다.

협력 학습 파트너와 함께 프로 팀의 유니폼을 이용한 스포츠 의류 기업 프로모션의 이점을 논의하라. 후원 기업은 이러한 프로모션 기회에 대한 입찰 금액을 결정하기 위해서 어떠한 정보를 필요로 할 것이라고 생각하는가?

8.2.1 Game Day

Promotion

프로모션 계획은 기업이나 상품을 올림픽이나 지역 자선 이벤트와 같은 이벤트와 연관시키는 것을 수반한다. **스폰서십(sponsorship)**은 개인 혹은 기업이 스포츠 팀이나 이벤트를 위해 상품, 서비스, 재정적 지원을 제공할 때 발생한다. 이러한 지원은 소비자의 마음속에 그 기업과 기업 제품과 팀 혹은 이벤트 간의 연관 관계를 제공한다. 이러한 연관 관계 때문에 후원 기업이 자사 상품 및 사업의 이미지에 들어맞는 팀과 이벤트를 신중하게 선정하는 것이 중요하다.

스폰서십의 비용과 혜택

이벤트 제작자 혹은 스포츠 팀은 팬들에게 이벤트를 제공하고 티켓 가격을 낮추기 위해서 기업들에게 스폰서십을 판매한다. 이벤트 제작자에게 있어서 스폰서십의 비용은 다음을 포함한다.

- 이벤트 혹은 경기 제작 비용(행사장 대여, 엔터테인먼트, 진행 인력)
- 스폰서십 판매 비용(판매 인력, 계약 작성)
- 스폰서에게 혜택을 제공하는 비용(후원 기업 티켓, 사인 보드, 미디어 홍보, 공보, 보도 자료 작성)

후원 기업에게 있어서 스폰서십은 큰 비용이 들 수 있지만, 다음과 같이 다수의 혜택을 제공한다.

- 매출 및 이윤 증가
- 새로운 상품 혹은 서비스를 많은 관중에게 소개
- 관중이 목표 시장인 이벤트와 연관됨
- 이벤트에 대한 의지를 보임으로써 관중들의 호의를 얻게 됨
- 고객 혹은 잠재 고객들을 즐겁게 함
- 직원 인센티브로 작용
- 기업의 이미지를 향상시키고 지역 사회와의 관계를 개선
- 새로운 시장 혹은 틈새 시장에 진입

United Airlines는 미국올림픽위원회(USOC)의 공식 항공사이다. United 항공사는 직원, 선수, 대량의 장비를 USOC 행사장으로 항공 운송한다. United 항공사는 탑승 시 항공 안전 교육 영상 방송 전에 비디오로 이러한 스폰서십을 홍보한다. 이 비디오는 United 항공사 직원들이 이동이 필요한 올림픽 운동 선수들을 돕는 장면을 보여준다.

time-out

Seattle Seahawks(시애틀 씨호크스) 풀백인 데릭 콜먼(Derrick Coleman)은 NFL 선수로서 최초의 청각장애인은 아니지만, 슈퍼볼에서 최초로 뛰게 된 청각장애인 선수였다. 콜먼은 Youtub에서 2,200만 건의 조회수를 기록한 Duracell 건전지 광고에 출연하였다. 콜먼과 Duracell은 또한 슈퍼볼 티켓을 콜먼의 열혈 팬인 어린 쌍둥이들에게 제공하면서 긍정적인 언론의 관심을 받았다. 청각이 손상된 이 쌍둥이들과 그 가족들은 티켓 외에도 모든 여행 비용을 지원받았다.

연관 관계

기업들이 게임을 지배하는 승리 팀과 연관되기를 원할 경우 스폰서십 비용은 높을 수 있다. 동일 업계 기업들이 종종 동일한 팀의 스폰서십을 위해 경쟁을 하기도 한다.

Nike와 Adidas는 경기장 안팎으로 경쟁을 벌인다. Adidas는 FIFA와 2030년까지 스폰서십 계약을 맺었으므로 Adidas만이 공식 상품을 판매할 수 있다. Nike는 브라질 국가 대표 축구팀의 후원 기업이지만, Adidas 축구공이 2014년 브라질 월드컵에서 이용되었다. Nike와 다른 모든 비공식 브랜드는 월드컵 테마 광고 방송이 허용되지 않았다. 2014년 FIFA 월드컵 본선에 진출한 32개 팀 중에서 미국 대표팀을 포함한 31%는 Nike 브랜드 유니폼을 착용하였다.[5]

스포츠 지원하기

기업의 **로고(logo)**는 기업 이름의 시각적인 표현을 나타낸다. 풋볼 팀의 경기장에서 로고가 비춰질 때 이 로고는 팀에 대한 재정적인 지원과 동시에 기업에게는 팬들에 대한 접근성을 제공한다. 행사장 명칭의 일부에 상품이나 기업의 이름을 이용하는 것은 **기업 스폰서십(corporate sponsorship)**의 일종이다. 예를 들어, MLB의 San Diego Padres 팀은 Petco 파크에서 경기를 한다. 대부분의 경우 경기장의 소유주가 매출 생성을 위한 스폰서십의 판매 권리를 보유한다. 대부분의 스폰서십 계약은 수년 단위 장기 계약이다. 후원 기업은 팬들에 대한 접근성과 팀과의 긍정적인 연관 관계를 얻음으로써 상당한 투자 수익을 얻게 된다.

8.2.2 보증

Promotion

연방거래위원회(FTC)는 보증을 규제할 권한을 갖고 있다. FTC는 보증을 "후원 광고주가 아닌 자의 의견, 신념, 발견, 혹은 경험을 반영하고 있는, 소비자가 신뢰할 가능성이 높은 광고 메시지"로 정의한다.[6] 달리 말하면, **보증(endorsements)**은 유명인이 어떤 상품 혹은 서비스에 대한 인정이나 지지를 공적으로 표현하는 것을 의미한다. 보증은 홍보의 도구이며 스폰서십의 형태는 아니다.

FTC는 또한 무엇이 보증이고 무엇이 보증이 아닌지에 대해 명확하게 하는 예시를 제공한다. 예를 들어, 영화 비평가의 의견이 영화 제작자에 의해 광고에 이용된다면, 이는 합법적인 보증이다. 비평가는 알려져 있는 실제적인 개인으로서 그의 평가는 영화 제작자의 의견과는 무관한 의견이다. 상품에 대해서 대화를 나누고 있는 2명의 식별되지 않는 10대 청소년들이 출연하는 광고는 보증이 아니다. 이 10대 청소년들은 잘 알려지지 않은 인물들로, 기업을 위한 유급 대변인으로 출연하지 않았기 때문이다. 한편, 인지도가 높은 경주용 자동차 드라이버가 출연한 타이어 브랜드 광고는 다음과 같은 이유로 보증이다.

- 대중이 그 사람이 프로 드라이버인 것을 알고 있다.
- 실제 진술되었는지 여부를 떠나서 대중은 그 의견이 개인적 의견임을 가정한다.
- 그 드라이버가 실제 그렇게 생각하지 않았다면 그러한 의견을 제시하지 않았을 것이라고 가정한다.

이와 마찬가지로, 유명 골퍼가 골프공을 치는 장면이 나오는 골프공 광고는 그 골퍼가 말을 하지 않는다 하더라도 보증으로 간주된다.

오늘날의 마케팅 환경에서 가장 영향력 있는 보증은 친구와 가족에 의한 보증이다. 그러나 연예인과 운동 선수들 또한 영향력이 있으며, 특히 젊은 사람들에게 그러하다. 연예인들이 어떤 상품에 대해서 트윗을 전송하면, 이는 FTC 규정의 적용 대상이 된다. FTC의 불공정하고 기만적인 행동 혹은 관행에 대한 금지는 온라인 광고, 마케팅, 판매에도 적용된다.

보증에 대한 합법적 제한

광고주를 대표하는 발언은 상업적인 발언이며, 그 발언이 기만적인 경우 FTC법의 규제를 받을 수 있다. 상업적 발언은 미국 수정 헌법 1조(표현의 자유 조항)의 보호를 받지 않는다. FTC는 보증인과 후원 기업이 반드시 지켜야 하는 여러 지침을 갖고 있다.

1. 보증인의 진실된 의견과 신념이 보증에서 표현되어야 한다.
2. 보증인은 해당 상품에 대한 실제 경험을 갖고 있어야 한다. 그 상품을 써보지 않았을 경우에는 그 상품의 경험에 대해서 말할 수 없다.
3. 보증인과 광고주 간의 관계가 명확하게 밝혀져야 한다. 보증인이 무료로 상품을 지급받거나 보수를 지급받는 경우, 이는 기만 행위를 방지하기 위해서 공개되어야 한다.
4. 보증은 어떠한 기만이나 오도하는 진술을 포함하지 않아야 한다. 진술은 광고주에 의해서 입증이 가능해야 한다.

왜 FTC는 연예인 보증을 포함한 상업적 발언을 규제하는가?
Alexander Tamargo/Getty Images

연예인 보증

연예인과 운동 선수들은 종종 연봉이나 대회 우승보다 보증으로부터 더 많은 돈을 번다. 르브론 제임스(Lebron James)와 타이거 우즈(Tiger Woods)는 가장 큰 규모의 보증 계약을 체결하였다. 수년 동안 이 선수들은 보증 계약 수입에서 10위 안에 랭크되고 있다. Nike는 가장 잘 계산되었지만 가장 위험이 큰 보증 계약을 일부 체결하였다. 대부분의 Nike 보증 계약은 큰 보수를 지급한다. 마이클 조던(Michael Jordan)이 NBA에서 뛰기도 전에 Nike는 이 선수에게 자신의 운동화를 포함하는 보증 계약을 제시하였다. 조던의 운동화는 그가 NBA에서 은퇴하고 난 후 많은 시간이 지난 지금도 판매되고 있다. 연예인 보증은 득실이 있으며, 종종 논란의 대상이 된다.

이득. 연예인 광고 보증은 최소 3가지 측면에서 기업들에게 이득이 있다.

1. 여러 연구 결과에 따르면 소비자들은 연예인들이 보증한 상품을 그렇지 않은 상품보다 더 자주 사게 된다. 팬들과 기업들은 성적이 좋은 팀이나 선수에 대한 동질감을 갖기를 선호한다.
2. 가상의 인물이 출연하는 광고보다 연예인이 출연하는 광고가 시청취자가 방송을 꺼버릴(turn off) 가능성이 더 낮다.

3. 소비자는 연예인들, 특히 좋은 대중적 이미지를 갖고 있는 연예인들을 신뢰하는 경향을 보인다.

손실. 프로모션 수단으로써 보증은 약간의 손실을 갖는다. 연예인 보증은 후원 기업에게 매우 큰 비용이 든다. 또한 기업은 때로는 법적 문제가 있는 선수와 연관되어 후회하기도 한다. 알렉스 로드리게즈(A-Rod)는 야구 역사상 가장 높은 보수를 지급하는 보증 계약을 체결하였다. 그는 불법 약물 복용으로 MLB로부터 출전 정지를 당하기 전에 보증 계약을 통해 연간 350만 달러의 수입을 올렸다. 약물 스캔들은 A-Rod의 브랜드 가치를 증발시켰다. 연예인이 한 개 이상의 상품을 보증할 때 또 다른 위험(risk)이 발생한다. 지나치게 많은 수의 상품을 보증하는 연예인의 경우, 신뢰성을 상실할 위험을 가짐으로써 후원 기업은 해당 연예인 보증으로부터 원하는 만큼의 가치를 얻지 못하게 될 수 있다.

기업이 보증인에게 바라는 점

연예인 보증인을 섭외할 때 기업들은 다음 특성을 갖춘 연예인을 찾게 된다.

- 긍정적이고 카리스마 있으며 신뢰할 수 있는 이미지를 갖춘 연예인
- 대부분의 소비자들에게 친숙한 연예인
- 발전 중인 커리어(은퇴를 앞두기보다는)를 갖고 있는 연예인
- 위험 부담이 적은 연예인
- 상품과 신뢰할 수 있는 관계를 갖고 있는 연예인

말솜씨와 개인적인 외모는 상위 요구조건이 아님을 알 수 있다. 기업들은 이러한 영역에서의 약점은 발성 코치와 의상 담당자를 통해서 보완될 수 있다고 생각한다.

최근 풋볼 스타인 페이튼 매닝(Peyton Manning)은 Papa John's Pizza, Gatorade, Buick 등 광범위한 상품의 보증 계약으로 약 1,200만 달러의 수입을 기록하였다. The Marketing Arm의 스포츠 분야 부사장인 조던 쉴레

연예인 보증이 기업에게 수백만 달러의 가치가 있다고 생각하는가? 그렇게 생각하는 이유는 무엇인가?
© bikerlondon/ Shutterstock.com

처(Jordan Schlachter)에 따르면, 매닝은 미국 내에서 가장 인기 있고, 신뢰할 수 있으며 인지도가 높은 연예인 중 한 명으로, 단순 운동 선수가 아니다.[7] 그의 3번의 슈퍼볼 경험과 뛰어난 유머 감각까지 고려한다면, 매닝은 성공적인 기업 보증인이 될 수 있는 조건을 갖추었다.

모든 프로 운동 선수에게 있어서 상품 보증 계약을 체결하는 것은 쉽지 않은 일이다. 와트(J. J. Watt)는 Houston Texans에서 자신의 NFL 경력을 시작할 때, 전국적인 보증 스타로서 갖춰야 할 모든 완벽한 특성들을 갖추고 있었다. 쿼터백 색(quarterback sack) 기록을 보유하고 있는 우수한 수비수로서 그는 다른 팀의 패스를 쳐 내기 위해서 뛰는 동작으로 유명했다. 와트는 또한 말을 잘하고 많은 자선 활동으로 좋은 평판을 얻었다. 그가 지역 및 전국적으로 여러 보증 계약을 따 내기는 하였지만, 그는 Houston Texans 소속 선수로서 성적이 좋은 팀이 받는 전국적인 관심을 받지는 못하였다. 팀의 좋은 성적은 선수들이 얻게 되는 보증 계약의 종류에 상당한 영향을 미칠 수 있다.

8.3 프로모션 계획

핵심 문제 프로모션 계획을 수립하기 위해서 취해야 할 단계는 무엇이며, 또한 어떠한 최신 프로모션 경향이 계획에 반영되어야 하는가?

학습 목표

8.3.1 프로모션 계획 수립을 위한 단계들을 나열한다.

8.3.2 시류를 따르기 위한 최신 프로모션 경향 및 방식을 논의한다.

핵심 용어

- 프로모션 계획(promotional plan)
- 총 시청률(gross rating points, GRP)
- 비용 효율 지표(cost per thousand, CPM)
- 프로모션 믹스(promotional mix)
- 정량적 측정(quantitative measurement)
- 충성도 높은 이용자(loyal users)
- 정성적 측정(qualitative measurement)
- 경험적 활성화(experiential activation)

Opening Act

슈퍼볼은 미국 내에서 가장 큰 대중 광고 이벤트다. 2014년 슈퍼볼에서는 전혀 새로운 형태의 광고가 최초로 이용되었다. 개인화된 메시지가 물리적 위치에 기반하여 팬들에게 전송되었다. 스마트폰 이용자들은 바로 한 블록 앞에 위치한 Macy 백화점 4층에서 슈퍼볼 상품을 구매 가능하다는 메시지를 수신하였다. 슈퍼볼 승리 팀에게 돌아가는 Vince Lombardi 트로피를 보기 원하는 팬들은 다음 코너에서 우회전하라는 메시지를 받았다. 이 정보는 공공장소, 상점, 스타디움에 위치한 비콘(beacons)이라 불리는 전송기를 통해서 전송되었다. Apple은 iBeacons을 iPhone 소프트웨어 업데이트에 추가하였다. 브랜드 앱을 다운로드하고 메시지 수신을 허용한 이용자들은 자신들의 스마트폰이 비콘 범위 내에 있을 때마다 메시지를 수신하였다.

협력 학습 그룹별로 스포츠 팀들이 팬과의 소통을 위해서 비콘을 이용하는 방법에 대해서 브레인스토밍하라. 아이디어 목록을 작성하여 학급 전체와 공유하라.

8.3.1 프로모션을 위한 계획

스포츠 및 엔터테인먼트 프로모션 담당자들은 어렵지만 흥미로운 미래에 직면하고 있다. 소비자들에게 상품과 서비스를 인지시키기 위한 기법들이 신기술 개발에 따라서 지속적으로 확장되고 있다. 마케팅 담당자들은 반드시 자신의 목표 시장에 도달하기 위한 계획을 수립해야 한다.

time-out

Google의 광고 시스템을 향상된 캠페인(Enhanced Campaigns)이라 한다. 이 시스템은 광고주들이 모든 인터넷 기반 장치에 대해 단일한 광고 캠페인을 형성하도록 한다. 기존의 광고 시스템은 데스크탑 컴퓨터, 태블릿, 스마트폰에 각각 별도의 캠페인을 필요로 하였다. Google은 자사 시스템을 소비자의 웹 검색을 위한 복수의 장치 이용에 따라 조정하였다.

프로모션 계획 수립하기

프로모션 계획(promotional plan)은 4가지 프로모션 요소인 광고, 판매 촉진, 공보, 대인 판매를 어떻게 이용할 것인지를 작성한 상세 분석서이다. 프로모션 계획은 전반적인 마케팅 계획의 일환이다. 프로모션 계획은 일반적으로 한 번에 1년을 적용 기간으로 설정하며, 연중 검토와 갱신을 거치게 된다. 프로모션 계획의 수립은 다음 단계들을 포함한다.

1. 목표 소비자 식별
2. 프로모션 목표 설정
3. 프로모션 예산 수립
4. 프로모션 믹스 선택
5. 결과 측정

목표 소비자 식별. 스포츠 및 엔터테인먼트 기업들은 다양한 연령과 소득의 소비자들을 상대한다. 프로모션 계획은 어떠한 특정 목표 집단이 계획의 각 단계별 초점이 될지를 파악해야 한다. 이는 미디어와 프로모션 믹스의 선택을 안내한다.

프로모션 목표 설정. 프로모션 계획의 각 부분별 구체적인 목표가 설정되어야 한다. 이러한 목표는 성공적인 프로모션의 정의를 위해서 측정 가능해야 한다. 예를 들어, 스포츠 팀의 목표는 다음 시즌 티켓 구매자의 수를 10% 증가시키는 것이 될 수 있다. 이러한 목표는 쉽게 측정이 가능하다.

프로모션 예산 수립. 예산은 프로모션 계획과 연계되어야 한다. 전반적인 프로모션 예산 결정의 통상적인 방법은 해당 목표를 달성하기 위해 필요한 과업들을 규정하고, 그러한 과업의 비용을 추정하고, 비용을 가용 자금과 비교하는 것이다.

어떠한 미디어가 목표 시장에 도달하고, 얼마나 많은 비용이 들지를 파악하는 것은 예산 수립에 있어서 또 다른 단계이다. 미디어의 전체 도달 범위는 목표 시장 내에서 광고를 수신할 것으로 예상되는 사람의 수이다. 노출 빈도는 목표 집단이 해당 광고를 수신하는 횟수이다. 도달 범위에 노출 빈도를 곱하면 퍼센트 형태로서 전체 잠재 시청자 추정치인 **총시청률**(gross rating points, GRP)을 구할 수 있다. 목표는 가능한 가장 낮은 비용으로 가능한 가장 높은 GRP를 획득하는 것이다. GRP의 비용은 예산 수립에 적용될 수 있다. 특정 미디어의 비용 효과성은 각 광고 노출에 따른 비용을 천 단위의 도달 범위로 나눈 값, 혹은 **경기 효율 지표**(cost-per-thousand, CPM)를 바탕으로 평가된다. CPM은 천 단위당 비용(cost per mille)의 약자이다.

결과 측정. 기업이 프로모션 계획을 이행하고 나면, 그 기업은 계획이 효과적인지에 대한 피드백을 필요로 한다. 프로모션 계획이 이행되기 이전, 이행 동안, 그리고 이행 후에 수집된 매출 데이터는 매출의 변화를 나타낼 것이다. 목표를 달성하지 않았다면 프로모션 계획은 수정되어야 한다.

정량적 측정(quantitative measurement)은 숫자나 퍼센트로 정보를 제공하는 결과를 측정하는 데 이용하는 방법을 의미한다. 프로모션 목표가 상품 혹은 서비스의 시장 점유율을 1년 내에 10% 증대시키는 것이라 하자. 현재의 시장 점유율 데이터를 연말에 시장 점유율에 비교하여 목표 달성 여부를 판단할 수 있다. 기업이 150만 명의 충성도 있는 모바일 앱 이용자를 보유하고 있다고 하자. 여기서 **충성스런 이용자**(loyal users)는 30일 내에 최소 3번의 앱을 실행한 이용자를 의미한다. 만약 기업이 3백만 명으로 증가시키기를 기대한다면, 현재 데이터와 신규 데이터 간의 비교는 정량적 측정을 제공한다. **정성적 측정**(qualitative measurement)은 주관적이면서 해석에 의존하는 방법으로 앱의 기능에 대한 이용자의 의견을 평가하는 방법이 있을 것이다.

높은 비율의 소비자들이 프로모션으로 인해서 신제품 이용을 시도할 계획이 있다고 하자. 정량적 측정은 얼마나 많은 소비자들이 실제로 상품을 구매하는지를 나타내므로, 이러한 방법은 더 유용한 수치를 제공한다. 정량적 측정과 정성적 측정의 조합은 프로모션 계획의 성공 여부를 판단하는 데 유용하다.

8.3.2 프로모션 경향

기술은 상품과 서비스의 프로모션 방법과 장소의 변화를 가져왔다. 잠재 소비자의 관심을 얻고, 이들이 행동하도록 동기를 부여하기 위해서는 새롭고 혁신적인 마케팅 접근이 필요하다. 시류를 따르기 위해서 마케팅 담당자들에게는 다음이 요구된다.

- 세계에서 발생하고 있는 변화, 특히 목표 시장에 영향을 주고 있는 변화를 파악한다.
- 블로그를 포함하여 〈*New York Times*〉, 〈*Advertising Age*〉 등의 일관된 기준에 대한 정보의 다양한 원천을 읽고 듣는다.
- 타인의 아이디어와 관점에 대해 열린 마음을 갖는다.
- 다른 전문가와 만날 수 있는 컨퍼런스와 교육에 참여한다.

슈퍼 애드(Ad) 볼

매년 2월 초 주요 광고 이벤트가 슈퍼볼 경기 중에 개최된다. 최근 수년 동안 약 30~35개의 기업들이 최대 1억 1,500만 명의 시청자들에게 도달하기 위해서 초당 대략 133,333달러를 지불하였다.[8]

최근의 슈퍼볼 경기의 한 부분으로 참가하는 데 있어 꼭 풋볼 선수일 필요는 없다. Coca-Cola는 사람들에게 경기 당일에 Coke를 놓고 사막에서 열리는 3개 그룹 간의 온라인 경기에 투표를 요청했다. Pepsi와 Toyota는 광고에 관중의 사진을 이용하였다. 자동차 제조사인 Audi는 사람들이 자사 슈퍼볼 광고의 결말을 선택하도록 하였으며, Lincoln은 팬들이 전송한 6,000개가 넘는 트윗을 바탕으로 자동차 광고를 제작하였다.[9]

감정을 고조시키기 위해 어린아이, 애완동물, 조랑말, 애국심을 이용하는 것은 슈퍼볼 광고의 경향이 되어왔다. 관중의 감성을 불러일으키는 것은 이들의 관심을 불러모으고 공감을 얻는 데 도움이 된다. 자동차 바닥 매트와 화물 트럭을 제작하는 일리노이주 볼링부룩의 WeatherTech는 슈퍼볼 광고를 이용해 자사 제품이 미국 내에서 제조되고 있음을 강조하였다. 이 광고의 목적은 미국 내 제조업과 일자리를 지지하기 위함이었다. WeatherTech의 CEO인 데이빗 맥닐(David MacNeil)은 다음과 같이 말하였

Social Media Marketing

사람들을 걸어 다니는 광고판으로 이용하는 것은 프로모션에서 새로운 발상은 아니지만, 그렇게 함으로써 생계를 유지하는 것은 새로운 발상일 것이다. 이전에는 제이슨 새들러(Jason Sadler)였고 지금은 개명하여 제이슨 서프앱(Jason SurfrApp)으로 불리는 한 남성이 2009년에 IWearYourShirt.com을 개시하였다. 이 사업은 기업 티셔츠가 나오는 재미 있는 사진과 비디오 캠페인을 제공한다. 새들러는 약 40,000명의 Twitter 팔로워와 12,000명 이상의 Facebook 팬을 보유하고 있다. 그는 또한 YouTube, Ustream, Flickr의 비디오에도 출연한다. 이 사업은 Nissan과 Starbucks를 포함하여 1,500개가 넘는 고객 기업들을 상대하고 있다. 새들러는 여러 번 자신의 성(last name)을 5만 달러에 판매한 후 개명하기도 하였다.[11]

Think Critically

어떠한 기업들이 마케팅 믹스의 일환으로 새들러의 사업을 성공적으로 활용할 수 있는가? 새들러의 광고를 이용한 결과를 기업들이 어떻게 측정할 수 있는가?

다. "내 이웃이 일자리가 없다면, 조만간 나도 일자리를 잃게 될 것이다."[10]

소셜 미디어를 통한 시청자 반응의 즉각성은 슈퍼볼 광고의 내용에 영향을 주었다. 광고주들은 소셜미디어상에서 즉각적으로 부정적 의견들을 초래할 수 있는 논쟁적인 메시지보다는 긍정적인 메시지를 선택하게 된다.

사전 광고

실제 광고의 미리보기를 제공하는 짧은 광고는 긴장감을 더하고 시청자들이 이후 TV 광고를 시청하도록 하는 방법이다. 시청자들에게 이후 방송될 광고에 대한 '내부' 정보의 제공은 자신들이 특별하며, 광고에 참여하고 있는 것처럼 생각하게 한다. 이것은 또한 사람들이 출시되기 전에 광고를 볼 수 있게 하는 방법이기도 하다. Volkswagen은 처음으로 이러한 전략을 성공적으로 이용한 기업들 중 하나로, Volkswagen Passat 출시를 위해서 '포스(The Force)'를 이용하는 아주 작은 다스베이더(Darth Vader)를 보여주는 인상적인 광고를 남겼다.

소셜 네트워킹

모바일 기기상에서 광고의 발전은 아직 초기 단계이지만, 소셜 미디어는 광고의 발전에서 중요한 역할을 차지할 것이다. WhatsApp은 플랫폼 간 모바일 메시지 전송 앱으로서 인터넷을 이용하여 이용자들이 유료의 문자 메시지(SMS)를 이용하지 않고 메시지를 교환할 수 있도록 한다. WhatsApp은 4억 명 이상의 활성 이용자들을 보유하고 있으며, 서비스 지원을 위한 광고나 게임, 장치 등을 이용하지 않는다. WhatsApp은 절대로 광고로 당신을 귀찮게 하지 않겠다고 약속한다. WhatsApp은 이용자로부터 마케팅 담당자에게 다음과 같은 최신의 메시지를 전달한다. "광고로 사람들을 귀찮게 하거나 압박하지 마시오." 수익을 광고에 의존하고 있는 Facebook은 최근 WhatsApp을 190억 달러에 인수하였다.

현재 개발되고 있는 더 많은 수의 앱을 이용하여 이용자들은 새로운 방식으로 자신의 모바일 기기와 상호작용할 수 있다. 이는 계속 성장하고 있는 영역이지만 마케팅 담당자들은 소비자들을 유인하기 위해서 이러한 기술을 이용하는 최선의 방법을 파악해야 한다.

영화 프로모션

영화관에서나 비디오로 상영되는 영화는 일반적으로 다른 영화의 광고인 트레일러(trailer)가 앞서 상영된다. 트레일러는 관객 유인에서 중요하다. 트레일러는 원래는 장편 영화 상영 이후 보여주었기 때문에 트레일러라 불

Take a bow

브래드 제이콥스

권투 프로모션 기업인 Top Rank의 이벤트 제작 책임자로서 브래드 제이콥스(Brad Jacobs)는 문제 해결사이자 위기 관리자이다. 그는 전 세계적으로 150개가 넘는 도시에서 800개가 넘는 경기를 개최하였다.[12] 그는 세련된 기획 및 구성 능력을 갖추고 있다. 그는 권투 시장에 대한 뛰어난 현실 감각으로 존경을 받는다. 제이콥스는 팬들을 돌아오게 만드는 이벤트를 제작한다.

제이콥스는 자신의 커리어를 프로축구 팀의 영업직으로 시작하여 스포츠 및 엔터테인먼트 이벤트의 제작으로 이직하였다. 제이콥스는 중요한 권투 경기를 제작할 때 400개가 넘는 항목의 체크리스트를 이용한다. 그의 전문적인 수준의 의사소통 및 협상 능력은 권리 수수료, 스타 초청 및 방송 계약, 행사장, 스폰서십, 프로모션의 협상에서 빛을 발한다. 관중들은 완벽하게 수행되는 유익한 이벤트 결과를 볼 수 있다.

Think Critically

왜 소통 및 협상 기술이 행사 제작자에게 중요한가? 왜 상세한 계획이 홍보의 성공에 있어서 필수적인가?

렸지만, 마케팅 담당자들은 관객들이 트레일러가 끝나기도 전에 자리를 뜨게 됨을 곧 깨달았다.

영화광

매월 Turner Classic Movie(TCM) 케이블 채널은 18세와 49세 사이 6,200만 명의 시청자를 보유하고 있다.[13] TCM은 케이블 시스템 운영업자로부터 구독자당 30센트를 받아, 수수료로 연간 3억 달러를 벌어들인다. TCM의 프로모션 계획은 영화를 사랑하는 영화광과의 상호 교류를 요구한다. 이러한 상호 교류는 뉴욕시 영화 촬영지의 가이드 투어, 연례 할리우드 영화제, TCM 클래식 해양 크루즈 등이 포함된다. TCM은 또한 다른 체험적 활성화를 이용할 것이다. **체험적 활성화**(experiential activation)는 소비자 만족을 위한 축제, 투어, 혹은 라이선스 상품을 통한 소비자와의 상호작용을 의미한다.

많은 수의 광고주들이 아카데미상 관련 경험을 소비자들에게 제공한다. 〈*People*〉지는 350명의 VIP 구독자들과 그들의 동반자들을 추첨하여 하루 종일 오스카 팬 체험(Oscar Fan Experience) 이벤트에 참석할 수 있는 기회를 부여한다. 이러한 이벤트에는 아카데미 레드 카펫 이벤트 관람 기회와 인근 영화관에서의 관람 파티 등이 포함된다.

사례 연구

NASCAR의 목표 시장 변경하기

NASCAR(미국 개조자동차 경기연맹)는 NASCAR 경주의 집행 기관이다. 미래에도 지속적으로 관심을 받는 스포츠가 되기 위해서 NASCAR는 마케팅 부사장으로 킴 브링크(Kim Brink)를 고용했다. 그녀의 임무는 청년, 다문화 관람객들, 그리고 디지털 마케팅에 새롭게 초점을 두는 것이다.

또한 NASCAR는 새로운 광고 대행사인 Ogilvy & Mather를 고용하였다. 이 대행사는 American Express와 IBM과 같은 대형 소비자 브랜드를 위해 정교한 작업을 한 것으로 알려져 있다. 이 대행사는 NASCAR를 위해 '새로운 브랜드 방향과 새로운 창의적인 플랫폼'[14]의 개발 임무를 부여받았다.

새로운 팬들

여러 연구에 따르면 평균적인 NASCAR 팬들은 백인(80%)이고 남성(60%)이며,[15] 정규직으로 근무하고 있는 기혼자이다.[16] 한편, NASCAR는 다른 스포츠에 비해서 높은 여성 팬 비율(40%)을 보유한다.[17]

미국 내 가장 큰 관람 스포츠 중 하나로서 NASCAR는 매우 충성도가 높은 팬 기반을 보유하고 있다. NASCAR는 현재의 팬 기반의 유지와 동시에 젊고 문화적으로 다양한 팬들을 끌어모으기를 원한다. 새로운 광고 대행사의 도움으로 NASCAR는 기존 팬들의 참여와 흥미를 유발하고, 새로운 팬들을 끌어모으기 위한 5개년 행동 계획을 이행하였다.

프로모션 계획에 있어서 처음 변화를 주었던 부분은 스페인어로 제작된 광고와 nascar.com과 같은 온라인 웹사이트, 또한 광고에서 인지도가 높은 NASCAR 드라이버의 활용이었다. 드라이버들은 소셜미디어를 통해 팬 및 팔로워들과 접촉을 하였으며, 새로운 광고를 보도록 알렸다.

수년 전 변호사 맥스 시겔(Max Siegel)은 NASCAR 프랜차이즈의 최초 흑인 회장이 되었다. 그의 계획은 새롭고 더 다양한 드라이버와 팬들을 확보하는 것이었다. 또한 BET 네트워크와 함께 차세대 여성이나 소수 인종의 드라이버를 찾기 위한 리얼리티 쇼를 제작하였다.

2012년의 Viva La Raza Racing은 NASCAR 역사상 최초의 멕시코인 소유의 프로 자동차 경주 팀이었다. 이 팀은 젊은 라틴 아메리카인 드라이버를 위한 개발 프로그램을 운영할 계획을 갖고 있다.

NASCAR Mexico Toyota Series는 멕시코 내 NASCAR 시리즈이다. 2014년 이 시리즈는 미국 내 라틴계 관람객을 끌어모으기 위한 NASCAR 계획의 일환으로 애리조나주 피닉스에서 대회를 개최하였다. 이 레이스는 성공을 거두어 연례 이벤트로 자리잡았다.

라틴계 관람객을 더 많이 확보하기 위한 또 다른 시도로 NASCAR는 미국 내 스페인어권 TV 방송국인 Univision과 협력하여 기존 쇼에 경주를 테마로 하는 이야기를 삽입하였다. Univision과 NASCAR가 공동 제작한 라틴계 여성 드라이버에 관한 〈*telenovela*〉 시리즈는 Univision의 웹사이트에서 최초 방영되었다.

Think Critically

1. 왜 NASCAR가 라틴계 드라이버를 추가적으로 찾고 있는가? 이것이 전체적인 마케팅 계획에 어떻게 들어맞는가?
2. NASCAR가 수행한 홍보 활동이 특이한가? 그 이유는 무엇인가?
3. 16세에서 25세 사이 팬 기반을 증가시키기 위해서 NASCAR가 무엇을 할 수 있는가?

CHAPTER 9

스포츠 및 엔터테인먼트 판매

© iStockphoto.com/JBryson

Winning Strategies

Country Stampede 페스티벌

컨트리 음악은 전 세계적으로 인기가 많다. 야외 콘서트는 컨트리 음악 팬들에게 이상적인 환경을 제공한다. 캔자스주 맨해튼에서 4일 동안 열리고 스타들이 참여하는 Country Stampede는 최고의 컨트리 음악 스타들과 미국 전역에서 수천 명의 팬들이 참가하는 주요 야외 컨트리 음악 페스티벌이다. 추가적인 볼거리로서 공예 쇼와 같은 다른 이벤트들이 콘서트와 함께 개최된다.

© Digital Storm/ Shutterstock.com

이벤트 기획자는 주차와 보안, 음식, 화장실 시설 등을 포함하는 물류 계획을 수립해야 할 책임이 있다. 이벤트가 야외에서 열리기 때문에 기획자는 날씨가 좋지 않을 경우 피할 수 있는 곳을 제공하는 계획도 있어야 한다. 기업 및 기관들과 후원 계약을 체결하는 것 또한 중요하다. 가정, 개인, 모바일 오디오 제품을 생산하는 제조업체인 KICKER는 Country Stampede의 주요 후원 기업이다. 다른 후원 기업들로는 Pepsi, DirecTV, Holiday Inn, 기타 전국 및 지역 기업들이 있다.

정교한 웹사이트는 이벤트 홍보에 도움을 준다. VIP 좌석을 포함한 다양한 티켓 옵션들이 이용 가능하다. 4일권 패스를 구매한 관람객들에게는 할인이 적용된다. 주차권 또한 구매 가능하다. 캠프장도 이용 가능하지만 조기에 매진된다.

Country Stampede는 작은 지역 사회가 후원 기업, 최고의 공연자 및 적절한 홍보의 조합으로 대형 엔터테인먼트 이벤트를 개최할 수 있음을 보여주는 전형적인 예시이다.

Think Critically

1. Country Stampede가 4일간의 행사에서 관람객 수를 최대로 늘리기 위해서 어떠한 종류의 가격 책정 및 홍보 전략을 이용하는가?
2. KICKER가 Country Stampede 홍보로부터 어떠한 이득을 볼 수 있는가?

9.1 판매 과정

핵심 문제 판매를 성사시키기 위해서 판매 직원들이 자신의 소비자와 제품에 대해서 알아야 할 것은 무엇인가?

학습 목표
9.1.1 판매 과정에서 수반되는 단계들을 나열한다.
9.1.2 성공적인 판매 직원에게 필요한 관리 기술 및 지식에 대해서 논의한다.

핵심 용어
접근 전 단계(preapproach)
제안 판매(suggestion selling)
전화 권유(cold calling)
단서(leads)
소비자 관리(customer management)

Opening Act

전국적으로 매일 저녁 가정에서는 보험, 대출, 혹은 콘도를 판매하려고 하는 전화를 받는다. 전화 판매의 직접적인 접근 방식인 텔레마케팅(telemarketing)은 종종 비영리 단체들이 자선 모금을 위해서 이용한다. 많은 수의 미국인들이 이러한 판매 권유에 대해서 피곤함을 느낀다. 수신 거부 목록, 발신자 ID 및 전화 차단은 소비자들이 텔레마케팅과 관련된 불만을 없애기 위해 이용하는 몇 가지 전략들이다. 텔레마케팅이 다수의 개인들에게는 짜증을 유발하지만, 이러한 판매 유형의 높은 성공률은 기업들과 비영리 단체들로 하여금 이러한 관행의 지속을 유인한다.

협력 학습 파트너와 함께 텔레마케팅의 부정적인 예시들을 찾아보라. 왜 소비자들은 텔레마케터들을 상대할 때 극히 신중한 태도를 갖게 되었는가?

9.1.1 스포츠 및 엔터테인먼트 판매

판매(selling)는 적절한 상품과 서비스로 잠재적인 소비자 욕구를 분석하여 충족시키는 것을 목적으로 하는 잠재적 소비자와의 직접적이고 개인적인 소통이다. 스포츠 및 엔터테인먼트 산업은 상품과 서비스 정보를 효과적으로 전달할 수 있는 판매 직원들에 의존한다. 판매 직원은 소비자와 기업 간의 연결 고리이며, 다수의 소비자들은 판매 직원을 기업으로 본다. 대인 판매는 프로모션의 네 가지 요소들 중 하나이다. 판매 과정은 소비자로 하여금 구매 욕구와 관심을 불러일으킨다.

판매 과정

강력한 판매 기술을 갖춘 사람들에 대한 수요는 높으며, 이들은 그 능력의 대가로 높은 보수를 받는다. 판매의 성사 여부는 판매 직원에 달려있는 경우가 많다. 효과적인 판매는 6가지 단계로 구성될 수 있다.

1. 접근 전(preapproach). 판매 과정에서의 첫 번째 단계인 접근 전 단계에서는 판매 직원이 제시되는 상품 및 서비스, 목표 시장, 그리고 경쟁사에 대해서 가능한 모든 것을 배운다. 판매 직원은 자신이 판매할 것에 대한 풍부한 지식을 갖춰야 하며, 목표 소비자의 욕구와 필요를 이해해야 한다.
2. 접근(approach). 이 단계는 소비자의 주의와 관심을 얻기 위한 최초의 접촉이다. 판매 직원은 소비자와 대화를 나눌 때 무엇을 말할지에 대한 계획을 갖고 있어야 하지만, 이러한 계획은 유연해야 한다. 판매 직원은 소비자의 필요와 욕구를 판단하기 위해서 소비자의 말을 신중하게 듣는 것이 중요하다. 판매 직원은 지속적인 기업-소비자 관계의 형성을 위한 호의적 첫 인상을 남기기 위해 최선을 다해야 한다.
3. 시연(demonstration). 이 단계에서 판매 직원은 열정적으로 소비자의 필요에 부응하는 방식으로 상품을 제시한다. 상품의 특성과 장점이 강조되어야 한다. 모든 것이 잘 진행될 경우 이 시점에서 판매 직원은 소비자에게 구매 의사를 물을 수 있다.
4. 질문 대답(answering questions). 이 단계에서 소비자가 상품이나 서비스에 대한 반대 의견을 말하거나 질문과 우려를 제기할 수 있다. 이러한 반응은 일반적으로 소비자가 구매를 고려하고 있음을 의미한다. 반대 의견을 반박하기 위한 추가적인 정보의 제공은 소비자의 우려를 해결할 수 있다.
5. 판매 성사(closing the sale). 이 단계에서 소비자는 구매 결정을 내린다.

판매 직원은 이 상황에서 어떻게 제안 판매를 적용할 수 있는가?
Fuse/Getty images

소비자가 이 최종 결정에 도달하기까지 도와주는 행동들로는, 예를 들면 오늘 구매할 경우 할인이나 인센티브 선물 제공을 제시하기도 한다. 이 단계는 또한 소비자의 만족도와 매출액의 증가를 위해 추가 품목들을 제안하는 시간이기도 하다. 제안 판매(suggestion selling)는 판매 직원이 소비자에게 관련 상품의 구매 여부를 물을 때 이뤄진다. 당신이 마지막으로 영화관이나 놀이공원에 갔던 때를 생각해 보라. 영화관 직원은 아마도 당신에게 큰 사이즈의 팝콘을 권유하거나 다른 스낵 품목의 추가를 제안하였을 것이다. 놀이공원 직원은 추가 혜택과 가치를 위해서 정기권이나 VIP 티켓 구매를 제안하였을 것이다.

6. **후속 조치(follow-up).** 판매 직원(그리고 기업)의 지속적인 성공은 소비자와의 장기적인 관계 수립을 바탕으로 한다. 판매 직원은 소비자에 대한 후속 조치를 통해 이러한 관계를 강화할 수 있다. 후속 조치는 판매 직원이 소비자에게 연락을 취하여 소비자가 최근의 구매에 만족하였는지 확인하고 추가적인 필요가 있는지를 판단하기 위해서 소비자와 소통을 취하는 조치이다. 또한 후속 조치를 통해 가치 있는 피드백을 얻을 수 있으며, 이는 미래 소비자를 위한 서비스의 개선으로 이어진다.

언제 대인 판매가 적절한가?

대인 판매의 장점은 소비자로 하여금 구매를 주저하게 만드는 어떠한 우려사항에 대해서도 해결할 수 있는 기회를 판매자가 가질 수 있다는 점이다. 지식이 풍부한 판매자는 정보를 제공하고, 제품을 시연하고, 유사 제품과 비교하고, 제품에 대한 개인적 경험에 대한 이야기를 해주는 등 제기될 수 있는 어떠한 질문에도 대답할 수 있다. 대인 판매는 다음의 경우 효과적이다.

- 고가의 복잡한 상품
- 소수의 대형 소비자들이 있는 시장
- 친숙하지 않은 특이한 상품
- 제한된 구역 내에 있는 소비자
- 복잡하고 장기적인 의사결정 과정
- 개인적인 관심과 의사결정 과정에서의 도움을 기대하는 소비자

판매 직원은 미래 판매 전략의 개선을 가능케 해주는 소비자로부터의 피드백을 통해 대인 판매의 이점을 취할 수 있다. 피드백은 소비자의 만족 수준과 구매자를 위한 더 나은 판매 과정을 만들 수 있는 제안 등이 포함될 것이다.

기업에게 있어서 대인 판매의 손실은 판매원당 할애되는 고비용과 시간, 또한 요구되는 기술과 교육 등이 포함된다.

> **time-out**
>
> 대부분의 소비자들은 판매 직원이 도움을 필요로 하는지 단순하게 묻는다면 "그냥 한 번 볼게요"라고 대답할 것이다. 그럼에도 불구하고 판매 직원은 자신을 소개하고, 신제품과 특별 판매에 대한 내용을 주지시켜주며 소비자들에게 궁금한 사항을 알려줄 수 있는 기회로써 접근(판매 과정에서 두 번째 단계)을 이용해야 한다.

9.1.2 성공을 위한 관리 기술과 지식

판매 직원은 자기 자신, 소비자, 정보를 효과적으로 관리해야 한다. 판매 직원은 시간을 효율적으로 이용하는 의욕 있는 자여야 한다. 감정적, 신체적 안정성은 대중을 상대하는 이들에게 있어서 중요한 속성이다. 지속적인 교육과 자기 개발은 판매 직원이 자신의 직업에 있어서 뒤처지지 않게 해준다.

성공적인 판매 직원은 다음 세 가지, 즉 자신이 판매 중인 상품이나 서비스, 자신의 소비자, 경쟁사를 이해하고 있어야 한다.

상품 파악

판매 직원은 자신이 판매하고 있는 상품 혹은 서비스에 대한 철저한 지식을 갖춰야 한다. 성공적인 판매 직원은 마케팅 믹스(상품, 유통, 가격, 프로모션)의 모든 부분에 익숙하다. 판매 직원들을 위한 상품 정보의 출처로 명세 목록(fact sheet)과 상품 매뉴얼 등이 있다. 판매 직원은 종종 신제품과 판매 전략을 배우기 위한 특별 교육을 받는다. 판매 직원은 상품이 갖는 장점과 특별한 기능 등의 정보를 소비자에게 효과적으로 전달할 수 있어야 한다. 소비자로부터 신뢰성을 유지하기 위해 판매 직원은 자신이 판매하는 상품 혹은 서비스에 대해서 명확하게 이해하고 있어야 한다.

소비자 파악

판매 직원이 자신의 소비자에 대해서 아는 것은 중요하다. 판매 직원은 소비자 욕구를 충족하는 가장 적절한 상품을 제시하기 위해서 소비자 욕구를

상품 지식을 갖추는 것이 판매 직원이 판매를 성사하는데 어떠한 도움을 주는가?
© dotshock/ Shutterstock.com

신중하게 판단해야 한다. **전화 권유**(cold calling)는 소비자 욕구에 대한 사전 조사 없이 무작위로 잠재적인 소비자에게 연락을 취하여 판매하려는 시도를 의미한다. 마케팅 지향적인 기업들은 일반적으로 전화 권유에 의존하지 않는다. 이들 기업들은 단서를 확보한다. **단서**(leads)는 상품이나 서비스에 관심을 보이거나 목표 시장의 정의를 충족하는 잠재적 소비자들에 대한 정보와 데이터를 의미한다.

Riddell은 풋볼 헬멧을 제조한다. Riddell에게 있어 최고의 판매 단서는 고등학교, 대학교, 프로 스포츠 프로그램 등이다. Riddell은 매출을 극대화하기 위해서 풋볼 감독들과 네트워크를 형성한다. 누가 제품을 필요로 하는지, 제품 구매를 위해 어떠한 자원이 이용할 수 있는지, 또한 구매를 하기 위한 어떠한 권한을 가지고 있는지 판단하기 위해서 조사가 실시된다. Riddell은 또한 풋볼 경기 중 중상을 입는 경우의 수를 줄이기 위해 제품 개선을 위한 연구를 실시한다. 소비자 안전은 Riddell에게 최우선 순위이다.

소비자 의사결정 이해. 대부분의 소비자들은 구매를 위한 5단계의 의사결정 과정을 거친다. 5단계는 다음과 같다.

1. 상품 또는 서비스에 대한 필요 인식
2. 가용한 대체 상품 혹은 서비스에 대한 정보 탐색
3. 어떤 상품이나 서비스가 가장 욕구를 잘 충족하는지 판단하기 위한 모든 옵션들의 평가
4. 최종 결정 및 상품 또는 서비스 구매
5. 만족 여부 판단을 위한 구매 결정의 평가

판매 직원은 이러한 과정에서 소비자가 자신의 욕구를 파악하도록 돕고, 또한 소비자에게 대체 상품이나 서비스를 보여주고, 특성과 이점을 설명하여 판매하고, 또한 만족을 보장하기 위한 후속 조치를 함으로써 소비자를 보조할 수 있다.

소비자 정보 관리. 소비자 기반을 형성하고 소비자와의 일정을 신중하게 수립하는 것을 **소비자 관리**(customer management)라 한다. 한 소비자에 대해 너무 많은 시간을 쓰게 되면 다른 소비자들과의 접촉 기회 및 매출 상실을 초래할 수 있다. 판매 직원은 소비자에 대한 정보를 수집하고 관리해야 한다. 소비자 기반이 수립되고 나면 판매 직원은 소비자 정보를 유지하고 소비자를 더 잘 이해할 수 있도록 하는 효과적인 기록 유

판매 직원이 생년월일 같은 소비자의 개인 정보를 기억하는 것이 왜 중요한가?

© iStockphoto.com//Thomas_EyeDesign

지 시스템을 개발해야 하는 과제를 안게 된다. 데이터베이스는 생년월일, 제품 선호도, 그리고 판매 직원으로 하여금 소비자를 더 잘 응대할 수 있도록 하는 추가적인 인구통계적 정보를 포함해야 한다. 판매 직원으로부터 감사장이나 생일 카드를 받는 소비자들은 특화된 관심을 감사하게 생각한다.

경쟁기업 파악

운동화 또는 엔터테인먼트를 위한 최신 전자 장비의 구매를 원하는 소비자는 여러 가격대의 많은 옵션에 직면한다. 대다수 구매는 점포에서의 구매 대신에 전자 상거래로 이뤄진다. 판매 직원은 전통적이고 기술에 민감한 소비자 욕구를 충족해야 한다.

성공적인 판매를 위해서는 경쟁기업과 경쟁기업이 판매하는 상품과 서비스를 이해하는 것이 중요하다. 소비자는 최선의 가격에 가장 만족스러운 상품의 구매를 원한다. 판매 직원은 자사 상품과 경쟁사 상품 간의 차이를 설명하고, 왜 자사 상품이 소비자 욕구 충족을 위한 더 나은 선택인지에 대한 확고한 근거를 제시해야 한다.

9.2 티켓 판매

핵심 문제 팬들은 스포츠 및 엔터테인먼트 이벤트 티켓을 어떻게 구매하는가?

학습 목표 **9.2.1** 티켓 중개상과 티켓 암표상 간의 차이를 설명한다.

9.2.2 티켓 경제와 수요가 높은 티켓을 구하기 위한 전략을 설명한다.

핵심 용어 티켓 중개상(ticket broker) 티켓 암표상(ticket scalper)

Opening Act

당신이 좋아하는 대학 풋볼 팀이 당신의 도시에서 개최되는 피에스타볼(Fiesta Bowl)에 진출하였다. 당신은 TV로 모든 게임을 시청하는 열정적인 팬이며, 피에스타볼의 관람을 원한다. 이 팀이 다른 주에 위치하기 때문에 이 기회는 당신이 좋아하는 팀을 실제 관람할 수 있는 유일한 기회일 수 있다. 유일한 문제는 당신이 티켓을 갖고 있지 않다는 것이다.

대학에 다니는 당신의 사촌은 추첨을 통해서 획득 가능한 2,000장의 학생 티켓 중 한 장을 구하려고 시도하였다. 불행히도 그가 뽑은 숫자는 당첨되지 않았다. 한편 당신은 경기장에 가고자 한다. 당신의 사촌도 경기를 보기 위해서 올 것이며, 당신과 사촌은 경기장 바깥에서 누군가는 티켓을 판매하고 있을 것이라는 희망을 가지고 조금 일찍 도착할 예정이다. 당신은 돈을 아껴 두었으며 티켓 구매를 위해 프리미엄을 지불할 용의가 있다. 당신의 부모는 당신에게 암표 판매와 관련한 주법을 살펴보라고 권하였다. 당신의 친구는 eBay와 같은 경매 사이트에서 티켓을 찾아보기를 권유하였다.

협력 학습 그룹별로 왜 당신이 암표 판매와 관련한 주법을 검토해야 하는지 논의하라. 왜 티켓 구매를 위해 인터넷을 확인해야 하는가? 당신이 티켓을 온라인으로 구매한다면 어떻게 보호를 받을 수 있는가?

9.2.1 인기 있는 엔터테인먼트의 높은 가격

최근 앨라배마 대 텍사스 A&M과 같은 주요 풋볼 게임에 부과되는 가격은 한 장에 705달러에서 770달러까지 올랐다. New York Yankees 팬들은 자신이 응원하는 팀의 경기 관람을 위해 좌석당 50달러에서 500달러를 지불해야 한다. 인기 있는 음악 콘서트 또한 높은 가격이 매겨진다. 콘서트에서 컨트리 가수인 테일러 스위프트(Taylor Swift)를 보기 위한 티켓 가격은 한 장당 258달러에서 1,358달러에 이른다. 〈*Book of Mormon*〉과 같이 인기 있는 브로드웨이 쇼의 티켓 가격은 480달러를 넘는다.

티켓 중개상

티켓 중개상(ticket brokers)은 합법적으로 다양한 엔터테인먼트 이벤트 티켓을 구매하여 재판매하고, 티켓의 진위를 보증하는 등록된 기업이다. 대부분의 티켓 거래는 온라인에서 발생하므로 소비자들이 구매를 하기 위해서는 신용 카드 정보를 공유하기 전에 티켓 중개상에 대한 조사가 필수적으로 요청된다. 평판이 좋은 티켓 중개상은 미국 티켓중개상협회(National Association of Ticket Brokers)와 거래개선협회(Better Business Bureau)의 회원인 경우가 많다.

주요 티켓 중개상은 광범위한 티켓을 제시하며, 액면가보다 더 높은 가격에 판매하기도 한다. 슈퍼볼 XLVIII에서 Denver Broncos는 Seattle Seahawks를 상대하였다. 2014년 슈퍼볼 경기 티켓에 중개상이 매긴 가격은 2,505달러에서 4,063.62달러에 달하였다.[1] 재판매 시장에서 최근 월드 시리즈 게임 티켓의 평균 구매 가격은 1,979달러였다.[2]

티켓 중개상은 사람과 장소와의 계약에 의존하는 사업을 운영한다. 일부 중개상은 발매되기도 전에 최고의 티켓을 확보하기 위한 계약을 체결하기도 한다. 이러한 거래는 비윤리적이고 불공정하며, 어떤 경우에는 불법적이다. 부도덕한 티켓 중개상은 종종 박스 오피스 직원, 콘서트장 관리자, 프로모션 담당자, 티켓 대리인 등 티켓 공급에 대한 통제권을 가진 사람들에게 상당한 뇌물을 줌으로써 시장을 독점하려는 시도를 하기도 한다.

세계적 이벤트 티켓 판매서비스의 선도자이고, 세계에서 가장 큰 10개의 전자상거래 사이트 중 하나인 Ticketmaster는 팬들이 부도덕한 티켓 중개상에 맞서 싸우는 데 도움을 주기 위한 다양한 전략들을 이용한다. 예를 들어, Ticketmaster는 음악 아티스트들의 팬클럽 회원들에게 사전 구매 기회를 제공한다. 팬클럽 회원들은 티켓이 일반 대중에게 발매되기 며칠 전에 프리미엄 좌석의 구매 기회를 갖는 특별 암호를 얻게 된다. Ticketmaster의 최신 전략은 팬들이 Ticketmaster 웹사이트를 통해 자신의 티켓을 재판매할

Social Media Marketing

Big Ten은 미국 내 최고의 농구 컨퍼런스 중 하나이다. 많은 수의 리그 감독들은 소셜 미디어를 통해서 팬들과 소통한다. 몇몇 감독들은 20,000명 이상의 Twitter 팔로워를 보유하고 있기도 하다. Twitter상에서 가장 인기 있는 감독들은 네브라스카의 농구 감독인 팀 마일즈(Tim Miles)이다. 그는 감독직을 수행한 지 2년 만에 47,000명의 Twitter 팔로워를 얻었다.[3]

네브라스카대학은 항상 풋볼 명가로 인식되어 왔다. 한편 마일즈 감독은 네브라스카 농구 돌풍을 일으켰다. 새로운 15,000석의 Pinnacle Bank Arena 티켓은 마일즈의 두 번째 시즌에 매진되었으며, 이 시즌에 팀은 홈 경기에서 단 한 번 패배하였을 뿐이었다. 마일즈 감독은 팬들의 관심을 끌고 농구장 안팎의 흥분을 고조시키기 위해서 성공적으로 소셜 미디어를 이용한다.

Think Critically

왜 점점 더 많은 수의 감독들이 소셜 미디어에서 활발한 활동을 하게 되었는가? 티켓 판매를 위해서 소셜 미디어가 어떻게 이용될 수 있는가?

수 있도록 한다. '재판매' 티켓은 액면가보다 더 높은 가격에 제시되지만, Ticketmaster 웹사이트를 통한 티켓 구매는 위조 티켓에 대한 보안 및 보호를 한층 강화한다. 그 대가로 Ticketmaster는 매출의 일정 부분을 챙긴다.

티켓 암표상

티켓 암표상(ticket scalper)은 주요 스포츠 및 엔터테인먼트 이벤트 티켓을 판매하는 개인으로, 일반적으로 이벤트 당일 행사장 바깥에서 부풀린 가격에 티켓을 판매한다. 액면가 55달러의 티켓을 300달러에 판매하는 것은 높은 수익률을 올려주지만, 불법 거래로 체포될 위험을 감수해야 한다. 암표 판매는 많은 주에서 불법이다. 위장 경찰들이 종종 경기장 바깥에서 티켓을 판매하고 있는 암표상들을 체포하기도 한다.

티켓 암표상들은 합법적 팬들과 같은 방식으로 티켓을 구하지만, 이들은 액면가의 최대 10배 가격에 재판매 가능한 가장 좋은 좌석을 얻기 위해서 '시스템을 활용하는 방법'을 알고 있다. 소비자들은 최고의 콘서트 티켓 구매 기회를 위해 팬클럽에 가입한다. 티켓 암표상 또한 최고 아티스트들의 팬클럽에 가입하여 가장 좋은 좌석들을 다량으로 구매하며, 그러한 티켓을 크게 부풀린 가격에 재판매한다. 최근 에릭 처치(Eric Church) 콘서트에서 합리적 가격의 좋은 좌석의 구매를 원했던 팬들이 매우 곤란한 상황에 처하게 되었는데, 그 이유는 바로 무대 앞 플로어 좌석의 75%가 전문 티켓 암표상들에게 판매되었기 때문이다. 팬들은 액면가 40달러의 티켓을 150달러에 구매해야 했다.

볼티모어에서는 50센트 이상의 추가 수수료가 스포츠 및 엔터테인먼트 티켓에 붙지 않도록 하는 암표 거래 금지 조례가 있다. Ticketmaster는 다수의 스포츠 및 음악 행사장과 계약을 체결하여 해당 이벤트에 대한 티켓을 판매한다. 합법적인 티켓 판매자이지만 Ticketmaster는 소비자들의 티켓 구매 시 추가 서비스 수수료를 50센트보다 훨씬 더 높게 부과하였다. 이러한 과도한 서비스 수수료 관행에 대한 볼티모어 법정에서의 소송에 따르면 Ticketmonster는 소송이 제기된 해에 80억 달러의 전 세계 티켓 매출 중에서 10억 달러의 추가 이익을 챙겼다.

왜 엔터테인먼트 이벤트 티켓은 두 곳 이상에서 판매되는가?
© Stuart Monk/ Shutterstock.com

기회주의적인 암표상들은 빈번하게 Craigslist와 같은 웹사이트에 위조 티켓 판매 정보를 올린다. 이 티켓은 좋은 가격에 제시되며, 판매자들은 구매자들로 하여금 특정 장소에 현금을 가지고 올 것을 요청한다. 상식 있는 소비자는 Craiglist와 같은 경로를 통해 티켓을 구매하기 전에 철저한 조사를 실시한다.

TKTS 부스

뉴욕시를 방문하는 관광객들은 타임스퀘어와 브루클린 번화가, 그리고 사우스 스트리트 항구 등 세 곳의 TKTS 부스에서 20~50% 할인된 가격에 브로드웨이 쇼와 기타 연극 티켓을 구매할 수 있다. 이러한 할인 티켓 부스는 극장개발기금(Theatre Development Fund)에 의해서 운영된다. 관광객들은 가장 인기 있는 브로드웨이 쇼와 다른 연극들의 관람을 위해 TKTS 부스에서 긴 줄을 서서 기다리는 수고를 통해 많은 돈을 절약할 수 있음을 알게 된다.

티켓 대란

스포츠 및 음악 팬들은 때로는 흥분된 상태에서 '평생 한 번 있는' 경기에 높은 가격을 지불하는 것을 합리화한다. 대형 라이벌 학교들 간의 경기와 최고 공연자의 콘서트는 몇 시간 이내에 매진된다. 수백 명의 팬들은 티켓이 발매되기 전날 밤부터 줄을 서서 기다린다. 네브라스카 콘허스커스

(Cornhuskers)와 같은 성공적인 대학 풋볼 프로그램은 40년 연속 홈 경기 매진을 기록하였다. 네브라스카 경기의 티켓 구매를 위해 대기하는 사람들의 명단은 매우 길다. 잘 나가는 팀의 시즌 티켓을 확보한다는 것은 어떤 이들에게는 지위를 나타내는 상징이다. 팬들은 NFL에 소속된 Greenbay Packers 팀을 직접 소유하고 있다. 시즌 티켓 보유자가 사망하면, 가족들은 누가 그 티켓을 유산으로 물려받는지 확인하기 위해서 유언장 낭독을 걱정스럽게 기다린다. 슈퍼볼과 NCAA 대학 풋볼 플레이오프 게임은 프로 및 대학 풋볼 시즌이 시작되기도 전에 매진된다.

> **time-out**
>
> 대학 운동 선수들은 가족과 친구들이 경기를 관람할 수 있는 특별 티켓을 받는다. NCAA는 운동 선수들에게 이러한 티켓의 재판매를 금지한다. 특별 티켓의 판매는 대학교와 해당 운동 선수에게 물의를 불러일으킬 수 있는 NCAA 규칙 위반으로 규정된다.

9.2.2 티켓 경제

Channel Management

스포츠 및 엔터테인먼트 이벤트 티켓을 구매하는 것은 매우 쉬운 일이 되었다. Ticketmaster는 미국 내 대부분 개최지의 티켓 판매를 조정한다. 콘서트 티켓은 보통 금요일 10시에 발매된다. 전화, 모바일 앱, 인터넷은 발매 즉시 소비자들이 티켓을 구매할 수 있는 도구이다. 가장 높은 온라인 매출은 첫 1시간 동안 발생한다.

Ticketmaster는 전화 상담원, 웹사이트, 소매점과 박스 오피스에 있는 티켓 판매점을 통해서 12,000명이 넘는 고객에게 좌석을 판매한다. 연간 티켓 매출의 70%를 상회하는 90억 달러의 매출이 인터넷을 통해서 발생한다. 티켓 판매 경로는 모바일 기기로 급속하게 이동하고 있는데, 최근에는 두 배로 뛰어 전체 티켓 매출의 14%를 기록하였다.[4]

Ticketmaster는 대규모의 팬 데이터베이스를 보유하고 있다. 팬들이 유명 콘서트 티켓을 온라인으로 구매하려는 경우, 이들은 콘서트 관람 의향이 전혀 없는 티켓 암표상들과 경쟁을 한다. 또한 이벤트의 주요 후원 기업들은 다량의 티켓을 요구하기 때문에, 일반적인 판매상을 통해 일반 소비자들에게 판매되는 티켓의 수는 더 작아진다.

시스템 활용

Ticketmaster는 매우 수요가 높은 엔터테인먼트 이벤트 티켓을 구하기 위한 다음 전략들을 제안하고 있다.

1. 인터넷 혹은 모바일 앱을 통해서 구매하라. 당신이 좋은 좌석을 구할 수 있는 확률은 티켓 판매점 앞에 20번째 줄에 서 있는 것보다 훨씬 높다. 팬클럽 웹사이트에서 특별 사전 판매 공지를 확인하라.
2. 시간 절약을 위해서 판매 개시일 전에 웹사이트상 당신의 청구 정보를 가지고 계정을 설정하여 구매 준비가 되도록 하라.
3. 웹사이트에 몇 분 일찍 접속하고, 가능하면 고속 인터넷 연결을 이용하라. 몇 초에 한 번씩 새로 고침 버튼을 눌러 판매 라인이 열리는 즉시 연결될 수 있도록 하라. 친구에게 동시에 전화나 다른 컴퓨터로 구매하도록 한다면 당신의 티켓 구매 확률은 두 배로 늘어난다.
4. 콘서트 티켓이 매진된 경우, 며칠 내에 다시 웹사이트를 방문하라. 콘서트 투어에 일정이 추가될 수 있다.
5. 쇼가 있기 전날이나 쇼 당일 오후에 다시 시도하라. 아티스트들과 후원기업들은 자신들이 보유한 티켓들을 풀 수도 있다. 때로는 이러한 추가 티켓이 개최 장소의 박스 오피스에서만 판매되기도 하기 때문에, 쇼 당일에 해당 개최 장소에 들리는 것도 방법이다.

슈퍼볼 티켓

당신이 부유하거나, 운이 좋거나, 연예인이 아니라면 슈퍼볼 관람은 꿈에 불과할 수도 있다. 대다수의 티켓은 경기를 하는 두 팀에게 할당되며, 양은 적지만 다른 NFL 팀에게도 할당된다. 잔여 티켓은 티켓 복권 추첨을 통해 일반 대중이 이용 가능하다. 복권 추첨에 참여하기 위해서는 등기 우편을 통해서 당신의 이름, 주소, 전화번호, 이메일 주소가 적힌 신청서를 NFL 슈퍼볼 티켓 복권 사무소에 보내야 한다. 30,000명의 신청자 중에 500명만이 당첨된다. 당첨자는 액면가로 2장의 티켓(장당 500달러)을 구매할 수 있는 옵션을 받게 된다. 복권 추첨을 통해 구매 가능한 500쌍의 티켓은 최근 슈퍼볼 경기에서 유통된 82,500장의 1%를 약간 넘는 수준이다.

슈퍼볼 티켓을 얻기 위한 또 다른 옵션은 NFL이 승인한 여행사나 독립 여행사의 고가의 호텔 패키지이다. 티켓 중개상은 슈퍼볼 티켓을 얻을 수 있는 또 다른 경로이다.

미국 티켓중개상협회는 모든 중개상들이 준수해야 하는 행동 강령을 수립하였다. 이 강령은 협회 회원들에게 구매자들의 슈퍼볼 티켓 주문을 200%의 보증료로 지원할 것을 요구한다. 어떠한 이유에서든 중개상이 약속된 티켓을 인도하지 못하는 경우, 구매 가격의 200%에 상응하는 환불 금액이 구매자에게 지급된다.

사기 판매

FBI는 슈퍼볼 티켓의 사기 판매에 대한 연례 보고서를 받는다. 통상적인 사기는 잘 알려진 온라인 경매 및 안내 광고 사이트에서 광고되는 티켓들이다. 구매자는 티켓 구매를 위한 전신 송금 서비스의 이용을 요구받는다. 어떠한 경우에는 업무나 휴가차 해외에 나가 있어서 티켓을 쓸 수 없다고 속여 해외로 송금하도록 요청받기도 한다. 송금이 완료되면 판매자는 모든 연락을 중단하며, 티켓은 인도되지 않는다. 소비자는 티켓 가격 지불을 위해서 현금을 송금하거나 전신 송금 서비스를 절대로 이용해서는 안 된다.

고화질 스포츠를 목표로 하는 영화관

스포츠 경기나 콘서트 티켓을 구할 수 없는 팬들은 지역 영화관을 대신 선택할 수 있다. 영화관은 이제 영화 상영 외에도 여러 엔터테인먼트 이벤트들을 개최하고 있다. 전통적인 영화 관람객 수가 늘지 않고 있는 시기에 라이브 콘서트, 연극, 오페라, 스포츠 이벤트 등이 영화관에서 개최되고 있다. 영화관은 더 많은 관람객들을 끌어모으기 위해서 3D 영상을 볼 수 있는 대형 스크린과 상영관 내 다중 스크린, 식당 등을 추가하고 있다.

9.3 단체 및 기업 판매

핵심 문제 스포츠 및 엔터테인먼트 산업에 기반하지 않는 기업들이 사업 목적을 위해 스포츠 및 엔터테인먼트 이벤트를 어떻게 이용하는가?

학습 목표

9.3.1 단체를 스포츠 및 엔터테인먼트 행사장으로 유인하기 위한 판매 전략을 설명한다.

9.3.2 기업들이 직원들에게 동기를 부여하고 소비자들에게 좋은 인상을 주기 위해서 스포츠 및 엔터테인먼트를 어떻게 이용하는지 설명한다.

핵심 용어 단체 패키지(group package) 클럽 좌석(club seats) 럭셔리 박스(luxury boxes)

Opening Act

백화점과 기타 소매업체들은 향후 구매 시 10~20% 할인을 해주는 쿠폰과 같은 유인을 효과적으로 이용하여 소비자의 재방문율을 증가시킨다. 스포츠 및 엔터테인먼트 기업들 또한 특별한 판매 촉진 활동을 이용하여 이벤트 관람률을 높인다. 일부 이벤트에서는 지역 식품 은행(food bank)을 위해 음식 캔을 가져 온 팬들에게 무료 혹은 할인 입장을 제시하기도 한다. 이러한 판촉 이벤트는 관람률을 증가시킬 뿐 아니라 지역 사회 내에 해당 이벤트에 대한 호의적인 이미지를 형성할 수 있게 한다. 기업 및 지역 후원 기업들은 스포츠 혹은 엔터테인먼트 이벤트 참석자들을 위한 무료 야외 파티를 개최하기도 한다. 시즌 동안 진행되는 신차 경품 이벤트는 팬들을 계속 돌아오게 만드는 유인이 될 수 있다.

협력 학습 파트너와 함께 당신의 학교에서 개최되는 스포츠 경기에 더 많은 사람들을 끌어모으기 위한 세 가지 프로모션 전략을 수립하라. 당신은 어떻게 전략을 시행할 것인지 설명하라.

9.3.1 스탠드 채우기

스포츠 및 엔터테인먼트 이벤트는 소비자의 재량 소득을 얻기 위해서 경쟁해야 한다. 스포츠 및 엔터테인먼트 마케팅 담당자는 계속적으로 더 많은 사람들을 이벤트로 끌어들이기 위한 방법들을 탐색한다.

단체 관람객들에게 어필

메이저리그 야구 팀은 긴 시즌 동안 다수의 홈 경기를 치른다. 주중에 열리는 야구 경기는 주말 야구 경기에 비해서 매진될 가능성이 낮다. 특별 단체 및 기업 판촉 이벤트가 스탠드를 채우기 위해 적용된다. 특별 판촉 이벤트는 비수기 동안 티켓 판매를 위해서 교회 단체, 노인, 학교, 보이스카우트, 걸스카우트, 리틀 리그 야구 팀, 학생 조직들에게 제시된다. **단체 패키지(group packages)**는 티켓을 대량으로 구매하는 단체(예를 들어, 15명 이상)에게 특별 할인 가격을 제시하는 판매 촉진 활동이다. 노인들의 관람을 유도하기 위해 무료 운송 수단이 제공될 수도 있다. 때로는 참가 단체들이 방송 시스템이나 대형 비디오 스크린을 통해 게임 중에 소개되기도 한다.

특별 단체 요율은 경기장을 채울 뿐만 아니라 현재 및 미래의 팬 기반을 공고히 하기도 한다. 때로는 특별 단체에게 어필하기 위해서 라이브 음악이나 불꽃놀이와 같은 볼거리가 휴식 시간이나 이벤트가 직후 추가되기도 한다.

경기장을 팬들로 채우기 위해서 어떠한 판매 촉진 활동이 이용될 수 있는가?
© Aspen Photo/ Shutterstock.com

특권

주요 대학들은 운동 부서와 장학기금에 돈을 기부하는 부유한 졸업생과 기타 개인들을 대접한다. 운동 부서에 많은 돈을 기부한 기부자는 스포츠 경기에서 선호 좌석의 제공과 같은 특전을 얻게 된다. 기부자들은 성공적인 대학 프로그램의 티켓에의 접근이 더 쉽다. 거액의 기부금은 시즌 티켓과 스위트 박스의 좌석으로 보상될 수도 있다. 가장 큰 금액의 기부자들에 대한 경의의 의미로 스위트 박스나 연습장에 기부자의 이름을 붙일 수도 있다.

time-out

Disneyland와 Disney World는 가장 인기 있는 놀이기구 출구에서 연쇄 판매를 잘 활용한다. 연쇄 판매(upselling)는 관련 상품의 추가 판매를 위해 이용되는 판매 전략이다. 어드벤처 및 사파리 장비가 Adventureland 놀이기구의 출구에서 판매되고, 디즈니 방문객들은 Space Mountain과 Jedi Training Academy 바깥에서 스타워즈 기념품을 구매할 수 있다. 디즈니의 성공적인 연쇄 판매 전략은 적절한 장소와 시기에 상품을 갖추고 있는 것을 바탕으로 한다.

9.3.2 기업 특전

Product/Service Management

기업들은 팀워크와 직원들 간 화합의 중요성을 이해한다. 야외 이벤트는 기업 팀들의 결속력을 강화시킬 수 있다. 기업 단체들은 소풍으로 시작하여 저녁 시간에는 프로 스포츠 경기 관람을 갈 수 있다. 기업들은 스포츠 및 엔터테인먼트 행사장에서 제시하는 단체 패키지의 혜택을 받을 수 있다. 이러한 이벤트는 직원들이 사무실 환경 바깥에서 사회적인 교류를 할 수 있도록 한다.

기업 직원들은 판매 목표 달성 혹은 기타 기업 목표 달성에 대한 보상을 받을 수 있다. 많은 경우 높은 성과에 대한 보상은 매우 인기 있는 스포츠 경기의 티켓이다. 기업 임원들은 종종 스포츠 및 엔터테인먼트 이벤트에서 고객들과 동료들을 대접하며, 이들은 가장 최고의 좌석을 통해서 이들에게 좋은 인상을 남기기를 원한다.

특별 좌석

특별 좌석은 프로 스포츠 팀에게 수익성이 높은 수입원이 되었다. **럭셔리 박스(luxury boxes)**, 혹은 럭셔리 스위트(luxury suites)는 기업 임원들과 일부 부유한 개인들이 경기를 관람하는 동안 고객 및 친구들을 대접할 수 있게 경기장 내부에 위치한 호화로운 방이다. 스위트는 스탠드 상단 기자석 근처에 위치하며, 일반적으로 클로즈업 가능한 폐쇄회로 TV를 갖추고 있다. 럭셔리 박스는 계속해서 수요가 증가하고 있으며, 스포츠 경기장 건설의 엄청난 호황에 기여하였다. 최근 20년 내에 건설된 모든 시설은 럭셔리 스위트를 갖추고 있으며, 대부분의 오래된 경기장 또한 럭셔리 스위트 추가를 위해서 리모델링되었다. 대학교 경기장도 스위트를 추가하고 있다.

럭셔리 박스의 판매는 소중한 추가 수입원이 되었다. 주요 대학 풋볼 경기장은 8~50명의 팬들을 수용할 수 있는 럭셔리 스카이박스를 갖추고 있으며, 시즌당 8,000달러에서 80,000달러를 호가한다. 뉴저지 축구 경기장인 Red Bull Arena는 고객들에게 30개의 스카이박스에 대에 수년간의 대여 계약의 체결을 요구하며, 17~22명의 팬들을 수용하는 각각의 스카이박스는 연간 65,000달러에서 75,000달러의 가격을 지불해야 한다.[5]

클럽 좌석(club seats)은 일반적으로 야외에 위치한 프리미엄 경기장 좌석

Take a bow

개리 크루거

1992년 뜨거웠던 여름, 4명의 전 텍사스 A&M 골프 선수들은 골프 공 회수 기업을 창업하자는 생각을 갖고 있었다. 개리 크루거(Gary Krueger)와 그의 대학 친구들은 취미로 시작 했던 일(가정 세탁기를 이용하여 회수된 골프 공을 세척하는 실험을 포함)은 빠르게 성장 가능성이 있는 틈새 사업으로 발전하였다.

크루거와 그의 동업자들은 PG Professional Golf를 창업하였다. 이 기업은 초기 미국 전역에 있는 탁한 골프장 연못에 빠진 골프 공을 회수함으로써 공급 네트워크를 형성하였다. 20년 후 이 기업은 이제 100명이 넘는 직원들을 고용하고 있으며, 42개 주 2,000개가 넘는 골프장과 골프 공 회수 계약을 체결하여 매년 전 세계 도매상, 스포츠용품 소매업체, 골프 소매업체에 4,000만 개의 골프 공을 공급하고 있다. 업계 선도자로서 인정받는 PG Professional Golf는 높은 품질의 골프 공을 저렴한 가격에 공급하는 것에 초점을 둔다. 이 기업의 ReloadTM 재활용 골프 공은 현재 세계에서 가장 많이 팔리는 재활용 골프 공 브랜드이다. 크루거는 자사의 재활용 골프 공을 위한 최선의 판매점은 Walmart와 Academy Sports + Outdoors와 같은 대형 소매업체라고 판단하였다. 골프 애호가들은 온라인으로도 골프 공을 주문할 수 있다.

창립자인 개리 쿠루거와 데이빗 존스(David Jones)는 계속해서 텍사스주 슈거랜드에 있는 본사에서 PG Professional Golf를 성장시켜 나가고 있다. 이들은 40%의 시장 점유율을 기록하는 것으로 추정된다. 이들은 이제 신제품 골프 공, 티, 장갑, 기타 부대용품들도 판매하고 있다.

Think Critically

PG Prefessional Golf가 대형 전국 소매점 및 온라인을 통해서 자사 제품을 판매하는 것이 왜 바람직한가? 왜 재활용이 좋은 판매 전략인가?

으로 높은 수익을 제공한다. 클럽 좌석은 경기장에 따라 다르지만 일반적으로 쿠션이 장착되어 있고 넓으며, 경기 모습이 잘 보이는 곳에 위치하며, 럭셔리 박스보다 한 층 아래에 위치한다. 클럽 수준의 좌석은 종종 경기장 실내 영역에 대한 특별 입장을 허용하는 등의 추가 혜택이 따른다. 이 영역은 냉방이 가동되며 일반 티켓 보유자는 이용할 수 없는 특별 식당, 상품 판매 스탠드, 라운지에의 접근이 가능하다.

사례 연구

도시와 그 경기장의 혜택 판매하기

대학 및 프로 스포츠는 개최 도시의 경제를 활성화한다. 열광적인 팬들에 의해 생성되는 지역 경제 수입원으로는 티켓 판매, 호텔 방 대여, 차량 대여, 호텔 식사, 차량 연료 판매, 주차료, 행상 판매 등이 있다. 팀이 승리하는 경우 매출은 더 크게 증가한다.

네브라스카주의 링컨, 오하이오주의 콜럼버스, 플로리다주의 탤러해시, 루이지애나주의 배턴 루지와 같은 도시들은 대학 풋볼 시즌 중에 매진 경기의 관중들이 올려주는 매출에 의존한다. 82,000명에서 102,000명의 팬들을 수용하는 경기장은 대학교가 위치한 지역 사회에 경제적인 우발 소득을 제공한다.

Chicago Cubs와 Green Bay Packers 등과 같은 프로 스포츠 팀의 일부 팬들은 자신이 응원하는 팀의 성적과 상관 없이 충성도가 높다. 이러한 충성도 높은 팬들은 스포츠 프로그램과 인근 지역 사회에 꾸준한 수익의 흐름을 제공한다.

대학월드시리즈 개최 효과

주요 스포츠 경기를 개최하는 도시들은 재정적 이득을 이해한다. 네브라스카주 오마하는 1년에 한 번 개최되는 대학월드시리즈(College World Series) 중에 도시로 들어오는 수백만 달러의 돈을 감사하게 생각한다. 인기 있는 패스트푸드 식당인 Zesto's는 매일 트럭으로 음식을 들여와 미국 전역에서 몰려든 소비자들의 수요를 충족한다.

〈*Omaha Magazine*〉이 실시한 조사에 따르면 이 이벤트는 최고의 지역 연례 이벤트(Best Annual Local Event)로 투표되었으며, 세 번째로 중요한 주 관광 명소로 순위에 올랐다. 이 2주간의 이벤트 중에 발생하는 매출은 이 이벤트를 미래에 개최하기를 원하는 오클라호마와 같은 다른 도시들의 관심을 끌어모았다. 경제 전문가들은 대학월드시리즈가 오마하 경제에 4,000만 달러에 이르는 경제 효과를 발생시킨다고 추정한다.

다른 도시들도 앞다퉈 이 이벤트의 개최를 원하는 것은 놀라운 일이 아니다.

오마하는 기존에 대학월드시리즈의 홈 경기장이었던 Rosenblatt 스타디움을 허물고 1억 3,100만 달러를 들여 24,505석의 좌석을 갖춘 TD Ameritrade Park Omaha를 건설하였다. 대학월드시리즈 이벤트 기획자가 계속해서 오마하를 개최 도시로 선택할 수 있도록 오마하는 최고 수준의 관람객 수용 수준을 지속적으로 보여줘야 한다.

Think Critically

1. 대학월드시리즈를 계속해서 개최하는 것이 오마하에 왜 중요한가? 금전 및 비금전적인 이득을 모두 고려하라.
2. 인기 있는 대학 및 프로 스포츠 팀들이 홈으로 와 있는 도시의 최대의 수입원들은 무엇인가?
3. 어떻게 대학월드시리즈와 같은 주요 행사가 그 도시의 전국적인 이미지 형성에 도움이 되는가? 당신의 답변에 대해 설명하라.
4. 대학월드시리즈에서 판매상들이 판매하기에 좋은 음식들을 나열하라.

CHAPTER 10

마케팅 게임 계획

© Maxim Blinkov/ Shutterstock.com

Winning Strategies Vivendi

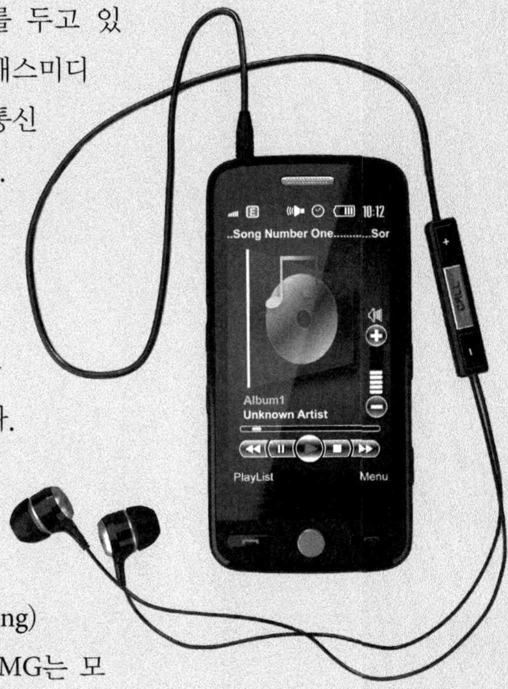

© Maxx-Studio/ Shutterstock.com

Vivendi는 프랑스 파리에 본부를 두고 있는 선도적인 다국적 매스미디어 기업이다. Vivendi는 영화, 음악, 비디오 게임, 통신 등 여러 산업에 걸쳐서 상품과 서비스를 공급한다. Vivendi는 290억 유로(대략 미화 403억 달러)가 넘는 수입을 기록하였으며, 전 세계적으로 58,000명이 넘는 직원들을 보유하고 있다. 콘텐츠 및 미디어 영역에서 Vivendi는 세계 주요 음악 기업들 중에 하나인 Universal Music Group(UMG)을 운영하고 있다.

UMG는 음악 아티스트들과 작사 작곡가들을 발굴하여 훈련시키며, 모든 방식과 플랫폼을 동원하여 이들의 음악을 마케팅한다. 전 세계적으로 UMG는 음반, 음악 출판, 머천다이징(merchandising) 분야의 시장에서 최상의 지위를 유지하고 있다. UMG는 모든 음악 분야에서 수백 명의 아티스트들을 보유하고 있다. 눈에 띄는 UMG 소속 아티스트들은 셀레나 고메즈(Selena Gomez), 니키 미나즈(Nicki Minaj), 로빈 시크(Robin Thicke) 등이다. UMG의 음반 라벨은 Capitol Records, DECCA, Def Jam Recordings, EMI Records, Motown Records와 Virgin Records 등이 있다.

미국 내에서 디지털, 음반, 스트리밍, 구독, 모바일 등 모든 포맷으로의 UMG 상품의 판매, 마케팅, 유통은 Universal Music Group Distribution에 의해서 다뤄진다. UMG는 새로운 인재의 발굴 및 훈련과 유통을 위한 새로운 플랫폼 및 기술의 이용을 통해서 시속적으로 음악 산업을 선도해 나갈 기회를 잡으려 한다. UMG는 온라인, 패션 소매점, 라이브 공연 등 다양한 판매점을 통해서 판매되는 상품의 아티스트 및 음악 브랜드 라인의 확장을 계획하고 있다.

Think Critically

1. 왜 Vivendi가 그렇게 폭넓은 제품과 서비스를 제공한다고 생각하는가?
2. UMG가 계속해서 재능있는 음악인들을 영입할 수 있도록 어떠한 전략을 제시할 것인가?
3. 경쟁적인 음악 산업에 대해서 UMG가 알아야 할 것은 무엇인가?

10.1 맵핑 전략

핵심 문제 마케팅 계획은 왜 중요하며, 계획을 시작하기 위해서는 어떠한 정보가 필요한가?

학습 목표 **10.1.1** 마케팅 계획의 중요성을 설명한다.

10.1.2 마케팅 계획을 시작하기 위해서 필요한 정보를 결정한다.

핵심 용어 마케팅 계획(marketing plan) SWOT 분석(SWOT analysis)
상황 분석(situational analysis) 마케팅 정보(marketing intelligence)
마케팅 전략(marketing strategy)

Opening Act

〈*New York Times*〉 기자 하워드 벡(Howard Beck)은 Houston Rockets의 프론트(front office)가 "어떤 프론트에서도 볼 수 없었던 대담하고 창의적인 비전, 그리고 그 비전을 실행할 수 있는 확신을 갖고 있다"고 밝혔다.[1] 이러한 호평은 Houston Rockets가 우승을 위한 계획을 이행하기 위해서 취한 행동들을 바탕으로 한 것이었다. 이 팀의 전략은 유망주를 발굴하여 트레이드하고, 새롭고 더 나은 유망주를 얻기 위해서 신인 유망주를 드래프트 지명하여, 결국 경기에서 승리할 수 있는 스타 선수들을 얻는 것이었다. 경기에서 승리하는 팀을 갖추고 챔피언십에 도전하는 것은 Rockets의 다년간의 마케팅 계획의 핵심이다. 이 팀의 목표는 충성도 높은 팬들을 유지하고, 새로운 팬들과 후원기업들을 끌어모으는 것이다.

협력 학습 그룹별로 승리 기록을 가진 팀과 패배 기록을 가진 팀의 마케팅 계획의 차이를 논의하라. 7가지의 마케팅 핵심 기준(1장 참조) 중에서 어떠한 기준이 패배 팀 대비 승리 팀에 가장 큰 영향을 주었는가?

10.1.1 마케팅 계획

감독들은 '경기에서의 승리'라는 목표 달성을 위한 접근방식을 상세히 하는 경기 계획을 개발한다. 마케팅 담당자는 기업의 상황 분석, 마케팅 전략, 기업 목표 달성을 위한 이행 계획 등을 포함하는 정확하게 기술된 **마케팅 계획**을 개발한다.

계획의 입안은 어떻게 마케팅을 개선할 수 있는가?
© kanvag/ Shutterstock.com

- 상황 분석(situational analysis): 기업의 현재 상태, 경쟁 기업, 목표 소비자에 대한 심층 검토
- 마케팅 전략(marketing strategy): 실행에 옮길 수 있는 마케팅 계획 달성을 위한 발상
- 이행 계획(implementation plan): 전략을 수행하고, 임무를 할당하고, 추진 일정을 수립함으로써 계획을 실행으로 옮기는 과정

마케팅 계획은 전반적인 사업 계획의 하나의 구성 요소이다. 마케팅 계획은 일반적으로 1년에 한 번 다음 해를 위해서 수립된다.

방향 감각

가족 휴가를 간다고 결정하였다. 가족 구성원들이 전부 차에 올라타고 하루 이틀 드라이브하면서 길을 따라 이곳저곳 여러 장소에 들를 수도 있다. 이와 달리 휴가를 떠나기 전에 계획을 세우는 데 시간을 투자한다면, 사전에 철저한 계획의 수립은 휴가 비용과 시간을 보다 효율적으로 이용할 수 있도록 해줄 것이다.

영국 작가인 루이스 캐롤(Lewis Carroll)은 다음과 같이 말하였다. "당신이 어디로 향하고 있는지 모른다면, 어느 길을 택하든 당신을 거기로 데려다 줄 것이다." 마케팅 계획이 없다면 기업은 많은 길을 헤매면서 자원, 즉 시간과 돈을 낭비하게 된다. 성공적인 기업들은 자신이 올바른 방향으로 가고 있다는 것에 대한 확신을 갖기를 기대한다. 계획에 시간을 할애하는

것은 마케팅에 있어서 네비게이션 시스템을 설정하는 것과 비슷하다. 성공적인 마케팅 담당자들은 다음 사항을 알기를 원한다.

- 어디에 있는지
- 어디로 가야 할 필요가 있는지
- 어떻게 가는지

서면으로 작성된 마케팅 계획은 가족 휴가 계획과 마찬가지로 유연할 수 있다. 상황이 변화하면 변경될 수 있다. 계획은 기업에게 방향성을 부여한다. 마케팅 계획은 직원들이 기업의 현재 상황과 기업이 가고 있는 방향, 또한 기업 목표 달성을 위해서 취해야 할 단계들을 알 수 있도록 직원들에게 공유되어야 한다.

10.1.2 마케팅 정보

마케팅 계획을 수립하기 위해서 조직은 지신들의 현재 사업 상태, 직면하고 있는 경쟁 기업, 현존 및 잠재적 소비자들에 대한 정보를 필요로 한다. 좋은 출발점이 SWOT 분석이다.

SWOT 분석

상황 분석의 일환으로 다수의 기업들은 SWOT 분석을 실시한다. SWOT 분석은 기업의 강점, 약점, 기회, 위협에 대한 검토를 의미한다.

- 강점(Strengths)은 슈퍼스타 선수와 같이 타기업에 비해서 우위를 갖는 기업의 특성이다.
- 약점(Weaknesses)은 좋지 않은 지리적 입지와 같은 타기업이나 상품에 비해 열등한 지위에 있게 하는 기업 혹은 상품의 특성이다.
- 기회(Opportunities)는 지역 내 인구 구성의 변화와 같이 기업이 유리하게 이용할 수 있는 외부 요인이다.
- 위협(Threats)은 불경기와 같은 기업이나 상품에 대한 문제를 발생시킬 수 있는 외부 요인이다.

time-out

스포츠 마케팅 계획은 팬 기반 형성에 집중해야 한다. 팬들은 팀과 동질감을 느끼며 팀 브랜드의 옷을 구매하고 착용함으로써 팀을 프로모션하는 데 돈을 지불한다. 팬들은 또한 팀 후원 기업들의 제품에 대해 호감을 갖는다. 마케팅 계획은 팀 공동체의 일원이 되고 싶어하는 팬의 욕망을 충족시키는 전략을 포함시켜야 한다.

강점과 약점은 일반적으로 그 기업의 과거 및 현재 상태를 검토하여 판단된다. 소비자와 경쟁 기업에 집중함으로써 기회와 위협을 식별할 수 있다. 기업들은 수집된 정보를 이용하여 마케팅 계획 목표를 수립할 수 있다.

소비자. 기업이 제공하는 상품과 서비스는 특정 집단의 욕구를 충족시키기 위해서 설계된다. 상품은 소비자가 지불할 용의와 능력이 있는 가격에 소비자가 원하는 것이어야 한다. 표적화된 소비자들은 연령대, 성별, 수입, 교육 수준 및 직업에 있어서 유사성을 갖거나 여러 집단의 조합일 수도 있다. 소비자들은 라이프스타일이나 가치관 등 공통의 심리적 특성(psychographics)을 공유할 수 있다. 또는 소비자들은 동일 국가, 도시, 혹은 지역에 사는 지리적 집단일 수 있다. 인구통계는 당신으로 하여금 소비자를 상상하는 데 도움을 줄 수 있다. 지리적 정보는 어디에서 소비자를 찾을지 알려준다.

일부 마케팅 조사는 수입이나 교육 수준과 같이 사람들의 가용 자원에 따라서 집단을 분류하기도 한다. 자원 수준이 낮은 사람들은 신중하고 변화를 좋아하지 않는 것으로 간주된다. 자원 수준이 높은 사람들은 호기심이 많고 독립적 리더인 경향이 있다. 대부분의 사람들은 두 집단 사이에 속하게 된다. 조사를 통해 수집된 정보를 이용하여 기업은 자신의 마케팅 노력을 자신이 목표로 하고 있는 특성을 가진 소비자들에게 집중할 수 있다.

경쟁 기업. 경쟁 기업에 대한 조사는 기업이 시장 내 자신의 위치를 알 수 있도록 한다. 경쟁 기업에 대해서 수집된 정보를 **마케팅 정보**(marketing intelligence)라 한다. 경쟁 기업에 관한 정보는 인터넷 검색, 소비자 의견 청취, 업계 무역박람회 참석, 소셜 미디어 모니터링을 통해 수집할 수 있다.

조사를 통해서 기업은 경쟁 기업이 가하는 위협을 식별해야 한다. 경쟁 기업이 저가로 유명하다면, 가격 경쟁의 시도는 매출 하락만 초래할 뿐이다. 기업이 경쟁 기업의 가격을 따라갈 수 없다면, 다른 방식으로 경쟁 기회를 찾아야 할 것이다. 더 높은 가격을 정당화하기 위해 기업은 더 높은 품질의 상품을 제공하거나 더 나은 서비스, 더 편리한 위치, 더 나은 조합을 제공함으로써 다른 식으로 더 높은 가치를 제공할 수 있다.

10.2 스포츠 및 엔터테인먼트 전략

핵심 문제 전략이 마케팅 목표 달성에 어떻게 도움이 되는가?

학습 목표 **10.2.1** 마케팅 목표 및 전략의 중요성을 설명한다.

10.2.2 스포츠 자산의 디자인이 어떻게 마케팅 전략으로 이용될 수 있는지 설명한다.

10.2.3 엔터테인먼트 마케팅 전략들을 식별한다.

핵심 용어

SMART 목표(SMART objectives)	응용 연구(applied research)
전략적 사고(strategic thinking)	해석(interpretation)
전술(tactics)	앤솔로지 시리즈(anthology series)

Opening Act

자신의 저서 〈*RG3 The Promise*〉에서 작가 데이브 쉐이닌(Dave Sheinin)은 로버트 그리핀 3세(Robert Griffin Ⅲ)를 솔선수범하는 사람으로 키운 부모에게 공을 돌린다. 팀의 쿼터백으로서 그리핀은 베일러대학 베어스 풋볼 팀을 하위권에서 전국에서 가장 뛰어난 팀 중 하나로 만드는 데 일조하였다. 그는 캠퍼스 내 새로운 풋볼 경기장의 건설을 지지하는 데 충분한 관심을 불러일으켰다. 베어스는 그동안 캠퍼스 외부의 경기장을 이용하였다.

새로 지은 강변의 경기장은 팬들에게 특이한 경험을 제공하고자 하는 이 대학교의 마케팅 계획의 일환이었다. 경기장 디자인 및 건설의 다섯 단계 중 한 단계는 팬 설문조사 및 타당성 조사였다. 캠퍼스 내 새로운 경기장 건설을 지지하는 팬들의 반응은 압도적으로 긍정적이었다. 더 높은 관람률을 이끌어내기 위해서 팬 친화적인 특성이 경기장 디자인에 반영되었다.

협력 학습 그룹별로 승리하는 팀이 추가적으로 팬들을 끌어모으기 위해 새로운 경기장을 어떻게 이용할 수 있을지 논의하라. 경기장에서 제공되는 특성들이 팬들에게 있어서 왜 차이를 만들어 내는가? 어떠한 특성들이 새로운 경기장에 추가되었으면 하는가?

10.2.1 목표 및 전략

마케팅의 목적은 상품이나 서비스를 제공하는 기업과 소비자 간의 만족스러운 교환 관계를 형성하는 것이다. 이러한 목적을 염두에 두고, 마케팅 담당자들은 기업이 달성하고자 하는 구체적인 목표들을 정의한다. 구체적인 목표가 결정되고 나면, 실행에 옮길 수 있는 마케팅 목표를 달성하기 위한 마케팅 전략을 수립해야 한다.

목표 수립

마케팅 계획의 일환으로써 기업은 어떠한 목표가 기업을 위한 것인지를 결정해야 한다. 목표(objectives)는 목적(goal)보다 더 구체적이다. 다른 어떠한 목표와 마찬가지로 마케팅 목표는 구체적이며 측정 가능하고, 달성 가능하며 기업 목적과 연관된 시의 적절한 목표인 SMART 목표로 작성되어야 한다.

- **S** – 구체적인(Specific): 목표는 구체적이며 "무엇을?" "왜?" "어떻게?" 등의 질문에 답을 한다. 관람률 '10% 확대'라는 목표는 단순히 관람률 '개선'에 비해서 더 구체적인 목표이다.
- **M** – 측정 가능한(Measurable): 목표는 달성 여부를 판단하기 위한 계량 가능한 방법을 포함해야 한다. 예를 들어, 관람객 수는 이전 시즌과의 비교가 가능하다.
- **A** – 달성 가능한(Attainable): 목표는 현실적으로 달성할 수 있는 결과로서 나타낸다. 관람률 10% 증가는 현실적인 목표일 수 있지만, 1,000만 명의 새로운 팬들의 유입은 그렇지 않다.
- **R** – 연관 있는(Relevant): 목표는 일반적으로 이윤 창출이라는 기업의 목적과 연관되어 있다. 관람율 10% 증가는 티켓 판매, 특별 할인 티켓 판매, 상품 판매 등을 통해서 비례적으로 매출을 증가시킬 것이다.
- **T** – 시의 적절한(Timely): 목표에는 시작일과 완료일이 있다. 목표는 최소 3개월에 한 번 검토하여 신척도를 평가해야 한다.

SMART 목표는 수 개월에서 1년까지의 기간을 다룬다. 프로 스포츠 팀에 대해 설정된 목표 달성을 위한 추진 일정은 1년의 기간에 걸쳐 적용될 수 있지만, 브로드웨이 연극에 적용되는 추진 일정은 더 짧을 수 있다. 새로운 브로드웨이 연극의 목표는 "이 연극의 둘째 및 셋째 달의 박스 오피스 매출을 첫째 달에 비해 15% 증가시키기"일 수 있다. 이러한 목표는 구체적이고 측정 가능하며, 달성 가능하고 기업 목적과 연관되며 시의 적절하다.

마케팅에서 전략과 전술의 차이는 무엇인가?
© maureen plainfield/ Shutterstock.com

전략 수립

time-out

소비자들과의 접촉을 유지하는 것은 소비자들의 충성도를 유지할 수 있는 중요한 방법이다. 사람들이 계속해서 다량의 이메일과 소셜 미디어의 홍보에 노출되기 때문에, 우체국을 통한 우편 송부는 특정 목표 집단의 관심을 잡기 위한 비용 효과적인 마케팅 전략일 수 있다.

Market Planning

마케팅 담당자들은 **전략적 사고**(strategic thinking)를 이용해야 한다. 전략적 사고는 목표 달성을 위해서 독특하고 혁신적인 방법을 찾는 과정이다. 새로운 브로드웨이 연극의 마케팅 담당자는 먼저 목표 관람객의 인구통계학적 특성을 결정해야 한다. 그런 후 이 집단에 어필할 수 있는 연극의 가장 중요한 측면을 식별할 필요가 있다. 그 다음으로 마케팅 담당자들은 목표 관람객들의 구성원들과 소통하는 방식에 대한 아이디어를 제시하고, 이들이 연극을 관람하기 위해 시간과 돈을 쓸 수 있도록 설득해야 한다. 이러한 아이디어가 마케팅 전략이 된다.

뉴욕시에는 많은 형태의 엔터테인먼트가 있기 때문에, 목표 집단의 관심을 사로잡는 것은 창의성을 필요로 한다. 연극을 토니상 후보로 선정되도록 하는 것은 한 가지 가능한 마케팅 전략이다. The Broadway League에 의해 실시된 마케팅 조사는 응답자의 21%가 토니상 후보 선정이 특정 연극을 관람하게 된 이유라고 밝혔다. 이 조사는 또한 관람객들이 모든 브로드웨이 티켓의 대략 63%를 구매하며, 47%는 온라인으로 티켓을 구매한다고 밝혔다. 이는 마케팅 전략 수립에 있어서 유용한 정보이다.

전술 이행

목표와 전략을 염두에 두고, 마케팅 담당자들은 전략 이행을 위해 취하는 행동인 전술에 대한 결정을 내려야 한다. 한 브로드웨이 연극이 토니상 후보로 선정되도록 하기 위해 이용할 수 있는 전술은 토니상 후보 선정 마감일 바로 직전인 4월에 이 연극을 개봉하는 것이다. 이는 후보 선정위원회를 구성하는 연극 업계 종사자들의 기억에 이 연극이 생생하게 남아있게 할 것이다. 또한 6월에 시작되는 관광 성수기 동안 공연이 계속 진행되도록 할 수도 있다. 연극의 관람객을 끌어모으는 전술 중에 하나는 인지도가 있는 영화 혹은 TV 스타를 연극 배우로 섭외하는 것이다. 예를 들어, TV 시리즈 〈*The Big Bang Theory*〉로 유명한 짐 파슨스(Jim Parsons)는 여러 브로드웨이 연극에 출연한 바 있다.

독특함은 기업의 상품과 서비스를 경쟁 기업의 상품과 서비스로부터 구분 짓게 하는 데 이용되는 전술이다. 한편, 적절한 시장을 목표로 하는 것이 중요하다. 이러한 전술적 작업은 기술 제품을 판매하는 기업들에게 효과적인데, 이들 기업의 목표 시장에는 최첨단을 걷고자 하는 소비자들이 포함되기 때문이다. 특이한 광고 기법의 이용은 어떤 기업을 경쟁 기업으로부터 구분 짓게 하는 데 도움이 될 수 있는 또 다른 전술이다. 전술은 마케팅 계획에서 중요한 역할을 수행하기 때문에 생각의 신중함이 요구된다.

10.2.2 스포츠 마케팅 전략

이윤 창출을 위해서 팬들이 경기 티켓을 사도록 유도하고 관련 상품을 구매하도록 동기를 부여하는 것은 일반적으로 프로 및 대학 스포츠의 배후 목적이다. 팬들이 없는 스포츠 팀은 존재하기 어렵다. 팬들의 관람을 유도하기 위한 적절한 마케팅 전략 및 전술의 수립은 모든 팀들에게 어려운 과제이다.

적절한 전략으로 차별화

Market Planning

스포츠 팀들은 팬들을 확보하기 위해서 열심히 노력한다. 최초 메이저리그 축구 팀인 Wizards가 캔자스 시티에서 경기를 시작할 때 마케팅 전략은 어린이 축구와 관련된 가족들에 대한 접근과 이들이 경기 관람을 올 수 있도록 유도하는 방법의 탐색으로 구성되었다. 무료 조랑말 타기와 같은 새로운 전술이 매주 가족들을 끌어모으기 위해 시도되었지만, 경기 관람률은 지속적으로 낮은 상태였다. 이 캔자스 시티 팀은 결국 매각되었다. 새로운 구단주는 아이가 있는 가족들 대신에 열정적인 축구 팬들인 젊은 전문직 종사자들에 집중하는 혁신적인 마케팅 계획을 즉시 수립하였다. 이들의 전술에는 팀 명, 팀 색, 로고, 유니폼의 변경, 팀 서포터 클럽과 교류하기, 소셜 미디어를 통해 팬들과 접촉하기, 새로운 경기장 건설 등이 포함되었다. Sporting Park Stadium은 축구 경기를 위해 건설되었으며, Sporting Kansas City의 새로운 마케팅 계획의 핵심이다. 팬들은 긍정적으로 반응하였으며, 다수의 경기들이 매진되었다.

팬의 중요성

스포츠 자산(sports properties)은 종종 스포츠 팀의 마케팅 계획과 재정 계획의 핵심에 있다. Green Bay Packers 팬들에게 있어서 Lambeau Field에서 열리는 경기에 관람을 가는 것만큼 즐거운 일은 없다. 팬들의 즐거움은 이 유명 경기장에 들어서면서 시작되어 경기 내내 지속된다. 승패 여부를 떠나서 Green Bay Packers 팬들은 충성도가 높고 열정적이다. MLB 리그 Tempa Bay Rays의 경우에는 그렇지 않다. 2027년까지 Tropicana Field 임대 계약이 체결되어 있는 상태에서 이들은 선수들에게 지급되는 연봉 금액을 유지할 수 있는 충분한 팬들을 끌어모으는 데 어려움을 겪고 있다. Rays가 트레이드 및 지출 관리에 매우 효율적으로 대처하긴 하지만, 오래되고 낡은 경기장은 탬파로부터 만(bay)을 가로질러 떨어진 지역에 위치해 있다. Rays가 성적이 좋은 시즌에도 이들의 관람률 순위는 MLB 팀 중에서 하위권에 머물러 있다. Rays는 이들의 경기장 및 관람률 문제의 해결을 위한 전략을 수립해야 한다.

응용 연구. 마케팅 담당자들이 새로운 경기장 건설에 대해서 팬들이 어떻게 생각하는지 파악하기를 원한다면 그들은 답을 얻기 위해서 응용 연구를 활용할 수 있다. **응용 연구**(applied research)는 특정 문제 해결에 집중하는 연구이다. 마케팅 분야에서 응용 연구는 신상품 혹은 개선 상품의 개발을

스포츠 경기장 건설로부터 누가 혜택을 입는가?
© dade72/ Shutterstock.com

보조하기 위해서 종종 이용된다. 해석(interpretation)은 조사 데이터를 의미 있고 정보가 있는 데이터로 만드는 설명이다. 베일러대학 Bears 팀이 캠퍼스 내 새로운 경기장을 건설하기 전에 이들은 팬 설문조사 및 타당성 조사를 실시하였다. 경기장 웹사이트에 따르면 이 설문조사는 다음 결과를 도출하였다.[2]

일반 대중 설문조사 응답자들 중

- 89%는 새로운 캠퍼스 내 경기장에 대해서 긍정적인 태도를 보였다.
- 54%는 새로운 캠퍼스 내 경기장에서 개최되는 경기를 더 자주 보러 가겠다고 답변하였다.

학생 설문조사 응답자들 중

- 87%는 새로운 캠퍼스 내 경기장이 자신들의 대학 생활을 개선할 것이라고 생각하였다.
- 79%는 새로운 캠퍼스 내 경기장에서 개최되는 경기를 더 자주 보러 가겠다고 답변하였다.

경기장 건설 계획은 많은 이들의 호평을 받았다. ESPN.com의 데이비드 우벤(David Ubben)은 이 위치를 "Big 12와 대학 풋볼 세계에서 Baylor Stadium을 꼭 방문해야 하는 경기장으로 만들게 될 아름다운 강변 위치"라고 했다.[3] 텍사스주 와코시는 경기장 주변 기반시설을 위해 조세 담보 금융(TIF) 펀드를 이용해 3,500만 달러를 지원하였다. 2억 6,000만 달러 예산이 드는 이 프로젝트의 잔여 필요 자금은 기부와 사립대학교의 금융 지원을 통해 충당되었다. 이 경기장은 베일러대학 마케팅 계획의 중요한 일부를 구성한다.

10.2.3 엔터테인먼트 마케팅 전략

엔터테인먼트 산업은 목표 시장에 도달하기 위해서 많은 종류의 마케팅 전략을 이용한다. 마케팅 전략은 엔터테인먼트 세계에 있는 기업들과 개인들에게 노출 기회를 제공한다. 경쟁력 유지를 위해서 마케팅 담당자들은 성공을 보장할 최신 마케팅 전략 및 전술을 파악해야 한다.

행동 취하기

Product/Service Management

브로드웨이 연극 배우들이 영화 출연을 자신의 커리어에 있어서 하락으로 간주한 시기가 있었다. TV 출연은 배우에게 있어서 가장 낮은 수준의 플랫폼이었다. 그러나 오늘날 배우들은 브로드웨이 연극, 영화, TV를 단절 없이 오고 간다. 이러한 한 플랫폼에서 다른 플랫폼으로의 전환은 효과적인 마케팅 전략으로 바뀌고 있다. HBO 시리즈인 〈*True Detective*〉는 **앤솔로지 시리즈**(anthology series)이다. 앤솔로지 시리즈는 매 시즌마다 다른 출연진, 환경, 스토리 라인을 갖춘 TV 시리즈이다. 이 시리즈의 처음 8번의 에피소드에서는 아카데미상을 수상한 배우 매튜 맥커너히(Matthew McConaughey)와 아카데미상 후보에 올랐던 배우 우디 해럴슨(Woody Harrelson)이 출연하였는데, 이 두 명의 영화 스타는 자신들의 연기 커리어의 정점에 올라 있던 배우들이었다. 매우 유명한 영화 스타들을 TV 시리즈에 출연시키는 전략은 프로그램 제작자와 출연 배우 모두에게 이득이 된다. 이 전략을 이용할 때에는 스타가 지나치게 많은 광고, TV 쇼, 연극 혹은 영화에 동시에 출연하여 과도 노출되지 않도록 주의해야 한다.

YouTube 음악 및 비디오

YouTube와 모기업인 Google이 YouTube 음악상을 만들었을 때, 이들의 목표는 장기적인 브랜드 인지도였다. 팬들이 선정한 상들이 시상되었지만, 이 기업들은 쇼 자체에는 적극적으로 나서지 않았다. 이 온라인 음악 시상식은 인터넷에서 실황으로 스트리밍된다. 이 시상식은 YouTube에 브랜드 인지도를 광고 매출로 변환시킬 수 있는 기회를 제공하였다. 이 시상식은 이용해야 할 음악 미디어로 팬들 사이에서 YouTube의 지위를 상승시켰다. 최근 수년간 YouTube는 미국 내에서 가장 인기 있는 브랜드 10위 안에 올랐으며, 세계에서 가장 큰 음악 검색 엔진 중 하나이다. YouTube는 소비자들이 자신의 모바일 기기를 이용하여 뮤직 비디오를 시청하거나 음악을 감상할 수 있도록 하는 구독 음악 서비스를 도입할 예정이다. 일부 음악들은 모바일 기기에서 자신들의 콘텐츠를 차단하지만, YouTube는 합법적으로 이러한 콘텐츠를 제공하는 데 필요한 라이선스를 취득할 것으로 예상된다.

YouTube는 짧은 동영상을 제공하는 것으로 가장 잘 알려져 있다. 지미 펄론(Jimmy Fallon)이 NBC의 〈*The Tonight Show*〉를 맡았을 때, 쇼의 영상들은 시청자를 끌어모으기 위한 마케팅 전술로써 매일 YouTube에 업로드되었다. "Ew!"라는 제목의 한 동영상은 펄론, 윌 패럴(Will Ferrell)과 영부

Social Media Marketing

소셜 미디어로부터 받을 수 있는 피드백은 가치 있는 마케팅 도구이다. 대부분의 웹사이트들은 이용자에 대해 수집된 정보를 사이트 광고주들에게 판매한다. Twitter가 실적 분석을 대중에게 무료로 개방하자, 누구나 얼마나 많은 좋아요, 리트윗, 댓글 등을 받았는지 확인할 수 있었다. 이 데이터를 나타내기 위해서 이용된 대시보드 그래픽은 실제 도달 범위와 트윗된 링크를 클릭한 사람의 수를 나타낸다.

새로운 트윗을 올리는 시간은 목표 관중들이 자신의 모바일 기기를 확인하거나 Twitter에 접속할 가능성이 가장 높은 시간대를 바탕으로 예약될 수 있다. 소셜 미디어 컨설턴트 기업인 Social Caffeine은 Twitter 및 기타 주요 소셜네트워크에 글을 올리기 위한 최선의 시간과 최악의 시간을 나열하는 인포그래픽을 만들었다. 이 시간은 하루의 특정 시간대에 해당 미디어를 이용하는 사람의 수를 바탕으로 하고 있다. Social Caffeine은 월요일에서 금요일 오후 1시부터 3시까지 Twitter 글을 올릴 때 도달 범위를 극대화할 수 있다고 말한다. 또한 금요일 오후 3시 이후에는 글을 올리는 것을 지양할 것을 권고한다.

Think Critically

왜 특정 집단이 특정 시간대에 소셜 미디어 사이트에 접속하는가? 엔터테인먼트 행사 마케팅 담당자들이 이러한 정보를 이용하여 어떤 전략을 이행할 수 있는가?

인 미셸 오바마(Michelle Obama)와 함께 한 10대 소녀의 파티를 선보였다. 18세에서 49세 사이 시청자층의 〈*The Tonight Show*〉의 시청률은 폭발적으로 증가하였으며, 해당 시간대에서 다른 쇼의 동일 연령대 시청률을 뛰어넘었다.

해시태그

해시태그(Hashtag)는 # 기호를 앞에 붙인 단어나 문구로, 관심 주제를 식별하기 위해 소셜 미디어 사이트에서 이용되고 있다. 해시태그가 지나치게 많이 이용되면 주의를 산만하게 할 수 있으나, 소셜 미디어 내 관련 의견에 대한 검색 속도를 더 빠르게 할 수 있다. 마케팅 담당자들은 해시태그된 의견을 검색하여 소비자와 교류하고 이들의 의견을 구할 수 있다. 〈*The Hunger Games*〉 시리즈의 영화 개봉일이 다가옴에 따라서 팬들은 출연 배우와 내용을 논하기 위한 #HungerGames 해시태그를 이용하였다. #HungerGames와 관련된 트윗은 최대 하루에 3백만 건을 넘기도 하였다. 트위터 오스카 지수(Twitter Oscar Index)는 아카데미상 후보에 대한 의견들을 추적하는 소셜 미디어 플랫폼이다. 이 지수는 수상자를 예측하지 못할 수도 있지만, 팬들이 이야기하고 있는 것들을 보여줄 수 있다.

10.3 계획의 구체화

핵심 문제 • 마케팅 계획의 주요 구성 요소는 무엇이며, 왜 위치 선정이 계획의 중요한 부분인가?

학습 목표 • **10.3.1** 어떻게 마케팅 포지션이 개발되는지 설명한다.

10.3.2 마케팅 계획의 구성 요소들을 나열 및 설명한다.

핵심 용어 • 상품 포트폴리오(product portfolio)
비가격 경쟁(nonprice competition)
포지셔닝 선언(positioning statement)
내용 요약(executive summary)
사명문(mission statement)
프로젝트 매트릭스(project matrix)

Opening Act

오늘날의 골프 산업은 많은 난제들을 안고 있다. 매년 최소 8번 이상 18홀 골프 경기를 할 수 있는 핵심 골퍼들의 감소가 가장 큰 난제이다. 이러한 경향은 이 스포츠가 갖는 고비용, 경기 및 연습에 드는 시간, 변화하는 문화적 요인 등의 결과이다.

혁신적인 골프장은 창의적인 마케팅 계획으로 이러한 어려움을 극복하고 있다. 플레이를 하지 않을 때에도 소셜 미디어를 통해서 골퍼들에게 도달하는 전략은 이들을 지속적으로 골프에 관여시킨다. 표준 18홀 미만의 짧은 골프 코스는 경기 시간 단축을 위한 방법의 하나로 제공되고 있다. 일부 코스는 저가 정책을 쓰거나 어른을 동반할 경우 무료로 골프를 칠 수 있게 함으로써 젊은 골퍼들을 유인하고 있다. 다른 형태의 골프가 새로운 골퍼들을 끌어모으기 위한 방법으로 제공된다. 풋골프(footgolf)는 정상적인 크기보다 큰 홀에 축구공을 차 넣는다. 바스켓골프(basketgolf)는 원반(frisbee)을 골프 코스 곳곳에 위치한 바스켓에 던져 넣는다. 이러한 다른 형태의 골프는 긍정적인 차이를 만들고 있다.

협력 학습 팀과 함께 젊고 새로운 사람들을 골프로 유인하기 위한 전략을 논의하라. 당신을 핵심 골퍼로 만들기 위해서 무엇을 할 수 있을까?

10.3.1 포지션 차지하기

Marketing-Information Management

사명(mission)에 따라서 기업은 경쟁 기업과 차별화되는 상품과 서비스를 생산한다. 일반적으로 마케팅은 광역 집단이나 대중 시장보다는 목표 소비자 집단을 대상으로 한다. 어떤 시점에 기업이 가지고 어떤 스포츠 팀은 다른 팀과 다른 스포츠로부터 어떻게 두드러질 수 있을까?
© Doug James/ Shutterstock.com

있는 소비자들이 구매 가능한 모든 상품들은 **상품 포트폴리오**(product portfolio)를 구성한다.

두드러지기

기업의 상품 포트폴리오는 다른 기업이 판매하는 동일하거나 유사한 상품 혹은 서비스와 직접적으로 경쟁할 수 있다. New York Jets와 New York Giants 풋볼 팀은 팬들과 후원 기업을 놓고 직접적인 경쟁을 벌인다. 기업은 또한 상이한 상품 범주에 있지만 유사한 소비자 욕구를 충족시키는 상품을 판매하는 다른 기업과도 간접적으로 경쟁할 수 있다. 예를 들어, New York Giants는 New York Knicks 농구 팀과 간접적으로 경쟁한다.

대부분의 소비자들은 스포츠와 엔터테인먼트 구매에 쓸 수 있는 돈이 제한되어 있기 때문에 가격 결정 또한 중요한 경쟁 요인이다. 팬들은 이용 가능한 자금이 있고 그 상품이나 서비스의 품질이 고유하거나 탁월할 때 프리미엄 가격을 지불할 용의가 생긴다. Jets 경기의 정규 좌석이 Giants 경기의 비용보다 두 배나 비쌀 경우, 일부 팬들은 자신들의 충성도에 대해서 재고할 수 있다. Knicks의 경기 티켓 가격은 간접적인 경쟁자이기 때문에 덜 영향을 준다.

기업이 마케팅 믹스 내에서 가격 외의 다른 요인들을 강조하기로 결정하면 해당 기업은 비가격 경쟁(nonprice competition)을 이용하게 된다. 기술 혁신, 상품 특성, 소비자 서비스, 혹은 특이한 광고 등은 모두 상품 포트폴리오를 두드러지게 만드는 비가격적 방법이다.

마케팅 계획은 상품이나 서비스를 경쟁 기업의 상품이나 서비스에 대해 차별화하고 소비자들의 마음속에 뚜렷하게 각인시킨다. 상품 마케팅 믹스의 고유 특성에 대해 구체적으로 기술하는 것을 **포지셔닝 선언**(positioning statement)이라 한다. 중소기업들은 가격 측면에서 전국 기업들과 경쟁하기 어려울 수 있지만, 고객서비스 등의 다른 영역에서는 우월할 수 있다. 일부 전국 소비자 서비스 콜센터는 실망스러운 일련의 ARS를 갖고 있다(예를 들어, 청구는 1번, 지불은 2번을 누르세요…). 이들은 소비자로 하여금 장시간 대기하게 만들며, 때로는 문제해결을 위해서는 기업 웹사이트를 참조하게 한다. 경쟁 기업과 구별되기 위해서 중소기업은 전화에 즉각적으로 응답하거나 웹사이트상에서 즉시 대화가 가능한 지식이 풍부하고 말솜씨가 세련된 대 고객서비스 담당자들을 갖출 수 있다. 중소기업의 포지셔닝은 대기업이 효율적으로 대응할 수 없는 틈새시장을 메우도록 할 수 있다. 특정 틈새시장의 필요가 경쟁 기업에 의해서 완전 충족되지 않는다면, 기업의 포지셔닝 선언에 규정될 수 있는 기회가 존재한다.

> **time-out**
>
> MLB, NFL, NBA, NHL은 간접적인 경쟁 관계에 있다. 이들 리그의 최근 비프리미엄 좌석의 평균 가격은 다음과 같다.[4]
>
> MLB – 27.73달러
> NBA – 50.99달러
> NHL – 61.01달러
> NFL – 78.38달러
>
> 간접 경쟁 상품과 비교할 때 가격 결정은 비교적 덜 고려된다.

10.3.2 마케팅 계획

마케팅 계획은 기업이 핵심 마케팅 기준을 다루는 방법들을 상술하고 정의한 공식 문서이다. 마케팅 계획은 전반적인 기업 계획의 일부이며, 현재 혹은 잠재적 투자자들과 함께 모든 직원들에게 공유된다. 어떤 기업의 초점이 소비자들로부터 멀어진다면 해당 기업은 소비자의 관심을 잃게 된다. 소비자의 현재 및 미래 욕구가 마케팅 계획 수립의 지침으로서 역할을 해야 한다.

마케팅 계획의 구성 요소

마케팅 계획의 주요 구성 요소는 그 조직의 구체적인 욕구와 마케팅되는 상품이나 서비스에 의해 결정된다. 기업들은 다양한 형식을 이용하지만,

대부분의 계획은 유사한 주제들을 다룬다. 마케팅 계획의 본문은 일반적으로 상황 분석, 마케팅 전략, 이행의 3가지 주요 부분으로 구분할 수 있다. 이러한 주요 부분들에 앞서 요약된 내용이 제시된다.

내용 요약. 내용 요약(executive summary)은 마케팅 계획에서 선행적으로 그 내용을 간명하게 나타내는 부분이다. 어떤 사람들은 이 섹션만 읽어볼 수도 있기 때문에 내용 요약은 마케팅 계획의 매우 중요한 일부이다. 전체 보고서의 일부를 사실적으로 제시함으로써, 내용 요약은 잠재적 투자자 등의 사람들이 보고서의 나머지 부분을 읽도록 유도한다.

상황 분석. 상황 분석(situational analysis) 섹션은 사명문과 기업의 현재 상태에 대한 정보를 포함한다.

- 사명문(mission statement): 기업의 특성과 기업이 존재하는 이유는 사명문에 설명된다.
- 분석(analysis): 이 섹션은 SWOT 분석으로부터 획득한 정보를 포함하며, 직접 및 간접 경쟁 기업에 관한 데이터를 포함한다. 또한 시장 내 충족되지 않은 필요를 충족할 기회가 식별된다. 마케팅 정보는 다음 섹션에서 설명되는 전략을 위한 배경과 근거를 제공한다.

마케팅 전략. 전략 섹션은 목표 시장과 마케팅 믹스(상품이나 서비스, 가격, 유통, 프로모션)를 설명한다. 자금 조달 및 위험 관리 계획 또한 논의된다. 포지셔닝 선언은 본 섹션 뒷부분에 포함될 수 있다.

- 목표 소비자(target customers): 본 섹션은 잠재적인 소비자와 현재 소비자(목표 시장), 이들의 필요와 욕구, 이들의 구매 동기, 이들의 충성도를 높이고 유지하는 방법 등을 설명한다.

- 상품, 서비스(product, service): 상품 혹은 서비스는 상황 분석에서 식별되는 목표 시장의 욕구와 기회를 바탕으로 계획 및 구성된다.

- 가격(price): 마케팅 담당자들은 다양한 가격 요인을 분석해야 한다. 모든 비용을 충당하고 이윤을 창출하기 위해 수입이 극대화되는 수준에서 가격이 결정되어야 한다. 다음의 가격 결정을 위한 질문들에 대한 답변이 반드시 반영되어야 한다.
  - 해당 상품 혹은 서비스의 최선의 가격은 무엇인가?
  - 해당 조직이 상품 혹은 서비스를 소비자에게 제공하는 비용은 얼마인가?
  - 얼마나 소비자가 지불할 용의가 있는가?
  - 얼마나 많은 수의 소비자들이 이 가격대에 해당 상품 혹은 서비스를 구매할 것인가?
  - 낮은 가격이 소비자 기반 및 수입을 증대시킬 것인가?

- 유통(distribution): 본 섹션은 상품 혹은 서비스를 소비자가 이용 가능하도록 만드는 과정을 설명한다. 본 섹션은 또한 어떻게 장소 효용(상품에 대한 접근성)이 개선될 수 있는지 검토한다.

- 프로모션(promotion): 본 섹션은 조직이 어떻게 광고, 공보, 대인 판매, 판매 촉진을 이용하여 상품이나 서비스를 소비자의 마음속에 각인시킬 것인지를 설명한다. 본 섹션은 이용되는 미디어에 대한 설명 등 홍보 계획(8.3절 참조)에서 제시되는 세부 내용을 포함한다. 본 섹션은 프로모션 전략이 조직이 그 목표를 달성하는 데 어떠한 도움을 줄 것인지 설명한다.

- 자금 조달(financing): 예상 비용 및 예상 수입이 마케팅 계획에서 완전히 공개되어야 한다. 답변해야 할 질문들을 다음과 같다.
  - 상품을 생산하고 운반하는 비용은 얼마인가?
  - 상품으로부터 추정되는 수익은 무엇인가?
  - 어떠한 비용이 상품 마케팅에 수반되는가?
  - 이윤 창출에 얼마나 오랜 시간이 걸릴 것인가?

  이러한 질문들에 대한 답변은 해당 조직이 자금의 차용이나 추가적인 투자의 모집 등에 대한 필요를 나타낸다. 대출 상환 계획 또한 본 섹션에 포함된다.

- 위험 관리(risk management): 신제품을 마케팅하는 경우에 수반되는 잠재적인 법적 책임과 같은 위험이 존재한다. 본 섹션에서는 가능한 위

험과 이러한 위험을 최소화하는 전략이 개괄된다. SWOT 분석에서 식별된 약점 및 위협의 취급 또한 본 섹션에 다루게 된다.

- 위치 진술(positioning statement): 상품의 고유성과 상품이 어떻게 목표 시장을 충족할지에 대한 구체적인 내용이 본 섹션에서 명확하게 제시된다.

이행. 이행(implementation) 섹션은 어떻게 마케팅 계획이 실행으로 옮겨질 것인지를 설명한다. 본 섹션은 완료되어야 할 과업, 책임 할당, 과업 완료를 위한 추진 일정, 따라야 할 소통 절차, 이용될 판매 전략, 계획의 검토 및 평가를 위한 지침 등을 포함한다.

- 과업(tasks): 마케팅 계획을 이행하기 위해서 반드시 완료되어야 하는 과업들은 본 섹션에서 상세히 설명된다. 전략 시행을 위한 전술 또한 여기서 다룬다.
- 책임 할당(assignments of responsibility): 계획은 각 과업 시행에 있어서 누가 책임이 있는지를 구체화해야 한다. 과업에 대한 명확한 책임 없이는 노력의 중복이 있거나, 최악의 경우 어떠한 노력도 없을 수 있다.

과업을 특정 개인에게 할당하는 것의 장점은 무엇인가?

팀 구성원들은 다른 구성원에게 과업 완료 책임이 있다고 가정할 것이다. 명확한 조직 및 할당은 효과적이고 효율적인 방식으로 업무를 완료하도록 할 것이다.

- **추진 일정(timeline)**: 과업이 적시에 시작되어 완료될 수 있도록 과업의 마감 시한이 수립된다. 마감 시한을 넘기는 것은 기업에게 비용으로 전가될 수 있다. 슈퍼볼에서 방영될 예정인 광고가 적시에 완료되지 않는다면 전반적인 마케팅 계획에 부정적인 영향을 미칠 수 있다. 추진 일정을 수립할 때 해당 계획이 완료되어야 하는 일자부터 시작해서 계획의 시작 일자를 거꾸로 계산하는 것이 바람직하다. 광고를 TV 방송국에 제출하는 마감 시한이 슈퍼볼 2주 전이라면, 유연성을 위해서 완료 일자를 3주 전으로 설정하는 것이 좋다. 무엇이 어떤 순서로 완료되어야 하는지를 구체적으로 명시하라. 어떤 조치가 시작되어야 하는 일자와 계획의 각 단계가 완료되어야 하는 일자를 설정하라.

  추진 일정은 프로젝트 매트릭스의 형태로 제시될 수 있다. 과업 및 과업 완료 책임이 있는 집단이나 개인, 마감 시한을 나타내는 차트를 **프로젝트 매트릭스(project matrix)**라 한다. 예를 들어, 어떤 조직이 9월의 한 NFL 경기에서 신제품을 홍보할 계획이라면, 프로젝트 매트릭스의 단순 버전은 아래와 같이 나타낼 수 있다. 실제 프로젝트 매트릭스는 훨씬 더 상세할 것이다. 9월에 이러한 홍보 활동을 완료하기 위해서는 3월에 시작해야 한다.

프로젝트 매트릭스

과업	책임	3월	7월	9월
전략	마케팅	➡		
전술	마케팅	➡		
생산	운영		➡	
유통	마케팅		➡	
이행	마케팅			➡

- **내부 소통 시스템(internal communication systems)**: 조직의 모든 부서들이 해당 계획에 참여하도록 하는 것이 바람직하다. 조직의 모든 핵

Take a bow

머라이어 캐리

어머니가 아일랜드계 백인 혈통이고 아버지가 아프리카계 베네수엘라 혈통인 머라이어 캐리(Mariah Carey)는 뉴욕의 롱아일랜드에서 태어났다. 그녀는 팝, 힙합, 소울, R&B 등 여러 장르에서 성공을 거두었다. 전 세계 콘서트 및 투어에서 공연을 통해 캐리는 여러 문화권에서 인기를 유지하고 있다.

캐리가 뉴욕 필하모닉의 게스트 보컬이었을 때 어깨 부상을 당하였던 적이 있었다. 그러나 부상도 그녀의 패션에 대한 관심을 막지는 못하였다. 그녀는 매번 드레스와 어울리는 반짝이고, 모피와 깃털을 씌운 팔걸이 붕대를 착용하였다. 한 공연은 뉴욕시 센트럴 파크에서 개최된 허리케인 구호를 위한 자선 행사로서 Citi Field에서의 MLB 올스타 경기와 협력한 공연이었다. 60,000장 이상의 티켓이 배부되었으며, MLB는 구호를 위해 1백만 달러를 기부하였다. 이 자선 행사는 캐리가 자신의 가수 생활 동안 진행한 다수의 공연들 중 하나였다. 이 자선 행사를 위한 마케팅 계획은 상세하고 정확하였으나, 캐리의 부상을 감안할 수 있도록 충분히 유연하였다.

Think Critically

MLB와 연관될 구호 노력을 지지하는 자선 공연에 가능한 마케팅 전략을 제시하라. 콘서트가 7월에 개최될 것이라고 가정하고 몇 가지 임무와 일정을 설명하라.

심 구성원들이 자신들의 피드백을 검토하고 소통할 수 있도록 소통 시스템을 갖춰야 한다. 모든 부서가 계획 과정에 관여할 때 모두의 목표에 대한 이해도가 높아질 것이며, 계획 이행에 있어서 더 협조적일 것이다.

- 판매(selling): 마케팅 계획은 티켓 및 관련 상품 판매와 같은 직접 판매가 어떻게 다뤄질 것인지 개괄해야 한다. 매출 기회로 이어질 수 있는 모든 잠재적 소비자와의 교류가 식별되어야 한다.
- 검토 및 평가(review and evaluation): 마케팅 계획은 조직으로 하여금 해당 계획이 정상 궤도에 있는지 확인하기 위해서 진척도를 측정할 수 있는 단계를 포함해야 한다. 이 단계에서 조직은 또한 계획 조정이 필요한지 판단할 수 있다. 향후 계획에 이용될지 여부를 판단하기 위해서 최종 결과를 검토해야 한다.

미래 준비

기업은 경쟁자보다 앞서기 위해서 자신이 어디로 가고 있는지, 또한 다음 단계는 무엇이 될 것인지를 반드시 고려해야 한다. 상품과 서비스에 대한 소비자들의 선호가 계속 바뀌기 때문에 준비를 해두는 것이 중요하다. 기업은 현재 상품이 잘 팔리고 있는 동안에도 다음 상품이나 서비스를 확인해야 한다. 시간의 경과에 따른 경제 상황 변화나 신기술, 신제품, 혹은 새로운 경쟁 기업 등의 변화가 발생할 수 있다. 마케팅 계획은 빈번하게 수정되어야 할 필요가 있다. 미래를 생각함으로써 기업은 자사 계획이 성공에 이르도록 할 수 있다.

사례 연구

Amazônia: 새로운 경기장

국제축구연맹(FIFA)이 2014년 FIFA 월드컵 개최지로 브라질을 선정함으로써 브라질은 월드컵 토너먼트를 두 번째 개최하게 되었다. 브라질은 1950년에도 월드컵을 개최하였다. FIFA 월드컵 개최국으로서 브라질은 3년의 예선 과정을 거쳐 본선에 진출한 32개의 국가 대표 팀들을 받아들였다.

국제 경기 주최하기

2014년 월드컵 기간 동안 브라질의 12개 도시는 64번의 월드컵 경기를 새로운 경기장 혹은 개조된 경기장에서 개최하였다. Maracanã 경기장은 브라질 리우데자네이루에 소재한 개방 경기장이다. 이 경기장은 1950년에 FIFA 월드컵 개최를 위해 개장되었다. 이 경기장에 대한 대규모 개조 공사가 완료됨에 따라서 2014년 월드컵 기간과 2016년 하계 올림픽의 개회식 및 폐회식에 이용될 수 있게 되었다.

새로 건설된 월드컵 경기장 중에 하나인 Arena Amazônia는 브라질 마나우스에 건설되었다. 1669년 형성된 마나우스는 인구 200만의 도시로 브라질 북부 아마조나스주의 수도이다. 이 도시는 아마존 우림 중간에 두 개의 강이 만나 아마존 강을 형성하는 지점에 위치해 있다.

마나우스는 최상위 리그 축구 팀이 없기 때문에 경기장 건설을 비판하는 의견이 많았다. 이 경기장은 42,000명 이상을 수용할 수 있다. 비판 의견은 월드컵 후 어떻게 경기장을 활용할 것인지에 대한 의문으로 제기되었다. 미국 대 포르투갈 경기를 포함한 네 번의 월드컵 경기가 마나우스의 Arena Amazônia에서 진행되었다.

월드컵 경기를 마나우스에서 개최하는 것을 지지하는 이들은 이 경기장의 다목적성을 강조하였다. "우리가 건설하면 그들이 올 것이다."라는 태도를 견지함으로써 지지자들은 경기장이 마나우스시에 기회를 제공한다고 생각한다. 전자, 화학, 정유 기업 및 중요한 산업 허브인 경제 자유 구역을 포함하는 마나우스시의 경제는 견고한 상태이며 성장하고 있다. 따라서 다른 행사들이 경기장에서 개최될 수 있는 높은 잠재력이 존재한다. 관광객들은 아마존 여행의 시작이나 여행의 끝에 경기장에서 열리는 특별 행사의 관람에 관심을 보일 수 있다.

Think Critically

1. Arena Amazônia의 마케팅 계획을 개발하기 전에 어떤 정보가 필요한가?
2. 누가 경기장 이벤트의 마케팅 타깃이 될 것인가? 어떤 종류의 이벤트를 계획할 것인가?
3. 경기장의 효율적인 이용을 위해 어떤 마케팅 전략을 제안할 수 있는가?
4. 경기장에 대한 지지자를 끌어들이기 위해 어떤 전술을 사용할 수 있는가?

미주

CHAPTER 1

1. American Marketing Association, accessed October 15, 2013, http://www.marketingpower .com/AboutAMA/Pages/DefinitionofMarketing.aspx.
2. "What it costs for a family of four to attend an MLB game," *Milwaukee-Wisconsin Journal Sentinel*, accessed October 15, 2013, http://www.jsonline.com/sports/etc/rank--fileed9djas-201365781.html.
3. "What's good for Daytona International Speedway is good for Volusia County," *Headline Surfer*, accessed November 19, 2013, http://headlinesurfer.com/content/411883-whatsgood-daytona-international-speedwaygood-volusia-county.
4. NASCAR Racing Statistics, accessed November 19, 2013, http://www.statisticbrain.com/nascarracing-statistics/.
5. "Infographics: Social Media Stats 2013," Digital Buzz Blog, accessed November 14, 2013, http://www.digitalbuzzblog.com/infographicsocial-media-stats-2013/.
6. Brian Warner, "The Highest Paid College Basketball Coaches," *Celebrity Net Worth*, March 27, 2013, accessed October 17, 2013, http://www.celebritynetworth.com/articles/entertainment-articles/the-highest-paid-collegebasketball-coaches.
7. National Collegiate Athletic Association, accessed November 21, 2013, http://www.ncaa.org/wps/wcm/connect/public/ncaa/finances/revenue.
8. "NCAA Finances," *USA TODAY*, accessed November 21, 2013, http://www.usatoday.com/sports/college/schools/finances/.

CHAPTER 2

1. "Approximately how much money is spent each year marketing food products to children?" Extension: America's Research-based Learning Network, March 16, 2010, accessed November 16, 2013, http://www.extension.org/pages/42692/approximately-how-muchmoney-is-spent-each-year-marketing-foodproducts-to-children#.Un_vY6jnbcs.
2. Scott Bowles, "Movie ticket prices jump to alltime high," *USA TODAY*, July 23, 2013, accessed April 21, 2014, http://www.usatoday.com/story/life/movies/2013/07/23/movie-ticket-pricesnato/2577199/.
3. "The World's Highest-Paid Athletes," *Forbes*, values calculated June 2013, http://www.forbes.com/athletes/list.
4. Darren Rovell, "Texas leads in merchandise royalties," ESPN.com, August 12, 2013, accessed April 21, 2014, http://espn.go.com/college-football/story/_/id/9560094/texas-longhornsagain-top-merchandise-sales-list.
5. "Football Continues to Be America's Favorite Sport; the Gap with Baseball Narrows Slightly This Year," Harris Interactive, January 17, 2013, accessed December 21, 2013, http://www.harrisinteractive.com/NewsRoom/HarrisPolls/tabid/447/ctl/ReadCustom%20Default/mid/1508/Articleld/1136/Default.aspx.
6. "Adidas History," Fashion, accessed November 16, 2013, http://fashiongear.fibre2fashion.com/brand-story/adidas/history.asp.

CHAPTER 3

1. Brad Jacobs, Top Rank, telephone interview with Dotty Oelkers, April 20, 2012.
2. Artem Zagorodnov, "Planning for Economic Success in Sochi after the 2014 Olympics," Special Russian Advertising Feature, *The New York Times*, October 16, 2013, 5.
3. "Tim Hughes Elected Chairman of Little League International Board of Directors," Little League, accessed November 15, 2013, http://www.littleleague.org/media/llnewsarchive/05_2004/04hugheselected.htm.
4. Kevin Baxter, "If Mexico fails to get to World Cup, backers could lose $600 million," *Los Angeles Times*, October 15, 2013, accessed November 15, 2013, http://www.latimes.com/sports/sportsnow/la-sp-sn-world-cupfailure-mexico-20131015,0,1505046.story#axzz2iHLj5k00.
5. Special Russian Advertising Feature, *The New York Times*, October 16, 2013.
6. Michelle Kung, "Odd Couple: China Meets Hollywood," *The Wall Street Journal*, April 17, 2012, A1, A12.
7. Edward Wong, "Filmmaker Giving Voice to Acts of Rage in Today's China," *The New York Times*, September 14, 2013, A5.

8. Edward Wong, "Drama Behind Film Awaits Climax," *The New York Times*, November 23, 2013, C1–2.
9. Michael Cieply, "China Wants Its Movies to Be Big in the U.S., Too," *The New York Times*, November 7, 2013, B10.
10. Scott Bowles, "Clear 'Instructions' point to the power of Latino audience," *USA TODAY*, September 25, 2013, D1-2.
11. "Title IX Myths and Facts," Women's Sports Foundation, accessed December 1, 2013, http://www.womens sportsfoundation.org/en/home/advocate/title-ix-and-issues/whatis-title-ix/title-ix-myths-and-facts.
12. Naila-Jean Meyers, "The Breakthrough of 1973," *The New York Times*, August 26, 2013, F10.
13. Kurt Badenhausen, "Maria Sharapova Tops List of The World's Highest-Paid Female Athletes," *Forbes*, August 5, 2013, accessed December 1, 2013, www.forbes.com.
14. "Our Mission," World Travel and Tourism Council, accessed November 18, 2013, http://www.wttc.org/our-mission/.
15. The New Orleans Super Bowl Host Committee and The University of New Orleans Division of Business Economic Research, *2013 Super Bowl Visitor Study & Economic Impact* (Super Bowl XLVII), April 2013, 3, 6.
16. "What is Ecotourism?" The International Ecotourism Society, accessed November 18, 2013, http://www.ecotourism.org/what-isecotourism.
17. Susan and Simon Veness, telephone interview with Dotty Oelkers, November 21, 2013.

CHAPTER 4

1. "Celebrity Profile: Ellen DeGeneres," Examiner.com, May 24, 2009, accessed November 3, 2013, http://www.examiner.com/article/celebrity-charity-profile-ellen-degeneres.
2. Tony Manfred, "20 Golfers Who Make More Money Endorsing Products Than Playing Golf," *Business Insider*, accessed November 3, 2013, http://www.businessinsider.com.au/highestpaid-golfers-endorsements-2013-1#yani-tseng-35-million-off-the-course-1.
3. "NCAA Finances," *USA TODAY*, accessed March 21, 2014, http://www.usatoday.com/sports/college/schools/finances/.
4. Rachel Cohen and Ralph D. Russo, "Paying College Athletes: Not If but How," *The Huffington Post*, January 6, 2013, accessed November 6, 2013, http://www.huffingtonpost.com/2013/01/07/paying-college-athletes_n_2424429.html.
5. Zach Gorwitz, "Money Madness: Why and How College Athletes Should Be Paid," *Duke Political Review*, October 1, 2013, accessed April 30, 2014, http://dukepoliticalreview.org/money-madnesswhy-and-how-ncaa-athletes-should-be-paid/.
6. "High Cost of Youth Sports," *The Huffington Post*, June 21, 2013, accessed February 17, 2014, http://www.huffingtonpost.com/visualnewscom/high-cost-of-youthsports_b_3469012.html#.
7. Matthew Emmons, "Highest Paid College Football Coaches—2013," AZCentral, November 6, 2013, accessed November 10, 2013, http://www.azcentral.com/sports/colleges/free/20131106highest-paid-college-footballcoaches-2013.html.
8. "From High School to Pro—How Many Will Go," Georgia Career Information Center, accessed November 17, 2013, http://freedom.mysdhc .org/guidance/information/From%20High%20 School%20to%20Pro%20Statistics.pdf.
9. "WNBA Salaries for the 2013 Season," Examiner.com, accessed November 21, 2013, http://www.examiner.com/article/wnba-salaries-for-the-2013-season.
10. "NBA Player Salaries—2013–2014," ESPN.com, accessed December 6, 2013, http://espn.go.com/nba/salaries.
11. Alan Black, "New Poll Shows Soccer's Popularity on the Upswing," SFGate, accessed November 30, 2013, http://blog.sfgate.com/soccer/2012/03/06/new-poll-shows-soccerspopularity-on-the-upswing/.
12. "Youth Sports Statistics," Michigan State Survey, accessed November 30, 2013, http://statisticbrain. comyouth-spots-statistics.
13. Ben Lingenfelter, "How Do Different Age Groups Use Facebook," eHow, accessed November 17, 2013, http://www.ehow.com/info_12033172_different-age-groups-usefacebook.html.
14. Dorothy Pomerantz, "The World's Most Powerful Celebrities," *Forbes*, June 26, 2013, accessed March 21, 2014, http://www.forbes.com/profile/maria-sharapova.

CHAPTER 5

1. "DreamWorks plans Netflix TV shows," *Houston Chronicle*, June 18, 2013, B7.
2. Bill Carter, "Bold Play by CBS Fortifies Broadcasters," *The*

New York Times, September 7, 2013, B1-2.
3. Claire Cain Miller, "Addicted to Apps," *The New York Times*, August 25, 2013, SR3.
4. Nick Wingfield, "The Only Games in Town," *The New York Times*, September 30, 2013, B1, B3.
5. Allan Kozinn, "A Pay-What-You-Can Music Model," *The New York Times*, August 21, 2013, C1.
6. *Katy Perry: Part of Me*, Box Office Mojo, accessed March 4, 2014, http://boxofficemojo.com/movies/?id=katyperry.htm.
7. Bill Carter, "NBC Says It Will Put on a Show, Again," *The New York Times*, December 10, 2013, C1.
8. Carter, "NBC Says It Will Put on a Show, Again," C6.
9. Dale Russakoff, "Old Age in America, by the Numbers," *The New York Times*, July 21, 2010, accessed December 6, 2013, http://newoldage.blogs.nytimes.com/2010/07/21/aging-inamerica-how-its-changing/?_r=0.
10. "2013 Sports, Fitness and Leisure Activities Topline Participation Report – New Release!!," Sports & Fitness Industry Association, http://www.sfia.org/reports/301_2013-SPORTS%2C-FITNESS-AND-LEISURE-ACTIVITIES-TOPLINE-PARTICIPATIONREPORT----NEW-RELEASE!!
11. Paul Myerberg, "Six ways to watch BCS title game," *USA Today*, December 19, 2013, 3C.
12. Sandomir, James Andrew Miller, and Steve Eder, "To Protect Its Empire, ESPN Stays on Offense," *The New York Times*, August 27, 2013, A1.
13. "Most Popular Sports in the World," Most Popular Sports, accessed January 16, 2013, http://mostpopularsports.net/in-the-world.
14. Charles V. Bagli, "Giants and Jets, Super Bowl Hosts, Have Already Been Richly Rewarded," *The New York Times*, November 29, 2013, A30.
15. Davis Barron, "Howard to Rockets unlikely to get carriage dispute settled," *The Houston Chronicle*, July 19, 2013, C4.
16. Richie Parker, "Richie Parker: Drive," interview by Tom Rinaldi, ESPN2 *SportsCenter*, July 21, 2013.

CHAPTER 6

1. "Redbox Fun Facts," Redbox Media Center, accessed November 17, 2013, http://www.redbox.com/facts.
2. Brad Tuttle, "Kid Rock's $20 Concert Ticket Plan: Good for Fans, Bad for Scalpers," *Time*, June 26, 2013, accessed April 20, 2014, http://business.time.com/2013/06/26/kid-rocks-20-concert-ticket-plan-good-for-fans-bad-forscalpers/.
3. "How Much Does Social Media Marketing Cost?" The Content Factory, accessed April 20, 2014, http://www.contentfac.com/howmuch-does-social-media-marketing-cost/.

CHAPTER 7

1. Andrew Adam Newman, "Samsung's Video Campaign Pits Earth's Soccer Stars vs. Aliens," *The New York Times*, December 19, 2013, B6.
2. "Advertising and Marketing," Bureau of Consumer Protection, accessed January 11, 2013, http://business.ftc.gov/advertising-andmarketing.
3. "About the Association," American Association of Advertising Agencies, accessed January 12, 2014, http://www.aaaa.org/about/association/Pages/default.aspx.
4. "Standards of Practice," American Association of Advertising Agencies, updated June 7, 2011, accessed January 12, 2014, http://www.aaaa.org/about/association/Pages/standardsofpractice.aspx.
5. Katherine Feser, "Agency true to Hispanic roots," *Houston Chronicle*, October 28, 2013, B6.

CHAPTER 8

1. Bill Keveney, "Grammy TV ratings remain solid for CBS," *USA Today* , January 27, 2014, accessed January 28, 2014, http://www.usatoday.com/story/life/tv/2014/01/27/grammy-tv-ratingson-cbs-rise-slightly-from-2013/4939973/.
2. Scott Manley, Toyota Center, Houston, Texas, phone interview with Dotty Oelkers, January 30, 2014.
3. "30 Second Ad Rates for the 2014 Academy Awards," Media Buying, Ocean Media, posted November 14, 2013, accessed January 31, 2014, http://www.oceanmediainc.com/media-agency-blog/30-ad-rates-2014-academy-awards/.
4. Kyle Stock, "Is Manchester United Worth $1 Billion to Nike?" *Bloomberg Businessweek*, March 11, 2014, accessed May 7, 2014, http://www.businessweek.com/articles/2014-03-11/is-manchester-united-worth-1-billion-

to-nike.

5. Rochi Palacios, "2014 FIFA World Cup: A Brand Love Affair," Football Marketing, January 8, 2014, accessed February 1, 2014, http://www.football-marketing.com/2014/01/08/2014-fifa-world-cup-a-brand-love-affair/.
6. "Guides Concerning the Use of Endorsements and Testimonials in Advertising," Federal Trade Commission, 16 CFR Part 255, accessed February 1, 2014, http://www.ftc.gov/sites/default/files/attachments/press-releases/ftc-publishes-final-guides-governing-endorsements-testimonials/091005reviseden dorsementguides.pdf.
7. Erik Brady and Brent Schrotenboer, "From QB to pitchman, what you see is what you get with Peyton Manning," *USA TODAY*, January 31, 2014, 1C, 6C.
8. Stuart Elliott, "High Stakes for Agencies, and Products, at Super Bowl," *The New York Times*, January 31, 2014, B6.
9. Mae Anderson, "Adver-Teasers: Super Bowl Viewers Get Peek at Ads," AP, posted January 29, 2013, accessed February 2, 2014, http://bigstory.ap.org/article/super-bowl-advertisers-tease-viewers-0.
10. Elliott, "High Stakes," B6.
11. Elizabeth Olson, "I'll Be Your Billboard," *The New York Times*, January 26, 2014, BU8.
12. Brad Jacobs, Top Rank, telephone interview with Dotty Oelkers, April 20, 2012.
13. Stuart Elliott, "TCM Moves to Lure Film Buffs Out of Their Living Rooms," *The New York Times*, August 22, 2013, B4.
14. Stuart Elliott, "Nascar Drivers Speak Up, Aiming to Attract New Fans," *The New York Times*, February 19, 2013, B6.
15. "NASCAR Racing Statistics, Statistic Brain, updated January 14, 2014, accessed May 20, 2014, http://www.statisticbrain.com/nascarracing-statistics/.
16. "Loyal NASCAR Fans Please Stand Up," Performance Research, accessed February 18, 2014, http://performanceresearch.com/nascar-racestat.htm.
17. Tori Petry, "NASCAR Not Just for the Boys," ESPNW. Today, August 20, 2012, accessed February 18, 2014, http://espn.go.com/espnw/news-commentary/article/8284577/espnwnascar-not-just-boys.

CHAPTER 9

1. Darren Heitner, "Broncos vs. Seahawks Super Bowl Tickets Becoming More Affordable by the Day," *Forbes*, January 25, 2014, accessed May 4, 2014, http://www.forbes.com/sites/darrenheitner/2014/01/25/broncos-vsseahawks-super-bowl-tickets-becomingmore-affordable-by-the-day/.
2. Darren Rovell, "Record prices for Game 6 tickets," ESPN.com, October 30, 2013, accessed January 10, 2014, http://espn.go.com/boston/mlb/story/_/id/9897792/2013-world-series-record-saleprices-boston-red-sox-tickets-fenway-parkgame-6-vs-st-louis-cardinals.
3. Roger Kuznia, "College basketball Twitter coach rankings: Tim Miles the standout of Big Ten," *Sporting News*, August 19, 2013, accessed May 2, 2014, http://www.sportingnews.com/ncaa-basketball/story/2013-08-19/college-basketball-twitter-rankings-2013-tim-milestom-crean-social-media.
4. Live Nation Entertainment 2013 Annual Report, accessed May 2, 2014, http://investors .livenationentertainment.com/files/doc_financials/2013/2013 Annual Report.pdf.
5. Red Bull Arena Tickets, accessed May 2, 2014, http://www.redbullarena.us/tickets/.

CHAPTER 10

1. Howard Beck, "For Rockets, Every Move Was a Step Forward," *New York Times*, July 11, 2013, B11.
2. "McLane Stadium: Stadium Facts," *Baylor-Stadium.com*, accessed February 24, 2014, http://www.baylor-stadium.com/stadium-facts/.
3. David Ubben, "New Baylor stadium? Say 'Thanks, RG3," Big 12 Blog, March 14, 2012, accessed May 24, 2014, http://espn.go.com/blog/big12/post/_/id/46848/new-baylorstadium-say-thanks-rg3.
4. "MLB ticket prices up 2.7 percent," Associated Press, *ESPN.com*, updated April 1, 2013, accessed February 28, 2014, http://espn.go.com/mlb/story/_/id/9121457/mlb-ticketprices-see-steepest-hike-2009.

용어 설명

가

가격(price): 소비자가 상품에 대해 지불하는 돈의 액수

가격 담합(price fixing): 관련 기업들이 높은 가격을 부과하기로 공모할 때 가격 담합이 발생함

가격선(price lines): 가격, 품질, 특성들을 바탕으로 구별되는 상품 범주

가격 차별(price discrimination): 어떤 개인, 집단, 혹은 기업에게 동일 상품 혹은 서비스를 구매하는 다른 개인, 집단 혹은 기업에 비해 더 높은 가격이 부과될 때 가격 차별이 발생

가산액(markup): 운영비를 충당하고 이윤을 내기 위해 상품 혹은 서비스의 비용에 추가되는 금액

가치 기반 문화(values-based culture): 높은 실적과 탁월한 고객 서비스를 통해 가치를 소통하는 문화

간접 경제적 효과(indirect economic impact): 다중 효과로 인해 결정됨. 방문객들이 지역 상품 및 서비스에 소비한 돈의 일부가 지역 고용주 및 직원에 의해서 소비되고, 그 지역 내에서 재순환됨

간접 광고(product placement): 어떤 상품을 영화나 텔레비전 쇼에 통합시키는 것

감정적 구매(emotional purchases): 소비자들이 감정적으로 고조되거나 침울한 시기에 생각을 거의 하지 않고 이루어지는 구매

검열(censorship): 불쾌하다고 간주되는 매체를 수정 혹은 편집하는 행위

경기 순환(business cycle): 경기의 상승 및 하강을 의미함. 경제 순환(economic cycle)으로도 칭하기도 함

경제적 시장(economic market): 상품 혹은 서비스를 구매하게 될 모든 소비자

경험적 활성화(experiential activation): 소비자 만족을 위한 축제, 투어, 혹은 라이선스 상품을 통한 소비자와의 상호작용

고객 서비스 간극(customer service gap): 고객 기대치와 실제 고객이 받는 서비스와의 차이

공급의 법칙(law of supply): 가격이 상승할 때 공급은 증가, 가격이 하락할 때 공급은 감소

공보(publicity): 부정적이거나 긍정적인 여부와 관계 없이 어떤 기업과 그 기업의 상품, 서비스, 혹은 이벤트에 대한 미디어의 관심(무료)

공보 담당자(publicist): 대중과 뉴스 매체와의 관계를 유지하는 책임자

광고(advertising): 상품 제조사 혹은 판매사에 의해 소비자에게 전달되는 소통의 유료 방식

광대역(broadband): 초고속 인터넷 서비스

광역 배급(wide release): 영화를 동시에 전국적으로 천 곳 이상의 극장에서 개봉하도록 하는 배급 형태

교환 관계(exchange): 이벤트, 후원 기업, 팬들 간에 주고받는 관계

국제 마케팅(International marketing): 타국에 상품을 마케팅하는 것

국제올림픽위원회(IOC): 올림픽 운동의 행정 기관으로, 모든 국가올림픽위원회(NOC), 국제스포츠연맹, 올림픽 조직위원회, 운동선수, 스폰서, 방송 파트너 기업들을 포괄

균형 상태(equilibrium): 수요 곡선과 공급 곡선이 만나는 점

기업 대상 판매 촉진(trade sales promotion): 유통 경로의 구성원들을 대상으로 하는 판매 촉진

기업 스폰서십(corporate sponsorship): 행사장 이름의 일부에 상품이나 기업의 이름을 이용하는 것

기층적 활동(grass-roots efforts): 알려지지 않은 개인 혹은 사건으로 인해 팬들의 집중적인 관심을 받는 현상

기회 비용(opportunity cost): 어떤 선택을 내릴 때 포기하게 되는 차선의 대안의 가치

나

내용 요약(executive summary): 마케팅 계획에서 제일 앞에 그 내용을 간명하게 나타내는 부분

네이티브 광고(native advertising): 기업이 생성한 온라인 콘텐츠로 사설과 같은 비광고적인 콘텐츠의 모습을 갖춤

노출 빈도(frequency): 목표 집단이 해당 메시지에 노출된 횟수

다

다세대주의(multigenerationalism): 가족 내 여러 세대의 필요를 충족

다채널 비디오 프로그램 편성 유통업체(multichannel video programming distributor): 케이블 혹은 위성 유통업체

단서(leads): 상품 혹은 서비스에 관심을 보이거나 목표 시장의 정의를 충족하는 잠재적 소비자들에 대한 정보와 데이터

단체 패키지(group package): 티켓을 대량으로 구매하는 단체에게 특별 할인 가격을 제시하는 판매 촉진 전략

대인 판매(personal selling): 판매자와 소비자 간의 대면 소통

대중 관계(public relations, PR): 개인 혹은 기관에 대해 호의적인 대중의 의견을 생성하려고 노력하는 프로모션 분야

대중 마케팅(mass marketing): 대규모의 일반적인 소비자 집단에 어필하려는 시도

대중 미디어(mass media): 어떤 이벤트가 많은 수의 사람들, 즉 대중에게 유통되는 방법을 설명하는 데 이용되는 용어

도달 범위(reach): 선택된 미디어(TV 광고나 잡지 광고 등)를 통해서 메시지를 전달받을 것으로 예상되는 목표 시장 내 사람의 수

라

라이선스 브랜드(licensed brand): 한 기업이 수립하여 다른 기업의 제품 프로모션에 이용할 수 있도록 판매하는 인지도 높은 이름 및 상징

럭셔리 박스(luxury boxes): 기업 임원들과 일부 부유한 개인들이 경기를 관람하는 동안 고객 및 친구들을 대접할 수 있게 경기장 내부에 위치한 호화로운 방

로고(logo): 기업 이름의 시각적인 표현

리그 협약(league agreement): 마케팅 믹스를 통제하고 팀의 연고지와 리그 내 허용되는 팀의 수를 포함하여 프로 스포츠 게임의 유통을 규제

마

마케팅(marketing): 만족스러운 교환 관계의 생성과 유지

마케팅 개념(marketing concept): 소비자의 필요를 충족시키는 데 집중하기. 소비자와 중대한 관계를 유지하는 것을 필요로 함

마케팅 계획(marketing plan): 기업의 상황 분석, 마케팅 전략, 기업 목표 달성을 위한 이행 계획 등을 포함하는 정확하게 기술된 문서

마케팅 믹스(marketing mix): 기업이 4가지 마케팅 요소, 즉 상품, 유통, 가격, 프로모션을 어떻게 조합할 것인지를 설명

마케팅 전략(marketing strategy): 실행에 옮길 수 있는 마케팅 계획 달성을 위한 발상

마케팅 정보(marketing intelligence): 경쟁기업에 대해서 수집된 정보

목표 시장(target market): 기업이 도달하기 원하는 특정 소비자 집단

문화(culture): 다른 집단과 구분되는 한 인간 집단의 공유된 역사, 신념, 관습, 전통

물류(logistics): 상품 및 서비스의 유통을 기획, 조직, 관리하는 과정

미디어(media): 메시지를 목표 시장에 전달하는 데 이용되는 소통 경로

바

바디랭귀지(body language): 말로 하지 않고 전달되는 신호

바이럴 캠페인(viral campaign): 온라인에서의 작은 언급이 수백만 건의 의견을 생성하는 프로모션

박스 오피스(box office): 티켓 매출로부터 올린 수익

보증(endorsement): 유명인이 어떤 상품 혹은 서비스에 대한 인정이나 지지를 공적으로 표현하는 행위

부가 수당(fringe benefit): 기본 연봉 이외에 받게 되는 인센티브

브랜드명(brand name): 상품, 서비스, 혹은 기업을 식별하는 이름, 상징, 로고, 단어, 디자인(혹은 이러한 요소들의 조합)

블루칩 선수(blue chip atheletes): 매우 뛰어난 운동 능력을 갖고 있으며 경기장 안팎으로 원만한 성격과 리더십을 보이는 유망한 운동 선수

비가격 경쟁(nonprice competition): 기업이 마케팅 믹스 내에서 가격 외 다른 요인들을 강조하기로 결정할 때의 경쟁

비교우위(comparative advantage): 경쟁자에 비해서 상품 혹은 서비스를 더 효율적이고 경제적으로 생산할 수 있는 능력

비수익적 스포츠(nonrevenue sports): 대학의 재정 지원은 받지만 투자 수익이 발생하지는 않는 스포츠

비용 효율 지표(cost per thousand, CPM): 각 광고 노출에 따른 비용을 천 단위의 도달 범위로 나눈 값을 바탕으로 특정 미디어의 비용 효과성을 측정

사

사명문(mission statement): 기업의 특성과 기업이 존재하는 이유

상층 흡수 가격 전략(skimming price strategy): 도입되는 신상품에 매우 높은 가격을 책정하는 전략

상표(trademark): 기업이 이용하는 단어 및 상징에 대한 법적 보호

상품(product): 기업이 소비자의 욕구를 충족시키기 위해 소비자에게 제공하는 것

상품 개선(product enhancement): 한 번의 구매에 추가적인 필요와 욕구를 충족시키기 위해서 기본 상품에 추가되는 것들

상품 라인(product line): 상이한 소비자의 필요를 충족시키기 위해서 약간의 변화를 가미한 유사한 상품 집단

상품 믹스(product mix): 신상품의 최종 형태 및 그 상품의 전체적인 여러 특성들. 브랜드명, 그 브랜드에서 출시되는 다양한 상품들, 포장 등을 포함

상품 수명 주기(product life cycle): 도입, 성장, 성숙, 하락을 포함한 상품의 수명 주기 네 단계

상품 포트폴리오(product portfolio): 어떤 시점에 기업이 가지고 있는 소비자들이 구매 가능한 모든 상품들

상품 확장(product extension): 목표 시장에서 해당 상품을 더 매력적으로 만들기 위해서 상품 외에 추가로 제공되는 항목

상황 분석(situational analysis): 기업의 현재 상태, 경쟁 기업, 목표 소비자에 대한 심층 검토

생산성(productivity): 기업이 활용한 자재 및 직원 수 대비 생산한 제품 혹은 서비스의 비율

생태 관광(ecotourism): 환경을 보존하고 지역 주민의 복지 수준을 개선하는 자연 지역으로의 책임감 있는 여행

성 평등(gender equity): 남성과 여성에게 있어서 기회가 대략적으로 동등할 때

세계화(globalization): 세계 시장의 통합에서 비롯된 국제경제적 관계

소비자 관리(customer management): 소비자 기반을 형성하고 소비자와의 일정을 신중하게 수립하는 것

소비자 대상 판매 촉진(consumer sales promotion): 최종 소비자를 대상으로 하는 판매 촉진

손익분기점(breakeven point): 어떤 이벤트를 조직, 프로모션, 운영하는 모든 비용을 충당하는 데 필요한 최소 매출액

수요의 법칙(law of demand): 가격이 상승할 때 수요는 감소, 가격이 하락할 때 수요는 증가

스포츠 마케팅(sports marketing): 상품 마케팅을 위하여 스포츠를 이용하는 것

스폰서십(sponsorship): 개인 혹은 기업이 스포츠 팀이나 이벤트를 위해 상품, 서비스, 재정적 지원을 제공할 때 발생하는 관계

시각적 머천다이징(visual merchandising): 상품 프로모션을 위해서 3차원의 디스플레이를 생성하는 과정

시장 세분화(market segment): 대규모 시장 내에서 한 개 이상의 특성을 공유하고 있는 소비자 집단

시장 점유율(market share): 경쟁사에 비해서 기업이 포착하기를 기대하는 전체 상품 혹은 서비스 총 매출 내 점유율

시청률(ratings): 한 프로그램이 끌어모으는 시청자 수

아

앤솔로지 시리즈(anthology series): 매 시즌마다 다른 출연진, 환경, 스토리 라인을 갖춘 TV 시리즈

엔터테인먼트(entertainment): 사람들이 시간과 돈을 들여서 관람하기를 원하는 일종의 공연

엔터테인먼트 마케팅(entertainment marketing): 사람들이 엔터테인먼트에 자신의 시간과 돈을 들이는 방식에 영향을 주는 것

예술 영화(art-house movie): 블록버스터적인 상업적 주류에서 벗어난 전형적인 독립 영화로 상대적으로 적은 관객들을 대상으로 함

예약 대리업체(booking agent): 공연자를 대표하여 장소와 계약을 체결하는 기업

예측 검색(predictive search): 당신이 질문할 것으로 예상하는 질문에 대한 해답을 제공하기 위해서 당신의 개인 데이터를 검토하는 기능

와해성 기술(disruptive technologies): 기존의 통신 경로 형태를 변화시키는 새로운 기술

운영비(operating expenses): 상품에 들어가는 비용 이외에 기업의 운영과 관련된 모든 비용

원형 극장(amphitheaters): 중앙의 무대 영역 주변으로 층별 좌석을 갖추고 있는 타원형의 야외 극장

유인 상술(bait and switch): 저가에 광고한 상품이 '품절' 되어 더 비싼 다른 상품을 소비자에게 판매하려고 시도하는 상술

유통(distribution): 상품을 소비자들에게 이용 가능하도록 하는 데 이용되는 장소 및 방법

유통 경로(channels of distribution): 상품 혹은 서비스가 소비자까지 전달되는 데 관여하는 모든 기업들을 포함

응용 연구(applied research): 특정 문제 해결에 집중하는 연구

이벤트 트라이앵글(event triangle): 이벤트, 후원 기업, 팬들의 상호작용에 의해서 형성되는 관계

인구 통계(demographics): 연령, 결혼 여부, 성별, 인종적 배경, 소득 수준, 교육 수준 등 집단의 공유된 특성

인플레이션(inflation): 상품 및 서비스의 가격 상승이 소비자 소득보다 더 빠르게 상승할 때 발생함

자

장소(venue): 이벤트가 개최되는 시설

재량 소득(discretionary income): 생활 필수품 가격 및 주택 및 자동차 할부금 등 기타 고정 지출을 지불하고 난 후 개인에게 이용 가능한 돈의 금액

저작권 침해(piracy): 저작권이 있는 자료의 불법 복제 행위

전략적 사고(strategic thinking): 목표 달성을 위한 독특하고 혁신적인 방법을 찾는 과정

전술(tactics): 전략 이행을 위해 취하는 행동들

전화 권유(cold calling): 소비자 욕구에 대한 사전 조사 없이 무작위로 잠재적인 소비자에게 연락하여 판매하려는 시도

접근 전 단계(preapproach): 판매 직원이 제시되는 상품 및 서비스, 목표 시장, 그리고 경쟁사에 대해서 가능한 모든 것을 배우는 판매 과정에서의 첫 번째 단계

정량적 측정(quantitative measurement): 숫자나 퍼센트로 정보를 제공하는 결과를 측정하는 데 이용되는 방법

정성적 측정(qualitative measurement): 주관적이고 해석에 따라 달라지는 결과를 측정하는 데 이용되는 방법

제안 판매(suggestion selling): 판매 직원이 소비자에게 관련 상품을 구매할 것인지를 물을 때 제안 판매가 이뤄짐

중개자(intermediaries): 상품 혹은 서비스를 이용 가능하게 만드는 데 관여하는 기업들 혹은 경로 구성원

중수기(shoulder period): 중간 수준의 수요가 있는 기간

직접 경제적 효과(direct economic impact): 이벤트 혹은 명소로부터 비롯된 신규 지출 총액

차

차별화(differentiation): 상이한 시장에 어필하기 위한 상품의 맞춤 생산

총 노출 횟수(gross impression): 광고, 경기 또는 쇼에 따른 상품 혹은 서비스가 운동선수, 팀, 혹은 엔터테이너와 연관된 횟수

총 시청률(gross rating points, GRP): 도달 범위에 노출 빈도를 곱한 값. 퍼센트로 표현되며, 전체 잠재 시청자 추정치를 제공

충성도 높은 이용자(loyal users): 30일 내에 최소 3번 앱을 실행한 이용자

침투 가격 전략(penetration price strategy): 높은 시장 점유율을 조기에 얻기 위해서 저가 정책을 이용하는 전략

카

카르텔(cartel): 상품의 생산, 가격 책정, 마케팅을 통제하기 위해서 형성된 독자적인 기업들의 연합

카피(copy): 메시지를 전달하기 위해서 광고에서 언급되거나 인쇄되는 문구

케이블 번들(cable bundle): TV 구독 서비스 업체에 의해서 월 정액으로 패키지 판매되는 TV 채널 그룹

콘서트 영화(in-concert movie): 실제 콘서트 공연 영상을 담고 있는 영화

클럽 좌석(club seats): 높은 수입을 제공하는 일반적으로 야외에 위치한 프리미엄 경기장 좌석

타

트레일러 매쉬업(trailer mash-up): 수상 후보에 오른 모든 영화들의 짧은 광고 혹은 트레일러가 하나의 짧은 동영상으로 결합되어서 온라인에 업로드됨

특매품 가격 책정(loss-leader pricing): 더 많은 소비자 방문을 유인하기 위하여 생산 비용보다 낮게 가격을 인하하는 것

틈새 여행(niche travel): 특별한 관심을 중심으로 계획된 레저 여행 혹은 관광

티켓 암표상(ticket scalper): 주요 스포츠 및 엔터테인먼트 이벤트 티켓을 판매하는 개인으로서, 일반적으로 이벤트 당일 행사장 바깥에서 부풀린 가격에 티켓을 판매

티켓 중개상(ticket broker): 합법적으로 다양한 엔터테인먼트 이벤트 티켓을 구매하여 재판매하고, 티켓의 진위를 보증하는 등록된 기업

파

판매 촉진(sales promotion): 제한된 시간 동안 소비자의 상품 구매를 독려하기 위해 제공되는 추가적인 인센티브

팟캐스트(podcast): 사후 재생을 위해 인터넷상에 멀티미디어 파일을 유통시키는 방법

포지셔닝(positioning): 자사의 상품 혹은 서비스를 경쟁사 상품 혹은 서비스와 차별화하기 위해서 기업이 이용하는 전략

포지셔닝 선언(positioning statement): 상품 마케팅 믹스의 고유한 특성에 대한 구체적인 기술

폴리글로트(polyglot): 여러 언어를 사용하는 사람들

프라임 타임(prime time): 저녁 시간 중에 가장 많은 시청자 수를 기록하는 시간대

프로모션(promotion): 소비자들이 상품에 대해서 알 수 있도록 하고 그 상품을 구매하도록 독려하는 여러 가지 방법

프로모션 계획(promotional plan): 4가지 프로모션 요소인 광고, 판매 촉진, 공보, 대인 판매를 어떻게 이용할 것인지를 작성한 상세 분석서

프로모션 믹스(promotional mix): 프로모션의 요소인 광고, 판매 촉진, 공보, 대인 판매의 혼합

프로젝트 매트릭스(project matrix): 과업 및 과업 완료 책임이 있는 집단 혹은 개인, 마감 시한을 나타내는 차트

플랫폼(platform): 전송 시스템의 종류

하

합리적 구매(rational purchases): 소비자들이 필요와 욕구를 인식하고, 자신들의 우선순위와 예산을 평가하고, 조사하여 여러 대안들을 비교한 후 신중한 생각과 건전한 추론을 바탕으로 이루어지는 구매

합작 투자(joint venture): 2개 이상의 기업들이 한 사업 프로젝트에 협력하기로 합의하는 계약

해석(interpretation): 조사 데이터를 의미 있고 정보가 있는 데이터로 만드는 설명

호의(goodwill): 기업에 대한 긍정적인 느낌

획득 이득(benefits derived): 사람들이 자신이 상품 혹은 서비스로부터 받았다고 생각하는 가치

후원 구매(patronage purchases): 특정 브랜드나 상품에 대한 소비자 충성도를 바탕으로 한 구매

희소성(scarcity): 상품과 서비스의 생산과 유통에 필요한 자원의 총량이 한정되어 있을 때 나타나는 자원의 부족

기타

NCAA: 미국의 대학교들이 자기 대학의 운동 경기 프로그램을 규율하는 자발적 조직

SMART 목표(SMART objectives): 구체적이며 측정 가능하고, 달성 가능하며 기업의 목적과 연관된 시의 적절한 목표

SWOT 분석: 기업의 강점, 약점, 기회, 위협에 대한 검토

가

나

다

라

마

바

사

아

자

차